KB194249

# AI행정혁명

글로벌 AI정부의 혁신 가이드북

# AI행정혁명
### 글로벌 AI정부의 혁신 가이드북

발행일  2025년 6월 18일

지은이  김경진    펴낸이  황윤억

편집  윤석빈 김순미 황인재    마케팅  김예연    디자인  알음알음

발행처  인문공간/(주)에이치링크

주소  서울 서초구 남부순환로333길 36, 4층(서초동, 해원빌딩)

전화  마케팅 02)6120-0258    편집 02)6120-0259    팩스 02) 6120-0257

ISBN  979-11-990614-5-3  13350

글·그림 ⓒ 김경진, 2025

◆ 열린 독자가 인문공간 책을 만듭니다.
◆ 독자 여러분의 의견에 언제나 귀를 열고 있습니다.

전자우편 pacademy@kakao.com    영문명 HAA(Human After All)

글로벌 AI정부의 혁신 가이드북

# AI행정혁명

김경진 지음

○ 인문공간

# 저자의 말

## 행정의 빅뱅, 'AI정부' 청사진 제시
## 한국형 'AI행정' 도입할 실무 가이드
## AI정부 구현, 부처별 AI도입과 실행 방안

우리는 중대한 전환점에 서 있습니다. ChatGPT와 같은 대규모 언어 모델은 기술 혁신을 넘어, 우리 삶과 국가 운영 방식의 근본적인 변화를 예고하고 있습니다. 미국, 싱가포르, 일본 등 주요 국가들이 인공지능을 공공부문에 경쟁적으로 도입하는 이 순간, 대한민국은 어디에 서 있을까요?

얼마 전, 저는 밤늦게 자료를 검토하다 이런 생각이 들었습니다. "우리 아이들이 살아갈 세상은 어떤 모습일까? 기술은 빠르게 발전하는데, 행정과 제도는 그 속도를 따라가고 있을까?" 미국은 2023년에 'AI 안전 및 혁신을 위한 행정명령'을 발표했고, 유럽연합은 AI 규제와 지원을 동시에 추진하며 균형을 모색하고 있습니다. 이런 상황에서 한국의 나아갈 길을 깊이 고민하지 않을 수 없습니다.

AI정부로의 전환은 단지 시대적 흐름이 아니라 대한민국의 생존과 번영을 좌우할 핵심 과제입니다. 우리 대한민국도 2025년까지 모든 정부 부처에 LLM 기반 시스템을 도입하는 계획을 추진 중입니다. 이는 단순한 기술 도입이 아닌, 국가 경쟁력과 직결된 시대적 사명입니다.

제가 지방의 작은 마을에서 자라며 겪었던 행정의 불편함, 복지 서비스의 사각지대, 지역 간 정보 격차… 이런 문제들을 인공지능이 해결할 수 있다고 확신합니다. AI는 행정의 효율성을 높이고, 데이터 기반 정책 결정을 지원하며, 개인 맞춤형 서비스를 가능하게 합니다. 부처 간 칸막이를 허물고, 행정의 투명성과 책임성을 강화하는 도구가 될 것입니다.

우리는 기술 발전의 혜택이 모든 국민에게 고루 돌아가도록 해야 합니다. 얼마 전 한 어르신께서 저에게 말씀하셨습니다.

"요즘 세상이 너무 빨리 변해서 따라가기 힘들어."

이 말씀이 가슴에 깊이 와닿았습니다. 첨단 기술의 그늘에 소외되는 분들이 없어야 합니다.

이 책은 총 23장으로 구성되어 있습니다. 이론적 배경, 주요 국가와 지역의 AI 행정 전략을 비교·분석합니다. 법무·사법, 국방·안보, 외교, 재정·세무, 교통·도시, 의료·보건, 교육, 환경·재난, 농업, 노동·복지, 문화·관광 등 다양한 행정 분야에서의 구체적인 인공지능 활용 사례를 소개합니다. 인공지능 행정의 미래 발전 방향과 전략을 고민합니다.

인공지능은 우리에게 두려움의 대상이 아닌, 더 나은 미래를 만들기 위한 동반자가 되어야 합니다. 저는 밤하늘의 별을 보며 자란 시골 소년이었습니다. 별처럼 빛나는 대한민국의 가능성을 믿습니다. 인공지능이라는 새로운 도구를 통해, 우리는 더 공정하고, 효율적이며, 모두가 행복한 나라를 만들 수 있을 것입니다.

이 책이 중앙정부와 지방자치단체의 정책결정자, 공무원, 연구자, IT 전문가, 그리고 관심 있는 모든 시민들에게 영감을 주는 나침반이 되기를 바랍니다. 기술의 발전과 인간의 가치가 조화를 이루는 미래, 그 여정에 여러분 모두가 함께해 주시기를 간절히 소망합니다.

2025년 5월
김경진

# 제1부

# 국가·지역별
# AI 행정
# 추진 전략

## National AI Strategies Visualization

**United States**
AI leadership & innovation

**Australia**
Digital transformation focus

**China**
State-led AI development

Global AI
Strategies

**European Union**
Ethical AI regulation

**Singapore**
Smart Nation Initiative

**Asia**
Regional AI collaboration

# 제1장
# 미국의 인공지능 행정 전략

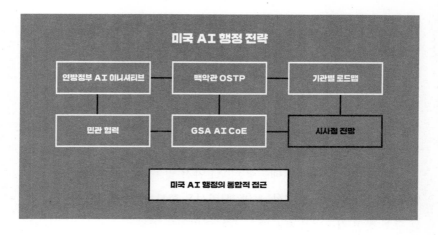

## 1. 미국 연방정부의 AI 이니셔티브

미국 연방정부는 인공지능 기술을 중요한 국가 경쟁력으로 여기고 있습니다. 미국은 2019년부터 국가 차원의 AI 전략을 만들어 정부 기관과 민간 기업이 함께 AI 기술을 발전시키고 활용할 수 있도록 지원하고 있습니다.

2019년 2월에 발표된 '미국 AI 이니셔티브'는 미국의 첫 번째 국가 AI 전략입니다. 이 전략은 미국의 AI 리더십을 강화하고, 국가 안보를 지키며, 새로운 일자리를 만들기 위한 목적으로 시작되었습니다. 특히 이 전략은 다섯 가지 주요 목표를 가지고 있습니다.

첫째, 인공지능 기술 개발에 적극 투자하는 것입니다. 미국 정부는 매년 예산을 늘려 AI 연구와 개발을 선제적으로 지원하고 있습니다.

둘째, AI 전문가를 미리 양성하는 것입니다. 초중고교와 대학 등에서 AI 관련 교육을 강화하고, 미래를 이끌어갈 전문 인력을 키우고 있습니다.

셋째, 기업들이 AI 기술을 빠르게 활용할 수 있도록 환경을 조성하는 것입니다. 규제를 간소화하고 명확한 가이드라인을 제공하여, 기업이 손

쉽게 AI를 도입하도록 돕습니다.

넷째, 국제적인 협력 체계를 통해 AI 분야에서 미국의 글로벌 경쟁력을 미리 확보하는 것입니다.

다섯째, 정부가 AI 기술을 행정과 공공 서비스에 앞장서 도입해 국민들이 더욱 편리하게 이용할 수 있도록 하는 것입니다.

2021년 바이든 대통령은 'AI 연구 태스크포스'를 만들어 더 적극적인 AI 정책을 추진했습니다. 미국 내 AI 연구를 조율하고, 연구 인력과 기술을 지원하는 역할을 합니다.

2023년 10월, 바이든 대통령은 'AI 안전 및 혁신을 위한 행정명령'을 발표했습니다. AI의 안전성, 보안, 신뢰성을 확보하면서도 혁신을 촉진하는 균형 잡힌 접근법을 제시했습니다. 연방정부 기관들이 AI를 더 적극적으로 도입하고 활용할 수 있도록 구체적인 지침을 제공했습니다.

미국은 정부가 직접 기술을 개발하기보다 기업과 연구소등 민간주도 혁신 모델을 선호합니다. 국가 안보와 경쟁력 강화에 큰 중점을 두고 있으며, 중국과의 기술 경쟁에서 우위를 점하기 위해 AI 발전에 많은 투자를 하고 있습니다. 아울러 책임 있는 AI 개발과 활용을 강조하며, AI의 편향성, 투명성, 설명 가능성 등에 대한 윤리적 기준을 마련하여 신뢰할 수 있는 AI 시스템을 구축하려고 노력하고 있습니다.

## 2. 백악관 과학기술정책실(OSTP)

백악관 과학기술정책실(Office of Science and Technology Policy, OSTP)은 미국의 AI 정책을 만들고 조율하는 핵심 기관입니다. OSTP는 대통령에게 과학기술 관련 조언을 제공하고, 여러 부처의 과학기술 정책을 조율하는 역할을 합니다.

OSTP는 2018년 5월 '미국 산업을 위한 AI' 회의를 개최했습니다. 정부, 기업, 학계 관계자들이 모여 미국의 AI 정책 방향에 대해 논의했습니다. 이후 OSTP는 미국의 AI 전략과 정책을 개발하는 데 중요한 역할을 해 왔습니다.

트럼프 대통령의 2021년 1차 임기 종료 이후, 바이든 행정부는 2021년부터 2024년까지 AI 정책에 있어 새로운 접근법을 추진했습니다. 2022년 10월 OSTP는 '인공지능 권리장전 청사진(Blueprint for an AI Bill of Rights)'을 발표하고, AI 시스템이 지켜야 할 다섯 가지 원칙을 제시했습니다. 안전하고 효과적인 시스템 구축, 알고리즘 차별 방지, 개인정보 보호, AI 시스템 작동 원리의 명확한 공개, 그리고 AI 시스템을 거부하고 인간의 결정을 요구할 수 있는 권리 보장이 그 원칙들입니다.

2025년 1월 트럼프 대통령의 재취임 이후, OSTP의 AI 정책 방향에도 변화가 있었습니다. 'AI 혁신 우선(AI Innovation First)' 정책을 강조하기 시작했습니다. 이 접근법은 규제 완화를 통한 기업 혁신 촉진과 국가 안보 강화에 중점을 두고 있습니다. 트럼프 행정부는 미국의 기술 주권과 국제 경쟁력을 강화하는 데 초점을 맞추며, 중국과의 기술 경쟁에서 우위를 확보하기 위한 전략을 강화하고 있습니다.

OSTP 외에도 미국에는 AI 거버넌스를 담당하는 여러 기관과 조직이 있습니다. 국가 AI 이니셔티브 사무국(National AI Initiative Office)은 국가 차원의 AI 연구와 개발을 지원하고 조율하는 역할을 합니다. 국가과학기술위원회 산하 AI 위원회(Select Committee on Artificial Intelligence)는 정부 기관 간 AI 정책을 조율합니다. 국립표준기술연구소(NIST)는 AI의 위험 관리와 기술 표준을 개발합니다.

미국의 AI 거버넌스 체계는 몇 가지 특징을 보여주고 있습니다. 여러 기관이 협력하는 분산형 거버넌스 구조를 유지하면서도, 국가 전략적 측면에서의 조정 기능을 강화하고 있습니다. 민간과 공공 부문의 파트너십을 더욱 강조하며, 특히 방위산업 및 국가 안보 관련 기업들과의 협력을 확대하고 있습니다. 혁신을 촉진하기 위해 불필요한 규제를 줄이는 방향으로 정책이 조정되고 있습니다.

미국의 국익을 최우선으로 하는 접근법을 반영합니다. 미국은 혁신을 촉진하면서도 국가 안보와 미국 기업의 경쟁력을 강화하는 방향으로 AI 정책을 재조정하고 있습니다.

## 3. 연방 기관별 AI 도입 로드맵

미국의 여러 연방정부 기관은 각자의 특성과 목적에 맞게 AI 도입 로드맵을 만들고 추진하고 있습니다. 이들 기관의 AI 도입 현황을 살펴보면 미국 정부의 AI 활용 방향을 더 구체적으로 이해할 수 있습니다.

미국 국방부(Department of Defense, DoD)는 2019년에 'AI 전략'을 발표했습니다. 군사적 우위를 확보하고, 미국과 동맹국의 안보를 강화하며, 책임 있는 AI 사용을 촉진하는 것을 목표로 합니다. 국방부는 2020년에 'AI 윤리 원칙'도 발표했는데, 군사 분야에서 AI를 사용할 때 지켜야 할 윤리적 기준을 제시했습니다. 이러한 노력의 중심에는 국방부의 합동 인공지능센터(Joint AI Center, JAIC)가 있습니다. JAIC는 국방부 내 AI 프로젝트를 지원하고 조율하는 역할을 합니다.

미국 보건복지부(Department of Health and Human Services, HHS)는 2021년과 2025년에 'AI 전략'을 발표했습니다. 2021년의 전략은 AI를 활용하여 의료 서비스의 질을 높이고, 질병을 예방하며, 국민 건강을 증진하는 것을 목표로 합니다. HHS는 AI를 활용한 신약 개발, 질병 예측, 환자 돌봄 개선 등에 초점을 맞추고 있습니다.2025년 발표는 다양한 보건 및 인적 서비스 분야에 걸쳐 있습니다. HHS AI 전략계획은 의료와 인적 서비스의 주요 과제를 해결할 활용 사례에 초점을 맞추고 있습니다.

의학 연구 및 발견 분야에서는 연구 타깃 및 후보물질 우선순위 예측을 통해 새로운 치료제 후보를 발굴하고, 가장 유망한 물질을 선별해 우선순위를 매길 수 있습니다. 신약 개발 가속화, 항체 구조 예측, 단백질 기능 분석, 단백질 설계 등 다양한 생명과학 연구 분야에서 AI가 폭넓게 활용됩니다.

AI를 활용하면 임상시험에 적합한 대상 지역과 인구집단을 보다 정확히 선정할 수 있으며, 시험 성공 가능성까지 예측할 수 있어 비용과 시간이 절감되고 더 높은 품질의 결과물을 확보하는 데 기여합니다.

헬스 케어 분야에서 인공지능(AI)은 더 정확하고 빠른 진단을 가능하게 합니다. 방사선 검사나 조직 검사 같은 의료영상 분야에서 AI가 먼저 이상 징후를 찾아내면, 의료진은 빠르게 문제를 파악하고 정확하게 판단할 수 있게 됩니다. AI는 환자에게 발생할 수 있는 위험을 예측해 예방할 수 있도록 도와줍니다. 환자가 다시 병원에 입원할 가능성이나 패혈증, 낙상 등의 사고가 생길 위험을 미리 알려주어, 의료진이 빠르게 대처하고 사고를 예방할 수 있습니다. AI는 환자 개개인의 유전자 정보와 생활습관을 꼼꼼히 분석하여 가장 알맞은 맞춤형 치료 방법을 추천합니다. 덕분에 환자들은 더욱 효과적이고 편안하게 효과적인 치료를 받을 수 있게 됩니다.

서비스 제공 과정에서 신청과 자격 확인 절차를 더 간단하게 할 수 있습니다. SNAP, TANF, 메디케이드 같은 지원 프로그램에서 AI를 활용하면 신청서 작성과 자격 심사를 자동으로 처리할 수 있습니다. 행정 업무가 줄어들고, 사람들이 더 빨리 혜택을 받을 수 있게 됩니다. AI 기술을 사용하면 의료 연구, 임상시험, 진단과 치료, 복지 지원까지 다양한 분야에서 효율성과 정확성을 높일 수 있습니다.

미국 국토안보부(Department of Homeland Security, DHS)는 국경 보안, 사이버 보안, 재난 대응 등에 AI를 활용하는 방안을 모색하고 있습니다. DHS는 AI를 활용한 위협 탐지와 대응 시스템 구축에 많은 투자를 하고 있습니다.

미국 국세청(Internal Revenue Service, IRS)은 AI를 활용하여 세금 신고 처리와 세금 사기 탐지를 개선하고 있습니다. IRS는 챗봇을 도입하여 납세자들의 질문에 신속하게 답변하고, 머신 러닝 알고리즘을 활용하여 비정상적인 세금 신고를 탐지하는 시스템을 구축했습니다.

미국 항공우주국(NASA)은 AI를 우주 탐사와 연구에 활용하고 있습니다. NASA는 AI를 활용하여 우주 데이터를 분석하고, 우주선 운영을 최적화하며, 새로운 과학적 발견을 가속하는 데 초점을 맞추고 있습니다.

연방 사법부는 AI를 활용하여 법률 문서 분석, 판례 연구, 법원 업무 효율화 등을 추진하고 있습니다. 대규모 언어 모델(LLM)을 활용한 법률 문서 작성 및 분석 지원 시스템이 주목받고 있습니다.

각 기관의 AI 도입 현황을 분석해 보면 몇 가지 공통점이 있습니다. 첫째, 대부분의 기관이 AI 도입을 위한 전략적 로드맵을 가지고 있습니다. 둘째, 기관의 특성과 목적에 맞게 AI 활용 영역을 선정하고 있습니다. 셋째, AI의 윤리적 사용과 책임성을 중요시하고 있습니다. 넷째, 점진적인 접근법을 취하고 있습니다. 즉, 처음부터 모든 영역에 AI를 도입하기보다는 시범 사업을 통해 효과를 검증한 후 확대하는 방식을 선호합니다.

## 4. 민관 협력

민관 파트너십(Public-Private Partnerships, PPP)은 미국 정부의 대표적인 협력 모델입니다. 정부와 기업이 공동으로 투자하고 위험을 분담하여 AI 프로젝트를 진행합니다. 'AI.gov'는 정부와 민간 기업, 학계, 연구소가 함께 참여하는 플랫폼으로, AI 기술 개발과 공유를 촉진합니다.

정부 발주 계약(Government Contracts)도 중요한 협력 방식입니다.

정부가 특정 AI 솔루션 개발을 민간 기업에 의뢰하고, 개발된 솔루션을 정부 서비스에 적용합니다.

국방부 산하의 국방고등연구계획국(DARPA, Defense Advanced Research Projects Agency)은 2018년부터 'AI Next' 캠페인을 통해 인공지능(AI) 기술 개발을 적극적으로 추진하고 있습니다. DARPA는 △기계 학습의 신뢰성과 투명성 향상 △데이터 효율적(data-efficient)인 알고리즘 개발 △인간과 효과적으로 협력할 수 있는 차세대 인공지능 기술 등과 같은 구체적인 연구 분야를 설정하고, 이에 대한 광범위한 투자를 진행 중입니다.

이러한 연구 및 개발을 수행하기 위해 DARPA는 직접 자체적인 연구 기관을 운영하기보다, 민간 기업이나 대학, 연구소 등 다양한 외부 기관과 협업 협력하는 방식을 택하고 있습니다. 즉, 민간 기업과 계약을 체결하여 AI 기술 관련 연구 및 개발 프로젝트를 수행하도록 지원하고, 이를 통해 민간 분야의 최신 기술력과 혁신 역량을 적극적으로 활용하고 있는 것입니다.

DARPA는 △Google, Microsoft, IBM과 같은 글로벌 IT 기업 △Lockheed Martin, Northrop Grumman과 같은 방위산업체 △스타트업 등 규모와 형태가 다양한 민간기업 및 기관들과 계약을 맺고 있습니다. 계약 방식은 연구비를 제공하는 형식의 펀딩(Funding) 계약, 기술 개발 및 프로토타입 제작을 위한 위탁 연구 계약 등으로 이루어지며, 결과물로 얻어진 기술들은 향후 군사적 응용뿐 아니라 민간 산업 분야에도 활용될 수 있도록 개방적으로 설계되는 경우가 많습니다. DARPA의 'AI Next' 캠페인은 향후 인공지능 기술이 가진 잠재력을 군사 분야에 빠르게 적용할 수 있도록 지원하면서, 동시에 미국 내 AI 기술 발전을 촉진하고 민간 분야와의 기술적 시너지를 강화하는 역할을 수행하고 있습니다.

협력적 연구 개발(Collaborative R&D)은 정부 기관과 민간 기업, 대학, 연구소가 공동으로 AI 연구를 수행하는 모델입니다. 국립과학재단(NSF)이 지원하는 'AI 연구기관'들은 학계와 산업계가 협력하여 AI 기초 연구와 응용 연구를 진행합니다.

오픈 데이터 이니셔티브(Open Data Initiatives)는 정부가 보유한 데이터를 민간에 개방하여 AI 솔루션 개발을 촉진하는 방식입니다. 'Data.gov'는 연방정부의 대표적인 오픈 데이터 플랫폼으로, 20만 개 이상의 데이터 세트를 제공합니다.

해커톤과 챌린지(Hackathons and Challenges)를 통한 협력도 활발합니다. 정부 기관이 특정 문제 해결을 위한 경진대회를 개최하고, 우수한 솔루션을 개발한 팀에게 상금과 계약 기회를 제공합니다. 'AI XPRIZE'는 사회적 문제 해결을 위한 AI 솔루션 개발을 장려합니다. 이러한 협력 모델의 대표적인 사례로 코로나19(COVID-19) 대응을 위한 'COVID-19 Open Research Dataset Challenge'입니다. 정부, 기술 기업들이 협력하여 코로나19 관련 연구 데이터를 공유하고, AI를 활용한 분석을 촉진한 사례입니다.

국립보건원(NIH)의 'Bridge2AI' 프로그램은 의료 분야의 AI 연구를 위한 양질의 데이터 세트 구축을 목표로 합니다. 이 프로그램은 정부, 의료기관, AI 기업, 연구소가 함께 참여하는 협력 모델입니다. 이 프로그램은 양질의 의료 데이터 세트를 구축하는 것을 주요 목표로 삼고 있습니다. 의료 AI 개발에 있어 가장 큰 장벽 중 하나는 바로 고품질의 표준화된 데이터 부족 문제인데, 'Bridge2AI'는 이 문제를 해결하기 위해 설계되었습니다. 이 프로그램은 단순 데이터 수집을 넘어서, 데이터의 윤리적 사용, 편향성 제거, 다양한 인구 집단의 포함 등 AI 의료 연구에 필요한 기본 요소들을 포괄적으로 다룹니다.

'Bridge2AI'의 특징은 연방정부 기관인 NIH가 주도하면서도, 대학병원과 의료기관, 민간 AI 연구 기업, 학계 연구소 등이 함께 참여하여 전문성을 결합하는 데 있습니다. 의료 전문가들은 임상적 통찰력을 제공하고, 데이터 과학자들은 데이터 구조화 방법론을, AI 전문가들은 모델링 요구사항을 제시하며, 윤리학자들은 데이터 수집과 활용의 윤리적 측면을 감독합니다.

이 프로그램은 여러 단계로 진행됩니다.

우선 데이터 생성 프로젝트를 통해 특정 의료 분야의 표준화된 데이터 세트를 구축합니다. 다음으로 이 데이터 세트를 AI 모델링에 적합하게 가공하고 주석을 추가합니다. 마지막으로 이러한 데이터를 연구 커뮤니티에 공개하여 광범위한 AI 연구를 촉진합니다. 'Bridge2AI'는 단순히 데이터만 공유하는 것이 아니라, 데이터 생성 과정과 데이터의 맥락, 한계점 등에 대한 상세한 정보도 함께 제공하여 AI 연구의 투명성과 재현성을 높이고자 합니다.

'Bridge2AI' 프로그램의 또 다른 중요한 면은 교육과 역량 강화입니다. 바이오메디컬 연구자들에게 AI 방법론에 대한 교육을 제공하고, AI 연구자들에게는 의료 분야의 특수성에 대한 이해를 높임으로써, 생물의학과 AI 사이의 간극을 좁히는 것을 목표로 합니다. 이를 통해 미래의 의료 AI 연구를 이끌어갈 다학제적 인재 양성에도 기여하고 있습니다.

이러한 접근법으로 'Bridge2AI' 프로그램은 의료 AI 연구의 기반을 강화하고, 궁극적으로는 개인 맞춤형 의료, 질병 조기 발견, 치료법 최적화 등 개선을 가속할 것으로 기대됩니다. 이 프로그램은 미국 정부의 AI 정책이 특정 산업 분야의 실질적 문제 해결과 혁신 촉진을 어떻게 지원하는지 보여주는 대표적인 사례입니다.

미국의 민간 협력 모델은 특징이 있습니다. 첫째, 정부와 민간의 강점을 결합합니다. 정부는 데이터와 자원을 제공하고, 민간은 기술과 혁신을 제공합니다. 둘째, 개방형 혁신을 지향합니다. 다양한 주체들이 참여하고 아이디어를 공유할 수 있는 플랫폼을 만듭니다. 셋째, 경쟁과 협력을 균형 있게 활용합니다. 경쟁을 통해 최선의 솔루션을 찾되, 협력을 통해 자원을 효율적으로 활용합니다. 이러한 협력 모델은 정부의 제한된 자원과 전문성을 보완하고, 민간의 창의력과 기술력을 활용하여 공공 서비스 혁신을 가속하는 데 크게 기여하고 있습니다.

## 5. 연방조달총무청(GSA)의 AI Center of Excellence

미국 연방 조달청(General Services Administration, GSA)은 연방정부의 AI 도입과 활용을 지원하는 중요한 역할을 담당하고 있습니다. GSA 산하의 AI Center of Excellence(AI CoE)는 정부 기관의 AI 도입을 돕는 핵심 조직입니다.

AI CoE는 2020년에 설립되었으며, 연방정부 기관들이 AI 기술을 효과적으로 도입하고 활용할 수 있도록 지원하는 것을 목표로 합니다. AI CoE는 기술 자문, 교육, 모범 사례 공유, 프로젝트 지원 등 다양한 서비스를 제공합니다. AI CoE의 주요 업무는 네 가지로 나눌 수 있습니다.

첫째, AI 전략 수립을 지원합니다. 각 기관의 특성과 요구에 맞는 AI 도입 전략과 로드맵을 수립하는 데 도움을 줍니다. 둘째, AI 프로젝트 구현을 지원합니다. 기술적 조언, 벤더 선정, 프로젝트 관리 등을 통해 AI 프로젝트의 성공적인 수행을 돕습니다. 셋째, AI 역량 강화를 지원합니다. 공무원들의 AI 이해와 활용 능력을 높이기 위한 교육과 훈련 프로그램을 제공합니다. 넷째, AI 모범 사례를 공유합니다. 성공적인 AI 도입 사례와 교훈을 정부 기관 간에 공유하여 지식 확산을 촉진합니다.

국토안보부의 ATLAS (Automated Targeting Assessment & Licensee Screening) 시스템은 인공지능 기술을 활용하여 국경에서의 세관 검

사 과정을 개선한 시스템입니다. 이 시스템은 방대한 양의 화물 데이터를 실시간으로 분석하여 잠재적 위험 요소가 있는 물품을 식별해 냅니다. 중국에서 미국으로 수입되는 화물 중 특정 항구를 자주 경유하고, 포장 방식이 평소와 다르며, 무역업체의 과거 위반 기록이 있다면 ATLAS는 위험 화물로 판단하여 철저히 검사합니다. 반대로, 오랜 기간 성실히 거래해 온 독일의 한 자동차 부품 업체가 정기적으로 보낸 부품 화물은 저위험 화물로 분류해 빠르게 통관시킴으로써 기업의 물류 지연을 줄여줍니다.

ATLAS는 화물의 원산지와 이동 경로, 내용물 정보뿐 아니라 무역 업체의 신뢰성, 과거 위반 기록, 최신 위협 정보 등 다양한 요소를 종합적으로 고려하여 각 화물의 위험성을 평가합니다. ATLAS의 인공지능 알고리즘은 지속해서 학습하며, 위험한 화물의 패턴을 점점 더 정확히 파악해 시간이 지날수록 선별 능력이 뛰어나집니다. 미국과 유럽, 아시아 등 다른 국가 간 정보를 공유하여 국제적인 위험 요소에 공동으로 대응하는 데에도 효과적입니다. ATLAS 시스템은 국가 안보를 튼튼히 지키면서도 원활한 국제 무역까지 촉진하는 효율적이고 균형 잡힌 세관 검사 솔루션입니다.

이를 통해 세관 인력이 고위험 화물에 집중할 수 있어 불법 마약, 무기, 금지된 농산물 등의 위험 물품 적발률이 크게 높아졌습니다. 동시에 저위험으로 분류된 합법적 무역 물품은 신속하게 통관 절차를 밟을 수 있어 기업들의 공급망 지연이 줄어들었습니다.

이 시스템은 무역 파트너와 수입업자의 과거 준수 기록도 고려하여 신뢰할 수 있는 파트너에게는 더 간소화된 절차를 제공합니다. ATLAS의 도입으로 세관 인력의 업무 효율성이 향상되어 더 많은 화물을 더 짧은 시간 내에 처리할 수 있게 되었습니다. 또한 이 시스템은 국가 간 정보 공유를 통해 국제적인 위협에 대한 공동 대응 능력도 강화했습니다. ATLAS는 국가 안보를 강화하면서도 합법적인 국제 무역의 흐름을 촉진하는 균형 잡힌 접근법을 제공하여 경제 활동과 안보 사이의 최적 균형점을 찾는데 기여하고 있습니다.

## 6. 미국 AI 행정 전략의 시사점과 전망

미국의 AI 행정 전략은 역동적인 방향성을 제시하고 있습니다. 다른 국가들이 AI 행정 전략을 수립할 때 좋은 참고 자료가 될 것입니다.

　AI 기술 그 자체뿐 아니라, 기술이 꽃필 수 있는 생태계와 인프라 구축에 힘차게 나서고 있습니다. 데이터 환경, 인재 육성, 민관 협력 네트워크 등 종합적인 토양을 조성하며 혁신의 가능성을 적극적으로 열어갑니다.

　정부, 기업, 학계, 시민사회 등 다양한 참여자의 목소리를 경청하고 협력하는 역동적이고 개방적인 거버넌스를 지향합니다. 모두의 지혜가 모일 때 더 큰 발전이 가능하다는 믿음이 이 과정에서 생생히 나타납니다.

　AI의 윤리적, 사회적 책임을 핵심 가치로 삼아 'AI 권리장전 청사진'과 같은 정책을 통해 인간의 권리와 가치를 최우선으로 존중하며 미래 기술의 따뜻한 발전을 강조하고 있습니다.

　AI 도입에 있어 처음부터 완벽한 시스템 구축을 서두르기보다는, 작지만 확실한 성공을 이룬 시범사업을 통해 경험을 쌓고, 검증된 성과를 토대로 점진적이고 실용적인 방식으로 발전을 거듭하고 있습니다.

　도전 과제도 있습니다. 기술 발전 속도와 규제 체계 간의 불일치입니다. AI 기술이 빠르게 발전하는 반면, 이를 규제하고 관리하는 법적, 제도적 체계는 상대적으로 천천히 발전합니다. 디지털 격차와 AI 혜택의 불균등한 분배입니다. AI 기술의 혜택이 모든 시민에게 공평하게 돌아가지 않을 수 있으며, 이는 사회적 불평등을 심화시킬 우려가 있습니다. AI 시스템의 투명성과 책임성 문제입니다. 정부가 AI를 활용하여 중요한 결정을 내릴 때, 그 과정이 투명하고 책임질 수 있어야 하지만 이를 보장하는 것은 쉽지 않습니다.

향후 미국의 AI 행정 전략은 다음 방향으로 발전할 것으로 예상됩니다.

첫째, 더욱 세분화되고 영역별로 특화된 AI 정책이 등장할 것입니다. 의료, 교통, 환경 등 각 분야의 특성에 맞는 AI 규제와 활용 지침이 개발될 것입니다.

둘째, 국제 협력과 표준화 노력이 강화될 것입니다. AI 기술과 관련된 글로벌 규범 및 표준을 만드는 과정에서 미국이 주도적인 역할을 할 것으로 예상됩니다.

셋째, AI 인재 양성과 교육에 더 많은 투자가 이루어질 것입니다. AI 기술을 이해하고 활용할 수 있는 공무원 양성이 중요한 과제로 부각될 것입니다.

넷째, 대규모 언어 모델(LLM)과 같은 새로운 AI 기술을 정부 서비스에 적용하는 사례가 늘어날 것입니다. 챗봇, 문서 자동화, 의사결정 지원 시스템 등에 LLM이 활발히 도입될 것으로 예상됩니다.

다섯째, AI 시스템의 설명 가능성과 투명성을 높이기 위한 기술적, 제도적 노력이 강화될 것입니다. 정부가 AI를 활용한 의사결정에 대해 시민들에게 설명하고 책임을 질 수 있도록 하는 제도가 발전할 것입니다.

여섯째, 민간과 공공의 경계를 넘나드는 협력 모델이 더욱 다양해질 것입니다. 정부와 기업, 학계가 함께 참여하는 새로운 형태의 협력 사업이 늘어날 것입니다.

AI 기술은 계속해서 발전하고 있으며, 이에 따라 정부의 AI 전략과 정책도 지속적으로 변화할 것입니다. 중요한 것은 기술 발전의 속도에 맞춰 정책과 제도를 유연하게 조정하고, 혁신과 규제 사이의 균형을 찾아가는 것입니다. 미국의 AI 행정 전략은 이러한 균형을 찾아가는 과정의 한 예시로, 다른 국가들의 AI 정책 수립에 중요한 참고가 될 것입니다.

# 제2장
# 유럽연합의 인공지능 행정 정책

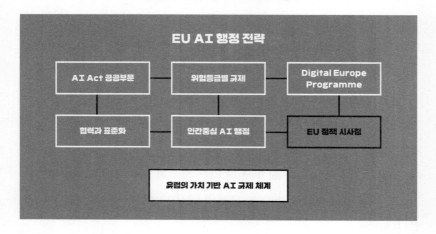

## 1. EU의 인공지능법(AI Act)과 공공부문

유럽연합(EU)은 2023년 말에 세계 최초로 인공지능을 종합적으로 규제하는 '인공지능법(AI Act)'을 만들었습니다. EU 내에서 사용되는 모든 인공지능 시스템이 안전하고 사람의 기본권을 존중하도록 하기 위한 것입니다. 공공부문에서 AI 사용에 대한 중요한 규칙을 담고 있습니다.

우선, 정부 기관이 AI 시스템을 도입할 때 엄격한 검토와 평가가 필요하게 되었습니다. 시민의 권리나 안전에 영향을 미칠 수 있는 AI는 더 높은 기준을 충족해야 합니다. 범죄 발생 가능성을 예측하는 AI 시스템을 도입하려고 할 때, 단순히 범죄 데이터를 입력해 결과만 받아 사용하는 것은 이제 불가능합니다. 시스템이 특정 지역이나 특정 인종을 차별하지 않는지, 잘못된 예측으로 무고한 시민이 불이익을 당할 가능성은 없는지 미리 꼼꼼하게 평가해야 합니다. 공공장소에서 얼굴 인식 기술을 사용할 때도 시민의 동의 없이 무작위로 사람들을 촬영하거나 신원을 확인하는 행위는 엄격히 제한됩니다. 무분별하게 사용될 경우 프라이버시 침해나 인권 침해 문제가 심각해질 수 있기 때문에, 사용 목적과 범위를 명확히 정하고 법적 안전장치도 반드시 마련해야 합니다.

공공기관은 자신들이 사용하는 AI 시스템에 대해 더 투명하게 정보를 공개해야 합니다. 시민들은 어떤 AI가 사용되고 있는지, 어떻게 작동하는지, 그 결정에 어떻게 이의를 제기할 수 있는지 알 권리가 있습니다. 복지 혜택 결정, 세금 심사, 이민 신청 처리 등에 AI가 사용될 경우 그 내용을 공개해야 합니다.

인공지능법은 또한 공공부문이 사용하는 AI 시스템의 편향성과 차별 문제를 다루는 중요한 규정도 포함하고 있습니다. 모든 시민이 공정하게 대우받을 수 있도록, 공공기관은 자신들의 AI 시스템이 특정 집단을 차별하지 않는지 정기적으로 점검해야 합니다.

유럽 각국 정부는 이 법에 맞춰 자신들의 AI 시스템을 조정하고 있습니다. 독일은 공공부문 AI 사용에 대한 구체적인 가이드라인을 개발했습니다. 프랑스는 AI법의 적용을 준비하며 데이터 보호 및 AI 개발 가이드라인을 발표한 바 있습니다. 프랑스 데이터 보호 당국(CNIL)은 AI 시스템 개발 단계에서 GDPR(일반 데이터 보호 규정)준수를 보장하기 위한 권고안을 발표했으며, 이는 AI법과의 조화를 목표로 하고 있습니다

## 2. AI 위험 등급별 규제 프레임워크

EU의 인공지능법의 핵심 특징 중 하나는 AI 시스템을 위험 수준에 따라 다양한 등급으로 나누어 규제한다는 점입니다. 위험이 큰 AI 시스템에는 더 엄격한 규제를, 위험이 낮은 시스템에는 가벼운 규제를 적용하는 '위험 기반 접근법'입니다.

인공지능법은 AI 시스템을 크게 네 가지 위험 등급으로 분류합니다.

첫 번째는 '용납할 수 없는 위험' 등급으로, 이러한 AI 시스템은 EU 내

에서 완전히 금지됩니다. 여기에는 사람의 행동을 조종하는 AI나 사회적 점수 매기기 시스템 등이 포함됩니다. 구체적으로는 알고리즘이 사용자 행동을 분석하여 지속적으로 특정 행동이나 콘텐츠를 추천함으로써, 무의식적으로 사용자의 생각과 행동을 특정 방향으로 유도하는 사례가 있습니다. 중국에서 시행 중인 사회 신용 시스템처럼 개인의 행동에 점수를 부여하고, 점수의 높고 낮음에 따라 혜택이나 불이익을 제공해 시민들의 행동을 통제하거나 조정하는 제도도 대표적 사례에 해당합니다.

두 번째는 '고위험' 등급으로, 교육, 고용, 법 집행, 이민, 사법, 공공 서비스 등 중요한 분야에서 사용되는 AI가 포함됩니다. 세 번째는 '제한된 위험' 등급으로, 챗봇과 같이 투명성 요구사항이 필요한 시스템이 해당됩니다. 마지막은 '최소 위험' 등급으로, 스팸 필터와 같은 간단한 AI 시스템이 여기에 속합니다.

공공부문에서 사용되는 많은 AI 시스템은 '고위험' 범주에 속합니다. 이는 이러한 시스템이 시민의 권리, 안전, 복지에 중대한 영향을 미칠 수 있기 때문입니다. 고위험 AI 시스템을 사용하는 공공기관은 여러 요구사항을 충족해야 합니다. 위험 관리 시스템을 갖추고, 데이터 품질을 관리하며, 기술 문서를 유지하고, 로그를 기록하며, 인간의 감독을 보장하고, 정확성과 사이버 보안을 확보해야 합니다.

실제 행정에서 유럽연합법의 분류는 큰 영향을 미칩니다. 복지 혜택 자격을 결정하는 AI 시스템은 고위험으로 분류되어 엄격한 정확성과 투명성 기준을 충족해야 합니다. 의사 결정이 어떻게 이루어졌는지 설명할 수 있어야 하고, 결정에 이의를 제기할 방법이 있어야 합니다. 이와 달리, 시민 질문에 답변하는 단순한 AI 챗봇은 제한된 위험으로 분류되어 사용자에게 AI와 대화하고 있다는 사실만 알리면 됩니다.

행정기관이 새로운 AI 시스템을 도입하려면 먼저 해당 시스템의 위험 등급을 평가해야 합니다. 고위험으로 분류되면 시스템이 모든 요구사항을 충족하는지 확인하는 철저한 평가가 필요합니다. 이를 통해 시스템은 'CE 마크'를 받게 되며, 이는 EU의 모든 안전 기준을 충족했다는 의미입니다.

EU 회원국들은 이 프레임워크를 자국의 상황에 맞게 적용하고 있습니다. 핀란드는 공공부문 AI 사용을 위한 윤리 프레임워크를 개발했고, 스페인은 공공 행정에서 고위험 AI 시스템의 인증을 위한 특별 프로그램을 만들었습니다.

위험 기반 접근법은 균형 잡힌 규제를 가능하게 합니다. 혁신을 불필요하게 방해하지 않으면서도 시민의 권리와 안전을 보호할 수 있습니다. 그러나 많은 공공기관, 특히 작은 지방자치단체는 복잡한 평가 과정을 수행하는 데 필요한 자원과 전문성이 부족할 수 있습니다. 이러한 도전에 대응하기 위해 EU는 지원 프로그램과 가이드라인을 제공하고 있습니다.

### 3. Digital Europe Programme

EU는 인공지능법과 같은 규제를 만드는 것과 함께, 공공부문의 AI 도입을 적극적으로 지원하고 있습니다. 가장 중요한 것이 'Digital Europe Programme(디지털 유럽 프로그램)'입니다.

Digital Europe Programme은 2021년부터 2027년까지 7년간 진행되며, 총 예산은 75억 유로(약 10조 원)에 달합니다. 핵심 목표는 유럽 전역에서 첨단 디지털 기술의 개발과 보급을 촉진하는 것입니다. 첫째, 고성능 컴퓨팅(HPC) 인프라 구축에 20억 유로를 투자합니다. 둘째, 인공지능 개발과 활용에 22억 유로를 배정했습니다. 셋째, 사이버 보안 강화에 18억 유로를 투입합니다. 넷째, 디지털 기술 교육과 인력 양성에 5억 8000만 유로를 지원합니다. 다섯째, 디지털 기술의 경제 전반 보급에 11억 유로를 배정했습니다. 공공부문 AI 지원과 관련해서는 AI Testing and Experimentation Facilities에 특별히 투자하고 있습니다. 의료, 농업, 스마트 시티, 제조업 등 핵심 분야에서 AI 솔루션을 안전하게 테스트할 수 있는 환경을 제공합니다.

'유럽 디지털 혁신 허브(European Digital Innovation Hubs)'를 통해 지역별로 공공기관과 중소기업이 AI를 포함한 디지털 기술을 도입하는 데 필요한 기술적 지원과 교육을 제공합니다. 2023년까지 EU 전역에 약 200개의 허브가 설립되었습니다.

'AI on-demand Platform'은 공공기관이 필요한 AI 알고리즘, 도구, 데이터에 쉽게 접근할 수 있게 해주는 중앙 집중식 플랫폼으로, 기관들이 처음부터 모든 것을 개발할 필요 없이 이미 검증된 솔루션을 활용할 수 있게 해 줍니다.

유로 국가 간 데이터공유(Common European Data Spaces)의 구축을 위해 적극적으로 투자를 진행하고 있는데, 유럽 내 다양한 국가와 기관들이 의료, 환경, 교통, 에너지 등 핵심 분야에서 보유한 데이터를 서로 공유하고 공동으로 활용할 수 있도록 만든 플랫폼입니다.

의료 분야에서는 유로 각국 병원이 보유한 환자의 질병 및 치료 정보를 공유하여 더 정확한 진단과 개인 맞춤형 치료법 개발에 활용할 수 있으며, 환경 분야에서는 기후 변화 및 생태계 데이터를 통합해 효과적인 환경보호 정책 수립을 지원할 수 있게 됩니다. 교통 분야에서는 도로 혼잡 상황, 사고 발생 데이터 등을 여러 나라가 공유함으로써 교통 흐름 개선 및 사고 예방을 돕고, 에너지 분야에서는 재생 가능 에너지 생산과 소비 데이터를 공동 활용하여 에너지 효율성을 높이고 탄소 중립 목표를 달성하는 데 도움을 줄 수 있습니다.

이렇게 데이터 공유가 원활해지면, 유럽 전역에서 공공부문 AI 시스템을 개발할 때 꼭 필요한 고품질 데이터를 손쉽게 확보할 수 있게 되어, 결과적으로 더욱 신뢰할 수 있고 정밀한 AI 모델의 구축과 활용이 가능해지는 효과를 얻을 수 있습니다.

공공부문 AI 지원을 위해 다양한 이니셔티브를 제공합니다. 'Testing and Experimentation Facilities(TEFs)'를 설립하여 공공기관이 새로운 AI 솔루션을 실제 환경과 유사한 조건에서 테스트할 수 있게 합니다. 예를 들어 헬스 케어 TEF에서는 병원과 의료 기관이 환자 데이터 분석이나 진단 지원을 위한 AI 시스템을 안전하게 테스트할 수 있습니다. 공공부문 데이터 인프라 구축도 디지털 유럽 프로그램의 중요한 부분입니다. 'Common European Data Spaces'는 의료, 교통, 환경 등 다양한 분야의 데이터 공유를 촉진하여 공공기관이 더 나은 AI 모델을 훈련시키고 데이터 기반 의사결정을 할 수 있게 돕습니다.

이 프로그램은 공무원들의 디지털 역량 강화에도 투자합니다. 'Advanced Digital Skills' 이니셔티브는 AI를 비롯한 첨단 디지털 기술에 관한 교육과 훈련 프로그램을 지원합니다. 2023년까지 25만 명의 공무원이 교육 프로그램의 혜택을 받았습니다.

구체적인 지원 사례로는 폴란드의 'AI for Public Services' 프로젝트가 있습니다. 이 프로젝트는 디지털 유럽 프로그램의 지원을 받아 폴란드 공공기관들이 시민 서비스 개선을 위한 AI 솔루션을 개발하고 구현하는 것을 돕고 있습니다. 또 다른 예로는 이탈리아의 'Smart Cities AI Platform'이 있는데, 도시 관리와 공공 서비스 제공을 위한 AI 솔루션을 개발하고 공유하는 플랫폼입니다.

디지털 유럽 프로그램은 규제와 지원의 균형을 통해 EU가 추구하는 '신뢰할 수 있는 AI' 비전을 실현하는 데 중요한 역할을 합니다. 인공지능법이 AI 사용에 대한 규칙과 안전장치를 제공한다면, 디지털 유럽 프로그램은 공공기관이 이러한 규칙 내에서, 혁신적인 AI 솔루션을 개발하고 도입할 수 있도록 필요한 자원과 지원을 제공합니다.

## 4. 협력과 표준화

EU의 AI 정책의 핵심 요소 중 하나는 회원국 간의 긴밀한 협력입니다. 각 나라의 발전 수준과 우선순위가 다르지만, EU는 모든 회원국이 AI 혁신의 혜택을 누리고 공통된 과제에 함께 대응할 수 있도록 다양한 협력 체계를 구축하고 있습니다.

EU 차원의 AI 협력은 'Coordinated Plan on AI'를 중심으로 이루어집니다. 2018년에 처음 발표되고 2021년에 업데이트된 이 계획은 EU 회원국 간 AI 정책 조정과 공동 투자를 위한 로드맵을 제시합니다. 이 계획에 따라 모든 회원국은 자국의 상황에 맞는 국가 AI 전략을 수립하고, EU 집행위원회와 정기적으로 진행 상황을 공유합니다.

회원국 간 지식과 우수 사례 공유를 위한 핵심 플랫폼은 'AI Watch'입니다. EU 공동연구센터(JRC)가 운영하는 이 플랫폼은 회원국의 AI 정책, 투자, 연구, 도입 사례 등에 관한 정보를 수집하고 분석합니다. 그 결과는 모든 회원국이 접근할 수 있는 포털에 공개되어, 각국이 다른 나라의 경험에서 배울 수 있게 합니다.

공공부문 AI 협력의 또 다른 중요한 메커니즘은 'European AI Alliance(유럽 AI 연합)'입니다. 이는 공공기관, 학계, 산업계, 시민사회 대표들이 AI 관련 정책과 기술적 문제에 대해 논의하는 다중이해관계자 플랫폼입니다. 이 연합은 정기적인 회의와 워크샵을 개최하여 공공부문 AI 도입에 관한 지식과 경험을 공유합니다.

표준화는 협력의 핵심입니다. EU는 'European Committee for Standardization(CEN)'과 'European Committee for Electrotechnical Standardization(CENELEC)'을 통해 AI 시스템을 위한 공통 표준을 개발하고 있습니다. 표준은 공공부문 AI 시스템의 상호운용성, 보안, 신뢰성을 보장하는 데 중요합니다. 'AI 위험 관리 표준'은 공공기관이 AI 시스템의 위험을 일관되게 평가하고 관리할 수 있는 프레임워크를 제공합니다.

'Nordic-Baltic Cooperation on AI'는 북유럽과 발트해 연안 8개 국(핀란드, 스웨덴, 노르웨이, 덴마크, 아이슬란드, 에스토니아, 라트비아, 리투아니아)이 함께하는 공공부문 AI 협력체입니다. 2018년에 시작된 이 이니셔티브는 비슷한 문화적 배경과 디지털 발전 수준을 가진 국가들이 AI 정책과 솔루션을 공동으로 개발하고 공유하는 것을 목표로 합니다. 참여국들은 정기적인 장관급 회의와 실무 워크숍을 통해 AI 전략, 우수 사례, 기술적 도전과 해결책에 관한 정보를 교환합니다.

이 협력체는 AI 윤리, 개인정보 보호, 교육, 공공서비스 혁신 분야에 중점을 두고 있으며, 'Nordic-Baltic Region AI Playbook'과 같은 공동 가이드라인을 개발했습니다. 참여국 간 AI 전문가와 공무원 교류 프로그램을 운영하여 지식 전파를 촉진하고, 국경을 넘는 공공 AI 프로젝트를 지원합니다. 이 지역 협력은 개별 국가의 자원과 전문성을 모아 규모의 경제를 달성하고, 더 큰 글로벌 AI 경쟁에서 경쟁력을 유지하는 데 도움을 줍니다. 'Nordic-Baltic AI Public Service Test bed'라는 공동 테스트 환경도 구축하여 여러 국가에 적용 가능한 공공부문 AI 솔루션을 실험하고 검증하고 있습니다.

국경을 넘는 공공 서비스를 위한 AI 솔루션도 개발되고 있습니다. 'CEF(Connecting Europe Facility) Digital'은 여러 회원국에 걸쳐 작동하는 디지털 서비스 인프라를 지원합니다. 예를 들어, 다국어 자동 번역을 위한 AI 시스템은 EU 시민들이 어느 회원국의 공공 서비스에 접근하든 언어 장벽 없이 이용할 수 있게 해 줍니다.

협력은 작은 나라 회원국에게 중요합니다. 모든 나라가 AI 연구와 개발에 대규모 투자를 할 수 있는 것은 아니기 때문에, 자원과 전문성을 공유함으로써 규모의 경제를 달성하고 중복을 피할 수 있습니다. 공통된 과제(예: AI 시스템의 편향성이나 설명 가능성)에 대한 해결책을 함께 찾음으로써 더 효과적인 접근법을 개발할 수 있습니다.

## 5. 유럽의 가치를 반영한 인간중심 AI 행정

EU의 AI 정책을 다른 지역과 구별짓는 가장 중요한 특징은 '인간중심(human-centric)' 접근법입니다. AI 시스템이 기술적 효율성이나 경제적 이익만을 추구하는 것이 아니라, 인간의 존엄성, 자유, 민주주의, 평등, 법치, 인권 존중과 같은 유럽의 핵심 가치를 증진하고 보호해야 한다는 원칙입니다. 이러한 접근법은 EU의 공공부문 AI 정책에 깊이 반영되어 있습니다.

인간중심 AI 행정 모델의 핵심 원칙은 '인간 우선(human-in-command)' 개념입니다. 이는 모든 AI 시스템, 특히 공공부문에서 사용되는 시스템은 항상 인간의 감독과 통제 하에 있어야 한다는 것을 의미합니다. 중요한 결정은 AI가 아니라 인간에 의해 이루어져야 하며, AI는 이러한 결정을 지원하는 도구로 사용되어야 합니다.

투명성과 설명 가능성도 EU의 인간중심 AI 모델의 중요한 측면입니다. 시민들은 공공기관이 자신들에 대한 결정을 내릴 때 AI가 어떻게 사용되는지 알 권리가 있습니다. 그러한 결정이 어떻게 이루어졌는지 이해할 수 있어야 합니다. 이를 위해 EU 회원국은 '알고리즘 등록부'를 도입하고 있습니다. 예를 들어, 핀란드의 헬싱키시는 공공 서비스에 사용되는 모든 AI 시스템의 목적, 작동 방식, 데이터 사용 등을 기록한 공개 레지스트리를 운영합니다.

또 다른 원칙은 포용성과 접근성입니다. AI 시스템은 모든 시민이 이용할 수 있어야 하며, 나이, 장애, 디지털 리터러시 수준 등에 관계없이 누구도 배제되어서는 안 됩니다. 예를 들어, 스페인의 'Accessibility Observatory'는 공공 디지털 서비스와 AI 시스템이 장애인을 포함한 모든 시민이 접근할 수 있도록 보장하는 일을 합니다.

공정성과 비차별은 EU의 인간중심 AI 모델에서 강조됩니다. AI 시스템은 성별, 인종, 종교, 연령 등에 따라 시민을 차별해서는 안 됩니다. 이를 위해 덴마크와 같은 국가들은 공공부문 AI 시스템의 편향성을 평가하고 완화하기 위한 도구와 방법론을 개발했습니다.

개인정보 보호와 데이터 주권 역시 핵심 원칙입니다. GDPR(일반 데이터 보호 규정)에 이미 규정된 개인정보 보호 원칙은 AI 시스템에도 그대로 적용됩니다. 또한 EU는 시민들이 자신의 데이터에 대한 통제권을 가져야 한다는 '데이터 주권' 개념을 강조합니다. 예를 들어 에스토니아의 'X-Road' 플랫폼은 시민들이 정부 데이터베이스에서 자신의 데이터가 어떻게 사용되는지 확인하고 통제할 수 있게 해 줍니다.

EU의 인간중심 AI 모델은 정책과 프로젝트에 구체적으로 반영되고 있습니다. 'AI4Citizens' 프로젝트는 EU 회원국의 공공기관이 협력하여 시민의 필요와 권리를 중심에 둔 AI 기반 공공 서비스를 개발하는 이니셔티브입니다. 스웨덴의 'Ethical Framework for AI in Public Sector'가 있는데, 이는 공공부문 AI 시스템이 인간 존엄성, 자유, 평등과 같은 가치를 증진하도록 보장하기 위한 구체적인 지침을 제공합니다.

EU의 인간중심 접근법은 AI 개발과 도입 속도를 늦출 수 있다는 비판도 있습니다. 그러나 EU는 이것이 장기적으로는 더 지속 가능하고 사회적으로 수용 가능한 AI 발전 경로라고 믿습니다. 시민의 신뢰와 수용 없이는 어떤 AI 시스템도 진정으로 성공할 수 없기 때문입니다.

유럽의 인간중심 AI 모델은 글로벌 AI 거버넌스에도 영향을 미치고 있습니다. EU의 접근법은 OECD AI 원칙과 UNESCO AI 윤리권고 등 국제 AI 거버넌스 프레임워크 개발에 중요한 기여를 했습니다. 비EU 국가들도 자국의 AI 정책 개발에 EU의 모델을 참조하고 있습니다.

EU는 인간중심 AI를 통해 기술적 효율성과 인간 가치 사이의 균형을 찾고자 합니다. AI가 사회에 제공할 수 있는 많은 혜택을 실현하면서도, 그것이 우리의 기본권과 민주적 가치를 위협하지 않도록 보장하는 것을 목표로 합니다. 이러한 비전은 "AI는 사람을 위한 것이지, 사람이 AI를 위한 것이 아니다."라는 EU의 모토에 잘 요약되어 있습니다.

## 6. EU AI 정책의 시사점

유럽연합(EU)의 인공지능 행정 정책은 기술과 인간이 함께 만들어가는 미래에 대한 희망찬 비전을 제시합니다. 규제와 혁신을 균형 있게 다루는 EU의 접근법은 인공지능(AI)이 가져올 변화의 파도를 두려움이 아닌 기대와 설렘으로 맞이할 수 있게 합니다.

EU의 정책은 힘을 모으고 협력하는 '공동체적 접근법'의 아름다움을 강조합니다. 정부와 산업계, 학계와 시민사회가 함께 힘을 합쳐 더 나은 세상을 만들기 위해 노력하는 모습은 우리가 꿈꾸는 공동의 미래를 실현할 수 있다는 증거입니다. 유럽 디지털 혁신 허브(EDIH)와 같은 협력 모델은, 공동의 지혜와 창의성이 발휘될 때 비로소 인공지능의 진정한 잠재력이 꽃피울 수 있음을 보여줍니다. EU의 경험은 다양한 이해관계자들이 각자의 전문성과 열정을 가지고 참여할 때 기술 발전이 모든 이에게 혜택을 가져올 수 있음을 증명하고 있습니다.

인간중심의 AI에 대한 믿음도 중요합니다. 기술이 인간의 권리와 존엄성을 결코 넘어서지 않아야 한다는 원칙을 분명히 하며, AI가 진정으로 인간의 삶을 풍요롭게 하는 수단임을 강조합니다. 투명성과 책임성을 지닌 AI는 신뢰를 바탕으로 우리의 삶과 사회를 더 나은 방향으로 이끌 수 있다는 희망을 줍니다. 단순히 기술의 발전을 넘어 사회적 가치를 확립하는 일이자, 모두가 공감할 수 있는 보편적 윤리를 세우는 중요한 여정입니다.

EU가 제시하는 비전은 AI가 단순히 효율성을 높이는 도구가 아니라, 공공 서비스의 질을 높이고, 시민들의 삶을 개선하며, 투명하고 정의로운 사회를 실현하는 데 기여할 수 있다는 믿음에 뿌리를 두고 있습니다. 이를 실현하기 위해서는 기술적 발전뿐 아니라 사회적, 문화적 변화까지도 함께 이루어져야 합니다.

EU는, 전 세계에 중요한 메시지를 던집니다. AI를 통한 발전은 누구도 소외되지 않는 포용적인 미래를 만들어야 한다는 것입니다. EU는 모든 국가와 지역이 공정하게 기술의 혜택을 누릴 수 있도록 적극적으로 지원하고 있으며, 국제 협력을 통해 글로벌 표준과 원칙을 만들어가는 데 앞장서고 있습니다. OECD, G7, UNESCO 등과의 긴밀한 협력을 통해 책임 있는 AI 사용을 위한 국제적 틀을 마련하는 EU의 노력은, 전 지구적 차원에서 인류가 함께 나아갈 수 있는 길을 보여줍니다.

무엇보다 EU의 인공지능 정책은 우리에게 근본적인 질문을 던집니다. 우리는 어떤 사회를 원하는가? 기술은 그 사회를 만드는데 어떻게 기여할 수 있는가? 이 질문을 통해 EU는 AI가 단순한 기술의 발전이 아니라, 우리가 꿈꾸는 인간다운 세상을 실현하는 과정임을 다시금 일깨워줍니다.

# 제3장
# 아시아 주요국의 인공지능 행정

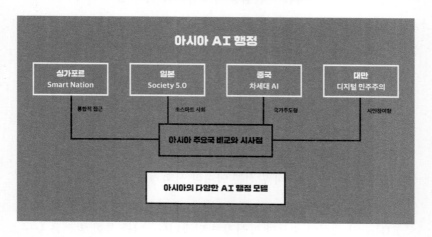

## 1. 싱가포르 Smart Nation 이니셔티브

### 1.1 Smart Nation 이니셔티브의 배경

싱가포르의 Smart Nation 이니셔티브는 2014년 리센룽 총리가 발표한 국가 전략으로, 디지털 기술과 데이터를 활용하여 시민의 삶을 개선하고 더 많은 기회를 창출하며 강력한 공동체를 구축하는 것을 목표로 합니다. 이 계획은 단순한 기술 도입을 넘어 국가 전체의 디지털 전환을 이끄는 종합적인 비전입니다.

싱가포르는 작은 도시국가라는 한계를 가지고 있지만, 이를 디지털 혁신의 강점으로 전환했습니다. 국토가 작고 인구가 적다는 특성은 새로운 디지털 정책과 기술을 빠르게 시행하고 테스트하기에 유리한 환경을 제공합니다. 고도로 교육받은 인구와 발달된 인프라는 디지털 혁신을 위한 탄탄한 기반이 됩니다.

Smart Nation 이니셔티브의 핵심 목표는 다음과 같습니다. 첫째, 시민 삶의 질 향상입니다. 둘째, 비즈니스 기회 창출 및 경제 경쟁력 강화입니다. 셋째, 정부 서비스의 효율성과 효과성 증진입니다.

이 목표를 달성하기 위해 싱가포르 정부는 강력한 디지털 인프라, 규제 체계, 인력 개발 프로그램을 구축했습니다. 정부가 주도적으로 추진하되 민간 부문과 시민사회의 협력을 강조하는 '전 국가적 접근법(Whole-of-Nation approach)'을 채택했습니다.

## 1.2 Smart Nation 거버넌스

싱가포르의 Smart Nation 이니셔티브는 체계적인 조직 구조와 거버넌스에 의해 운영됩니다. 가장 상위 기관은 총리가 직접 이끄는 'Smart Nation and Digital Government Group(SNDGG)'으로, 디지털 전환을 위한 최고 의사결정 기구입니다.

SNDGG 아래에는 실무를 담당하는 'Smart Nation and Digital Government Office(SNDGO)'와 'Government Technology Agency(GovTech)'가 있습니다. SNDGO는 전략 수립과 정책 조정을 담당하고, GovTech는 공공 디지털 인프라와 서비스 개발, 기술 구현을 담당합니다.

이 구조는 최고 지도자의 직접적인 관심과 지원을 보장하면서도, 전문 기관을 통한 효율적인 실행을 가능하게 합니다. 각 정부 부처에는 'Chief Digital Strategy Officer(CDSO)'가 임명되어 부처별 디지털 전환을 이끌고 있습니다.

Smart Nation의 추진 과정에서 중요한 원칙 중 하나는 '디지털 우선(Digital First)'입니다. 이는 모든 정부 서비스가 처음부터 디지털로 설계되어야 함을 의미합니다. 또 다른 원칙은 '시민 중심(Citizen-Centric)'으로, 모든 디지털 서비스는 시민의 필요와 경험을 중심으로 설계됩니다.

## 1.3 AI 국가 전략과 공공부문

2019년, 싱가포르는 국가 AI 전략(National Artificial Intelligence Strategy)을 발표했습니다. 이 전략은 2030년까지 싱가포르를 AI 글로벌 허브로 만들겠다는 비전을 제시합니다.

국가 AI 전략은 다섯 가지 '국가 AI 프로젝트'를 우선 추진 분야로 선정했습니다. 운송 및 물류, 스마트 도시 및 부동산, 의료, 교육, 안전 및 보안이 그것입니다. 많은 부분이 공공부문과 직접 연관되어 있습니다.

싱가포르 정부는 몇 가지 전략적 접근법을 취하고 있습니다. 첫째, 모든 공무원에 대한 AI 교육을 강화하고 있습니다. 둘째, AI 윤리 프레임워크를 개발하여 책임 있는 AI 사용을 보장합니다. 셋째, 공공-민간 파트너십을 통해 혁신적인 AI 솔루션 개발을 장려합니다.

2021년에는 AI 전략의 후속 조치로 'AI 거버넌스 프레임워크'의 두 번째 버전을 발표했습니다. AI 시스템의 내부 거버넌스, 결정 과정의 투명성, 데이터 관리, 고객 관계 관리 등에 대한 가이드라인을 제공합니다.

또한 'AI Singapore'라는 국가 AI 프로그램을 통해 AI 연구, 인재 개발, 산업 혁신을 지원하고 있습니다. 이 프로그램은 공공부문 AI 도입을 위한 핵심 동력이 되고 있습니다.

## 1.4 주요 AI 기반 공공서비스

싱가포르의 공공부문에는 다양한 AI 기반 서비스가 도입되어 있습니다. 대표적인 사례들을 살펴보겠습니다.

Ask Jamie: 싱가포르 정부가 도입한 챗봇 서비스 'Ask Jamie'는 시민들의 문의를 쉽고 빠르게 처리하는 시스템입니다. 매년 수백만 건의 다양한 문의를 효율적으로 처리하며, 정부 기관의 업무 부담을 줄이고 시민들에게 신속하고 정확한 정보를 제공합니다. Ask Jamie는 웹사이트뿐만 아니라 WhatsApp, Telegram 등 다양한 플랫폼에서도 이용 가능해 시민들이 언제 어디서나 편리하게 접근할 수 있습니다. 음성으로 질문할 수 있는 'Ask Jamie Voice' 기능을 추가하여 접근성을 더욱 향상했습니다.

기존의 Ask Jamie를 업그레이드한 'GovAsst'라는 더욱 진화된 챗봇을 도입했습니다. GovAsst는 최신의 대규모 언어 모델(LLM)을 기반으로 하여 복잡하고 구체적인 질문에도 정확하고 유연한 답변을 제공합니다. 또한 여러 문서에서 필요한 정보를 찾아 시민들에게 통합적으로 전달합니다.

현재 Ask Jamie는 70개 이상의 정부 기관 웹사이트에 통합되어 있으며, 시민들은 기관마다 다른 다양한 정보를 한 곳에서 손쉽게 얻을 수 있습니다.

이용 방법도 간단합니다. 정부 기관의 웹사이트를 방문하면 화면 우측 하단에 있는 Ask Jamie 탭을 클릭하여 바로 문의할 수 있습니다. 질문을 입력할 때는 자연어 처리 기술을 통해 자동으로 관련된 질문을 추천받아 더욱 편리하게 이용할 수 있습니다.

자주 묻는 질문(FAQ)을 미리 제공하여 빠르게 원하는 정보를 찾도록 돕습니다. 싱가포르 정부는 Ask Jamie 서비스를 더욱 발전시킬 계획입니다. 휴면 예금 알림과 국세 고지 발송 알림 등 새로운 알림 서비스가 추가될 예정이며, 주민등록 민원과 같은 보다 폭넓은 상담 서비스까지 확대해 나갈 것입니다. Ask Jamie는 싱가포르 정부의 디지털 혁신을 상징하는 성공적인 사례로, 시민의 편의성과 공공 서비스의 효율성을 높이는 데 계속해서 중요한 역할을 할 것으로 기대됩니다.

SELENA: 국세청(IRAS)에서 사용하는 AI 시스템으로, 납세자의 세금 신고를 검증하고 위험 분석을 수행합니다. 머신 러닝 알고리즘을 이용해 세금 신고의 패턴을 분석하고 잠재적인 세금 회피나 오류를 탐지합니다. 이를 통해 세무 조사의 효율성이 크게 향상되었습니다.

LAMP: 싱가포르 이민국경관리청(ICA)이 사용하는 위험 평가 시스템으로, 입국자의 위험 수준을 평가합니다. 빅데이터 분석과 AI 기술을 활용하여 여행자 정보를 분석하고 잠재적인 보안 위험을 식별합니다. 이를 통해 국경 관리의 효율성과 보안이 강화되었습니다.

첫째, 입국자의 위험도를 평가하는 데 활용됩니다. 입국자의 여권 정보와 과거 여행 기록, 비자 신청 내역, 범죄 이력 등 다양한 데이터를 분석하여 잠재적인 위험 요소를 빠르게 파악합니다. 특정 여행객이 위험 지역을 자주 방문했거나 과거에 범죄 기록이 있다면, 시스템이 이를 자동으로 감지하고 입국 심사관에게 추가 검사나 심사를 권장합니다.

둘째, LAMP는 실시간 데이터 분석 기능을 통해 즉각적으로 보안 위협에 대응합니다. 동일한 여권 번호로 여러 지역에서 동시에 입국이 시도되는 비정상 상황을 발견하면, 시스템이 이를 즉시 이상 행동으로 판단하고 경고를 발송합니다. 또한, AI 기반 예측 기술을 이용하여 특정 시점에 입국자가 많아질 것으로 예상될 때 미리 인력을 배치하는 등 효율적인 대처가 가능합니다.

셋째, LAMP 시스템은 전염병의 확산 방지에도 중요한 역할을 합니다. 코로나19 팬데믹 기간 동안 입국자의 백신 접종 여부, 최근 방문 국가의 감염률, 건강 설문 데이터 등을 분석하여 고위험 입국자를 신속히 선별했습니다. 선별된 고위험 입국자에게는 추가적인 검역이나 격리 조치를 취해 국내 전염병 유입을 효과적으로 관리했습니다.

넷째, 테러 및 불법 활동 예방을 위한 도구로도 LAMP 시스템이 적극적으로 활용됩니다. 입국자의 정보를 국제 테러 감시 데이터베이스와 즉각 비교하여 위험 인물을 조기에 발견할 수 있으며, 금융 거래 데이터를 분석해 자금 세탁이나 불법 자금 이동과 같은 범죄 활동의 징후도 포착합니다.

다섯째, LAMP는 국경 관리 업무를 자동화하여 인적 실수를 줄이고, 입국 심사의 속도를 높이는 데 크게 기여합니다. 시스템은 여행객 정보를 자동으로 분석하여 위험이 낮은 여행객은 신속하게 통과시키고, 위험이 높은 여행객에게는 추가 심사를 진행하게 하여 국경 관리 업무의 효율성을 높입니다. 공항의 스마트 게이트와 연동되어 신속하고 정확한 신원 확인과 위험 평가도 동시에 수행합니다.

Virtual Intelligent Chat Assistant (VICA): 중앙연금기금(CPF) 보드에서 사용하는 챗봇으로, 연금 관련 질문에 답변합니다. VICA는 단순한 정보 제공을 넘어 개인화된 연금 계획과 조언도 제공합니다. 자연어 처리 기술을 활용하여 시민들이 복잡한 연금 규칙을 이해하도록 돕습니다.

MyInfo: 개인 데이터 관리 플랫폼으로, 시민들이 여러 정부 서비스를 이용할 때 반복적으로 정보를 입력하는 번거로움을 줄여줍니다. AI 기술을 활용하여 데이터 검증과 보안을 강화하고, 맞춤형 서비스 추천을 제공합니다.

Parking.sg: 주차 요금 지불을 위한 모바일 앱으로, AI 기술을 활용하여 실시간 주차 정보를 제공하고 요금을 자동으로 계산합니다. 이를 통해 종이 쿠폰 사용을 줄이고 주차 관리의 효율성을 높였습니다.

OneService 앱: 시민들이 공공 인프라 문제를 신고할 수 있는 플랫폼으로, AI 기술을 활용하여 신고 내용을 자동으로 분류하고 관련 기관에 전달합니다. 머신 러닝을 통해 신고 패턴을 분석하여 예방적 유지보수 계획을 수립합니다.

### 1.5 Smart Nation AI 행정의 성과와 과제

싱가포르의 Smart Nation 이니셔티브와 AI 행정은 여러 성과를 거두었습니다. 첫째, 디지털 정부 서비스 이용률이 크게 증가했습니다. Gov-

Tech의 보고에 따르면, 시민의 디지털 정부 서비스 만족도는 2020년 기준 90%를 넘어섰습니다. 둘째, 행정 효율성이 향상되었습니다. AI와 자동화 도입으로 문서 처리 시간이 대폭 단축되고, 인적 오류가 감소했습니다. 셋째, 국제적 인정을 받았습니다.

과제도 있습니다.

디지털 격차 문제입니다. 고령자와 저소득층 등 디지털 취약계층이 새로운 기술에 적응하는 데 어려움을 겪고 있습니다. 이를 해결하기 위해 'Digital For Life' 같은 디지털 포용성 프로그램을 운영하고 있습니다.

데이터 보안과 개인정보 보호 문제입니다. 2018년 싱헬스(SingHealth)라는 최대 의료기관이 심각한 사이버 공격을 당해 약 150만 명의 환자 개인정보가 유출된 사건이 발생했습니다. 환자의 이름, 주소, 주민등록번호(NRIC), 생년월일, 연락처 등 개인을 특정할 수 있는 민감한 정보뿐 아니라 진료 기록과 처방 내역 등 의료 관련 기록까지 포함돼 있어 사회적으로 큰 충격을 주었습니다. 싱가포르 총리인 리셴룽의 개인 의료정보도 유출되었다는 점에서 사안의 심각성이 더욱 커졌습니다.

조사 결과, 고도로 숙련된 해커 집단이 오랜 기간 시스템의 취약점을 이용하여 침투한 것으로 밝혀졌으며, 조직적 사이버 공격으로 추정되었습니다. 이 사건을 계기로 싱가포르 정부와 시민들은 데이터 보안과 개인정보 보호의 중요성을 깊이 인식하게 되었습니다. 싱가포르 정부는 대응책으로 사이버보안법(Cybersecurity Act)을 강화하여, 국가적으로 중요한 공공 서비스 인프라를 '중요정보기반시설(CII)'로 지정하고 엄격한 보안 기준을 의무적으로 적용하도록 했습니다. 해당 기관들은 정기적으로 보안 감사를 받아야 하며, 사이버 위협이나 이상 징후가 발생할 경우 즉각적으로 정부의 사이버보안청(CSA)에 신고할 의무를 가지게 되었습니다.

AI 편향성과 윤리 문제도 있습니다. AI 시스템이 공정하고 차별 없이 작동하도록 보장하는 것이 중요한 과제입니다. 'AI 윤리 자문 위원회'를 설립하고 'Model AI Governance Framework'를 개발했습니다.

### 1.6 싱가포르 AI 행정의 전망과 계획

싱가포르는 AI 행정의 미래를 위한 명확한 비전과 계획을 가지고 있습니다. 2023년 발표된 'National AI Strategy 2.0'은 AI를 통한 가치 창출, 인간 중심 AI 개발, 국제 협력 확대 등을 강조합니다.

'디지털 정부 청사진(Digital Government Blueprint)'에 따르면, 2025년까지 모든 정부 서비스를 디지털화하고 데이터 주도 의사결정을 표준화할 계획입니다. 5G 네트워크, 클라우드 컴퓨팅, 사물인터넷(IoT) 등 차세대 디지털 인프라를 확충할 예정입니다. AI 인재 양성에도 많은 투자를 하고 있습니다. 'TechSkills Accelerator' 프로그램을 통해 AI와 데이터 과학 분야의 전문가를 양성하고, 모든 공무원에게 기본적인 AI 리터러시 교육을 제공합니다.

국제 협력도 확대하고 있습니다. 'AI Verify'와 같은 AI 검증 도구를 개발하여 국제 표준화에 기여하고, OECD, UN 등과 협력하여 글로벌 AI 거버넌스 체계 구축에 참여합니다.

싱가포르의 AI 행정 전략은 기술 도입에만 중점을 두는 것이 아니라, 사회적 영향과 윤리적 측면을 함께 고려하는 종합적인 접근법을 취하고 있습니다. 이러한 균형 잡힌 접근법은 향후 AI 행정의 지속 가능한 발전을 위한 모델이 될 것입니다.

## 2. 일본 Society 5.0

### 2.1 Society 5.0의 개념과 배경

일본의 Society 5.0은 4차 산업혁명 기술을 활용하여 다양한 문제를 해결하고자 하는 국가 비전입니다. 2016년 일본정부 제5차 과학기술기본계획에서 처음 제시된 이 개념은, 인류 사회의 발전 단계를 5단계로 구분하고 현재 진입하고 있는 새로운 사회를 'Society 5.0'으로 명명했습니다. Society 5.0의 '5.0'은 인류 사회 발전의 다섯 번째 단계를 의미합니다. 1.0은 수렵사회, 2.0은 농경사회, 3.0은 산업사회, 4.0은 정보사회를 나타내며, 5.0은 이러한 정보사회를 넘어서는 초스마트사회(Super Smart Society)를 의미합니다.

등장 배경에는 일본이 직면한 여러 사회적 도전 과제가 있습니다. 저출산과 고령화로 인한 인구 감소, 지방 소멸, 생산성 저하, 에너지 및 환경 문제 등이 대표적입니다. 일본은 이러한 문제들을 기술 혁신을 통해 해결하고자 Society 5.0 비전을 제시했습니다.

Society 5.0의 핵심은 물리적 공간(Physical Space)과 사이버 공간(Cyber Space)의 고도 융합입니다. 사물인터넷(IoT)을 통해 모든 사람과 사물이 연결되고, 인공지능(AI)이 빅데이터를 분석하여 최적의 솔루션을 제공함으로써 사회 문제를 해결하고 새로운 가치를 창출한다는 개념입니다.

## 2.2 일본의 AI 전략과 추진 체계

일본 정부는 2019년 3월 'AI 전략 2019'를 발표했으며, 이후 매년 업데이트된 전략을 발표하고 있습니다. 이 전략은 Society 5.0 실현을 위한 핵심 기술로서 AI의 개발과 활용을 촉진하기 위한 정부의 종합 계획입니다.

AI 전략의 주요 목표는 다음과 같습니다. 첫째, 글로벌 AI 인재 육성입니다. 둘째, 산업경쟁력 강화입니다. 셋째, 기술 혁신과 사회 구현입니다. 넷째, AI 시대에 대응한 제도 정비입니다. 다섯째, 윤리적 원칙과 사회 수용성 확보입니다.

AI 전략 추진을 위한 거버넌스 체계도 정비되었습니다. 총리 직속의

'종합 혁신 전략 본부' 아래 'AI 전략 실행 회의'가 설치되어 전략 이행을 총괄합니다. 또한 내각부에 '과학기술혁신 추진사무국'을 설치하여 부처 간 협력을 조정합니다.

2022년에는 디지털청(Digital Agency)이 신설되어 정부 전체의 디지털 전환과 AI 정책을 더욱 강력하게 추진하고 있습니다. 디지털청은 각 부처의 디지털 정책을 조정하고, 정부 정보 시스템의 통합·관리를 담당합니다.

공공부문의 AI 도입을 위해 일본 정부는 'AI Ready 공공서비스 로드맵'을 수립했습니다. 이 로드맵은 2025년까지 주요 행정 서비스에 AI를 도입하는 단계적 계획을 제시합니다. 또한 '공공부문 AI 활용 가이드라인'을 통해 정부 기관의 AI 도입 시 고려해야 할 원칙과 절차를 제시했습니다.

### 2.3 공공부문 AI 적용 사례

일본은 다양한 공공부문에 AI를 적용하여 행정 효율성을 높이고 사회 문제 해결을 시도하고 있습니다. 주요 사례들을 살펴보겠습니다.

행정 문서 처리 자동화: 일본 정부는 AI-OCR과 RPA(Robotic Process Automation)를 활용하여 행정 문서 처리를 자동화하고 있습니다. 후생노동성은 각종 신청서 처리에 AI를 도입하여 처리 시간을 30% 단축했습니다. 법무성은 특허 심사 과정에 AI를 도입하여 유사 특허 검색의 정확도와 효율성을 높였습니다.

재난 관리 시스템: 지진, 태풍 등 자연재해가 빈번한 일본은 AI를 활용한 재난 관리 시스템을 적극 개발하고 있습니다. 국토교통성의 'XRAIN(확장 레이더 정보 네트워크)'은 AI 기반 강우 예측 시스템으로, 홍수와 산사태를 조기에 예측합니다. 또한 내각부 방재담당은 SNS 데이터를

AI로 분석하여 재난 상황을 실시간으로 파악하는 시스템을 운영합니다.

의료 및 헬스 케어: 고령화 사회인 일본은 의료 분야의 AI 활용에 많은 투자를 하고 있습니다. 후생노동성의 '의료 빅데이터 활용 프로젝트'는 국민건강보험 데이터를 AI로 분석하여 질병 예방과 의료비 절감 방안을 모색합니다. 지방자치단체들은 고령자 건강 모니터링 및 돌봄 서비스에 AI를 활용하고 있습니다.

교통 및 모빌리티: 인구 감소로 인한 대중교통 문제 해결을 위해 AI 기반 교통 시스템을 개발하고 있습니다. 국토교통성의 'MaaS(Mobility as a Service)' 프로젝트는 AI를 활용하여 여러 교통수단을 통합하고 최적의 이동 경로를 제안합니다. 또한 여러 지자체에서는 자율주행 버스 실증사업을 진행하고 있습니다.

에너지 관리: 환경성과 경제산업성은 AI 기반 에너지 관리 시스템을 구축하여 에너지 효율화와 탄소 배출 감소를 추진합니다. 'VPP(Virtual Power Plant)' 프로젝트는 AI를 활용하여 분산된 재생에너지 자원을 통합 관리합니다.

### 2.4 AI 윤리 및 거버넌스 프레임워크

일본은 AI의 윤리적 측면과 거버넌스를 중요하게 다루며, 이를 위한 프레임워크를 구축하고 있습니다. 2019년 일본 정부는 '인간 중심의 AI 사회 원칙'을 발표했습니다. 이 원칙은 AI 개발과 활용의 기본 방향을 제시하며, 다음 7가지 핵심 원칙을 포함합니다.

인간 중심(Human-Centric): AI는 인간의 존엄성과 개인의 자율성을 존중해야 합니다.

교육/리터러시: 모든 사람이 AI에 대한 기본적인 이해를 갖추어야 합니다.

프라이버시 보호: 개인정보와 프라이버시를 보호해야 합니다.

보안 확보: AI 시스템의 보안과 안전성을 확보해야 합니다.

공정 경쟁: AI 개발과 활용에서 공정한 경쟁 환경을 보장해야 합니다.

투명성과 설명 가능성: AI의 의사결정 과정은 투명하고 설명 가능해야 합니다.

혁신: AI 기술 혁신을 촉진하되, 사회적 가치와 조화를 이뤄야 합니다.

이 원칙을 공공부문에 구체적으로 적용하기 위해 '공공부문 AI 활용 가이드라인'이 개발되었습니다. 이 가이드라인은 정부 기관이 AI 시스템을 도입할 때 고려해야 할 사항과 평가 기준을 제시합니다.

AI 윤리와 거버넌스를 담당하는 기관으로 '인공지능 사회 원칙 회의'가 설치되었습니다. 이 회의는 학계, 산업계, 시민사회의 전문가들로 구성되어 AI의 사회적 영향을 평가하고 정책 제언을 합니다. 일본은 G7, OECD, UNESCO 등 국제기구의 AI 원칙 수립에 기여하며, 글로벌 AI 거버넌스 체계 구축에 동참하고 있습니다.

### 2.5 Society 5.0과 AI 행정의 성과와 한계

일본의 Society 5.0 비전과 AI 행정 전략은 여러 성과를 보이고 있습니다. 우선, 공공부문의 디지털 전환이 가속화되었습니다. 특히 코로나19 팬데믹은 디지털화의 필요성을 부각시켜, 행정 절차의 온라인화와 AI 도입이 빠르게 진행되었습니다.

둘째, 데이터 기반 정책 결정이 강화되었습니다. EBPM(Evidence-Based Policy Making, 증거 기반 정책 결정)을 위한 데이터 수집과 AI 분석이 확대되어, 정책의 효과성과 효율성이 향상되었습니다.

셋째, 산학관 협력 생태계가 형성되었습니다. 'AI 연구개발 네트워크'를 통해 정부, 대학, 기업이 협력하여 AI 기술 개발과 사회 실장을 추진하고 있습니다.

한계와 과제도 뚜렷합니다.

첫째, 디지털 인프라와 인재 부족입니다. 일본의 공공부문은 레거시 시스템과 아날로그 방식의 업무 관행이 여전히 많아, 디지털 전환이 지연되고 있습니다. 또한 AI 전문 인력이 부족하여 첨단 시스템 개발과 운영에 어려움을 겪고 있습니다.

둘째, 행정 조직 간 데이터 공유와 연계가 미흡합니다. 각 부처와 지자체 간 데이터 표준화가 부족하고, 데이터 사일로(Data Silo) 현상이 나타나 통합적인 AI 서비스 제공이 어렵습니다.

셋째, 사회적 수용성 문제가 있습니다. 개인정보 활용에 대한 우려, AI 의사결정에 대한 불신, 일자리 대체 불안 등으로 인해 일본 사회에서 AI 기술 도입에 대한 저항이 존재합니다. 특히 고령층과 농촌 지역에서는 디지털 격차로 인해 AI 서비스 이용에 어려움을 겪고 있습니다.

넷째, 실행과 조정의 과제가 있습니다. Society 5.0과 AI 전략은 비전과 목표는 명확하지만, 구체적인 실행 단계에서 부처 간 조정, 예산 확보, 성과 측정 등의 문제가 나타나고 있습니다. 디지털청 신설로 조정 기능이 강화되었지만, 여전히 행정 문화의 변화가 필요한 상황입니다.


### 2.6 일본 AI 행정의 미래 전망

일본 정부는 Society 5.0과 AI 행정의 한계를 극복하고 미래 발전을 위해 다양한 정책을 추진하고 있습니다. 2023년 개정된 'AI 전략 2023'에서는 차세대 AI 기술 개발, 인재 육성 강화, 사회 구현 가속화 등의 중점 과제를 제시했습니다.

## 3. 중국 차세대 AI 발전계획과 전자정부

### 3.1 중국의 AI 국가 전략과 배경

중국은 2017년 7월 국무원이 발표한 '차세대 인공지능 발전 계획(新一代人工智能发展规划)'을 통해 AI 분야 국가 전략을 공식화했습니다. 2030년까지 AI 분야의 글로벌 리더가 되기 위한 로드맵도 제시했습니다.

배경에는 여러 요인이 있습니다. 첫째, 중국의 경제 발전 모델 전환이 필요했습니다. 저비용 제조업 중심의 성장 모델에서 혁신 주도 성장으로 전환하기 위해 AI와 같은 첨단 기술이 필수적이었습니다. 둘째, 글로벌 기술 경쟁에서 우위를 확보하려는 전략적 필요성이 있었습니다. 미국과의 기술 패권 경쟁에서 AI를 핵심 분야로 인식했습니다. 셋째, 인구 고령화, 도시화, 환경 문제 등 중국 사회가 직면한 다양한 도전 과제를 해결하기 위한 수단으로 AI를 활용하고자 했습니다.

중국의 AI 전략은 2030년까지 세 단계로 진행됩니다. 1단계(2020년까지)는 AI 기술과 응용에서 선진국과 동등한 수준에 도달하는 것이 목표였습니다. 2단계(2025년까지)는 AI 기초 이론에서 중요한 돌파구를 마련하고 일부 기술과 응용에서 세계를 선도하는 것이 목표입니다. 3단계(2030년까지)는 AI 이론, 기술, 응용 모든 면에서 세계 최고 수준에 도달하는 것을 목표로 합니다.

핵심 목표 중 하나는 '지능형 정부(智能政府)' 구축입니다. 이는 AI 기술을 활용하여 정부 운영과 공공 서비스를 혁신하고, 데이터 기반 의사결정과 정책 실행을 추진하는 것을 의미합니다.

### 3.2 전자정부와 AI 통합 추진 체계

중국은 전자정부와 AI를 통합 추진하기 위한 체계를 구축했습니다. 중국은 전자정부와 AI의 통합을 적극적으로 추진하고 있으며, 이 과정에서

'중앙 네트워크 안전 및 정보화 위원회(中央网络安全和信息化委员会)'가 핵심적인 역할을 담당하고 있습니다. 2014년에 설립된 이 위원회는 국가 사이버 보안 및 정보화 정책을 총괄하는 최고 의사결정 기구로, 시진핑 주석이 직접 주재하며 정책 방향을 설정해 왔습니다. 2018년 영도소조에서 위원회로 승격되면서 위상과 권한이 대폭 강화되었으며, 중국 정부가 사이버 공간 거버넌스를 얼마나 중요시하는지 보여줍니다. 최근에는 차이치(蔡奇)가 위원회의 실질적 운영을 담당하고 있으며, 당과 정부 주요 부처, 인민은행, 군대 대표들이 참여하는 포괄적 조직 구조를 갖추고 있습니다. 위원회는 2017년 발표한 '차세대 AI 개발 계획(新一代人工智能发展规划)'을 바탕으로 2030년까지 AI 분야의 글로벌 리더가 되는 것을 목표로 설정했습니다.

중국은 '디지털 실크로드(数字丝绸之路)' 이니셔티브를 통해 글로벌 영향력을 확대하고 있으며, 광섬유 네트워크, 5G, 클라우드 컴퓨팅 등 디지털 인프라 프로젝트를 해외에 적극 진출시키고 있습니다. 또한 러시아와 사이버 공간 규제 분야에서 협력을 강화하며 국제적 영향력을 확대하고 있습니다. 이러한 중국의 전략적 노력은 사이버 강국으로서의 위상을 공고히 하고 글로벌 디지털 리더십을 확보하는 데 중요한 토대가 되어 줍니다.

정책 실행을 위한 핵심 부처는 중앙 사이버공간 관리국(CAC), 공업정보화부(MIIT), 국가발전개혁위원회(NDRC)입니다. 국무원의 '인터넷+행동계획'과 '빅데이터 발전 촉진 행동 요강' 등은 공공부문의 디지털 전환과 AI 도입을 추진하는 핵심 정책 프레임워크입니다.

지방정부 차원에서도 AI 행정이 적극 추진되고 있습니다. 각 성(省)과 주요 도시들은 자체적인 AI 발전 계획을 수립하여 지역 특성에 맞는 혁신을 추진합니다. 대표적으로 상하이의 '스마트 시티 구축 행동 계획', 광둥성의 'AI 산업 발전 로드맵', 베이징의 '지능형 경제 발전 계획' 등이 있습니다.

중국의 AI 행정 추진 체계의 특징은 '하향식 계획과 상향식 혁신의 결합'입니다. 중앙 정부가 명확한 비전과 목표를 제시하되, 지방 정부와 기업에게 실험과 혁신의 자율성을 부여합니다. 다양한 모델과 사례가 등장하고, 성공 사례는 전국적으로 확산되는 방식으로 발전합니다.

'정부-기업 협력 모델'이 돋보입니다. 바이두, 알리바바, 텐센트 등 중국의 대형 IT 기업들은 정부의 AI 전략 수립에 참여하고, 공공부문 AI 솔루션 개발에 주도적인 역할을 합니다. 예를 들어, 알리바바의 '시티 브레인' 프로젝트는 항저우를 시작으로 여러 도시의 스마트 시티 구축에 활용되고 있습니다.

### 3.3 주요 AI 기반 전자정부 서비스

중국은 다양한 행정 영역에서 AI 기반 전자정부 서비스를 개발 및 도입하고 있습니다.

스마트 정무 서비스: 중국 정부는 '인터넷+정무 서비스' 이니셔티브를 통해 행정 서비스의 온라인화와 지능화를 추진하고 있습니다. '단일 창구(一窗办理)' 시스템은 AI 기술을 활용하여 여러 부처의 행정 서비스를 통합 제공합니다. 상하이의 '일망통(一网通)' 포털은 AI 기반 행정 서비스 플랫폼으로, 1,000개 이상의 정부 서비스를 제공하며 얼굴 인식, 자연어 처리 등의 AI 기술을 활용합니다.

스마트 시티 관리: 중국 여러 도시는 AI 기반 스마트 시티 시스템을 구축하고 있습니다. 알리바바가 개발한 '항저우 시티 브레인'은 도시 전체의 교통, 에너지, 공공 안전 등을 통합 관리하는 AI 플랫폼입니다. 이 시스템은 교통 흐름을 최적화하여 출퇴근 시간을 15% 단축하고, 응급 차량의 이동 시간을 50% 단축하는 성과를 거두었습니다. 현재 중국 전역의 500개

이상 도시로 확산되고 있습니다.

사회 신용 시스템(Social Credit System): 중국의 사회 신용 시스템은 AI와 빅데이터를 활용하여 개인과 기업의 신용도를 평가하는 시스템입니다. 공공 서비스 이용, 세금 납부, 법규 준수 등 다양한 데이터를 수집·분석하여 신용 점수를 산출합니다. 높은 신용 점수를 가진 시민과 기업은 각종 행정 서비스에서 혜택을 받는 반면, 낮은 점수는 제한을 받을 수 있습니다. 2020년까지 전국적으로 확대 구축되었으며, AI로 지속적으로 고도화되고 있습니다.

공공 안전 및 감시 시스템: 중국은 AI 기반 안면 인식 기술을 활용한 공공 안전 시스템을 광범위하게 구축했습니다. '스카이넷(天网)' 프로젝트는 전국에 2억 개 이상의 CCTV 카메라를 설치하고 AI 영상 분석 기술을 활용하여 범죄자 추적, 실종자 수색, 교통 위반 단속 등을 수행합니다. 97% 이상의 정확도로 얼굴을 인식할 수 있으며, 범죄감소에 기여했다고 평가됩니다. 그러나 프라이버시와 인권 측면에서 국제적인 우려와 비판을 받고 있습니다.

지능형 의료 및 건강 관리: 중국 정부는 AI를 활용한 의료 서비스 개선에도 큰 관심을 보이고 있습니다. 국가 보건 위원회는 'AI+의료' 이니셔티브를 통해 의료 영상 분석, 진단 지원, 원격 의료 등의 분야에 AI를 도입하고 있습니다. 특히 코로나19 팬데믹 기간 동안 AI 기반 환자 분류, 진단 지원, 접촉자 추적 시스템이 적극 활용되었습니다. 중국의 의료 분야 AI 기술은 특히 대규모 환자 데이터를 활용할 수 있다는 강점을 바탕으로 빠르게 발전하고 있습니다.

환경 모니터링 및 관리: 심각한 환경 문제를 겪고 있는 중국은 AI 기술을 활용한 환경 모니터링과 관리 시스템을 개발하고 있습니다. 환경보호부는 위성 이미지, 드론, 센서 데이터를 AI로 분석하여 대기오염, 수질오염, 불법 오염원 등을 모니터링합니다. 베이징의 'AI 대기질 예측 시스템'은 72시간 내 대기질을 85% 이상의 정확도로 예측할 수 있으며, 이를 바탕으로 오염 저감 조치를 사전에 시행합니다.

### 3.4 중국의 AI 윤리 및 거버넌스 접근법

중국은 AI 발전과 동시에 AI 윤리와 거버넌스에 대한 프레임워크를 개발하고 있습니다. 2019년 국가 차원의 'AI 거버넌스 원칙'을 발표했으며, 인간 중심, 안전, 포용성, 개방성, 책임감 등의 가치를 강조합니다.

중국의 AI 거버넌스는 몇 가지 중요한 원칙을 중심으로 움직이고 있습니다. 가장 우선되는 원칙은 AI 기술이 국가 안보와 사회 안정을 해치지 않아야 한다는 것입니다. 즉, 어떤 상황에서도 국가의 안전이나 사회 질서가 흔들리지 않도록 하는 것이 가장 중요한 기준이 됩니다.

중국은 AI 기술이 발전할 수 있도록 하면서도 꼭 필요한 부분에서는 규제를 적용하는 균형 잡힌 방식을 선호합니다. 이를 '적응적 거버넌스(Adaptive Governance)'라고 부르는데, 지나친 규제로 혁신이 막히지 않도록 하면서도 위험 요소는 철저히 관리하는 방식입니다.

중국의 AI 거버넌스는 AI 산업이 전 세계에서 경쟁력을 갖출 수 있도록 지원하는 방향으로 설계됩니다. 즉, 중국은 AI 규제를 통해 오히려 자국 기업들이 글로벌 시장에서 우위를 점할 수 있도록 돕고자 하는 목적을 가지고 있습니다.

2021년에는 네트워크 안전 심사 사무실이 'AI 알고리즘 추천 관리 규정(互联网信息服务算法推荐管理规定)'을 발표했습니다. 이 규정은 온라인 플랫폼의 알고리즘 투명성과 공정성을 보장하기 위한 것으로, 알고리즘이 국가 안보나 사회 안정을 위협하거나 차별을 조장하는 것을 금지합니다. 빅테크기업의 영향력을 통제하고, 사회주의 핵심 가치관을 증진하며,

데이터와 알고리즘의 남용을 방지하기 위해 마련된 일련의 정책 중 하나입니다. 알고리즘이 여론 형성, 정보 검열, 차별적 콘텐츠 노출 등에 악용되는 것을 방지하려는 의도가 담겨 있습니다

공공부문 AI 사용에 대한 특별 지침도 있습니다. 2023년 생성형 인공지능서비스 잠정관리 방법(生成式人工智能服务管理暂行办法)을 발표하였습니다. '공공서비스 영역 AI 응용 안전 가이드라인(公共服务领域人工智能应用安全指南)'은 공공기관의 AI 시스템 도입과 운영에 관한 세부 규정을 제시합니다. 특히 안전성, 투명성, 책임성, 프라이버시 보호 등을 강조합니다.

중국의 AI 윤리와 거버넌스 접근법은 서구 국가들과 차이를 보이는데, 개인의 권리보다 집단적 이익과 사회 안정에 더 큰 가치를 두는 경향이 있습니다. 기술 발전과 국가 경쟁력 강화를 위해 더 유연한 규제 체계를 유지합니다. 이러한 차이는 국제 AI 거버넌스 논의에서 긴장을 야기하기도 합니다.

### 3.5 성과와 도전 과제

중국의 AI 행정 전략은 여러 가시적 성과를 거두었습니다. 첫째, 공공 서비스의 효율성과 접근성이 향상되었습니다. AI 기반 행정 서비스 플랫폼은 처리 시간 단축, 24시간 서비스 제공, 원격 접근 가능성 등의 이점을 제공했습니다. 2023년 UN 전자정부 발전 지수에서 중국은 65위를 차지했는데, 2018년 80위에서 크게 상승한 결과입니다.

둘째, 도시 관리와 운영이 개선되었습니다. AI 기반 스마트 시티 시스템은 교통 흐름 최적화, 에너지 사용 효율화, 환경 모니터링 개선 등의 성과를 거두었습니다. 중국의 대도시들은 교통 혼잡 감소, 대기질 개선 등의 가시적인 효과를 경험했습니다.

셋째, 공공 안전과 위기 대응 능력이 강화되었습니다. AI 기반 감시 시스템은 범죄율 감소에 기여했으며, 재난 예측 및 대응 시스템은 자연재해로 인한 피해를 최소화하는 데 도움이 되었습니다. 코로나19 팬데믹 동안 AI 기술을 활용한 접촉자 추적, 감염 확산 예측 등이 효과적이었다는 평가를 받았습니다.

과제도 존재합니다. 첫째, 디지털 격차가 심화될 우려가 있습니다. 도시와 농촌 간, 세대 간 디지털 격차로 인해 첨단 AI 서비스의 혜택이 불균등하게 분배될 수 있습니다. 노인과 농촌 주민들은 디지털 기술 접근과 활용에 어려움을 겪고 있습니다.

둘째, 프라이버시와 인권 침해 우려가 있습니다. 광범위한 데이터 수집과 AI 기반 감시 시스템은 시민의 프라이버시와 자유를 침해할 가능성이 있습니다. 사회 신용 시스템과 얼굴 인식 기술의 광범위한 사용은 국제 사회의 비판을 받고 있습니다.

셋째, AI 시스템의 오류와 편향성 문제가 있습니다. AI 알고리즘이 기존 데이터의 편향성을 학습하거나, 특정 인구 집단에 불리한 결정을 내릴 가능성이 있습니다. 이는 행정의 공정성과 정당성을 훼손할 수 있습니다.

넷째, 데이터 품질과 보안 문제가 있습니다. AI 시스템의 성능은 데이터의 질에 의존하는데, 공공부문 데이터의 표준화, 정확성, 완전성 문제가 지속적으로 제기되고 있습니다. 또한 대규모 데이터 집중은 사이버 보안 위협에 취약할 수 있습니다.

### 3.6 중국 AI 행정의 미래 전망

중국은 AI 행정의 미래를 위한 야심찬 계획을 가지고 있습니다. 2023년 발표된 '디지털 중국 건설 요강 数字中国建设整体布局规划 (2023-2035)[*]'은 AI를 포함한 디지털 기술을 활용한 국가 디지털 전환의 종합 계획을 제시합니다.

향후 중국의 AI 행정 전략은 몇 가지 주요 방향으로 발전할 것으로 전망됩니다.

첫째, 더욱 통합된 데이터 기반 정부를 구축할 것입니다. '국가 빅데이터 전략'에 따라 정부 데이터의 통합과 공유를 확대하고, 더 고도화된 AI 행정 서비스를 개발할 계획입니다.

둘째, 차세대 AI 기술을 적극 도입할 것입니다. 대규모 언어 모델(LLM), 멀티모달 AI, 연합 학습 등 첨단 AI 기술을 공공부문에 도입하여 행정 서비스의 지능화 수준을 높일 계획입니다. 2023년 중국 정부는 자체 개발한 LLM을 행정 업무에 시범 적용하기 시작했습니다.

셋째, 농촌과 낙후 지역으로 AI 행정 서비스를 확대할 것입니다. '디지털 농촌 전략'을 통해 농촌 지역의 디지털 인프라를 확충하고, 농촌 주민을 위한 맞춤형 AI 서비스를 개발할 계획입니다. 이를 통해 도농 간 디지털 격차를 해소하고자 합니다.

넷째, AI 거버넌스 체계를 강화할 것입니다. 2022년 시작된 '알고리즘 등록 시스템'을 확대하여 모든 공공부문 AI 시스템에 대한 관리와 감독을 강화할 계획입니다. 'AI 윤리 평가 체계'를 구축하여 공공부문 AI 시스템의 윤리적 영향을 평가할 예정입니다.

다섯째, 글로벌 AI 거버넌스에서 영향력을 확대할 것입니다. 중국은 AI 기술 표준과 거버넌스 원칙의 국제 논의에 적극 참여하여 자국의 접근법을 국제 표준에 반영하려는 노력을 기울이고 있습니다. 특히 '일대일로(Belt and Road)' 참여국과의 디지털 협력을 통해 중국형 AI 행정 모델을

---

\* https://www.gov.cn/zhengce/2023-02/27/content_5743484.htm

확산하고자 합니다.

중국은 기술 혁신과 사회적 관리를 결합한 접근법을 보여줍니다. 효율성과 안정성 측면에서 강점을 가지지만, 투명성과 개인의 자유 측면에서 논쟁의 여지가 있습니다.

## 4. 대만 디지털 민주주의와 AI

### 4.1 대만의 디지털 정부 배경과 비전

대만은 인구 약 2,300만 명의 섬나라로, 중국이 주도하는 국제적 고립이라는 어려운 환경 속에서도 디지털 기술을 활용한 혁신적인 정부 시스템을 구축해 왔습니다. 대만의 디지털 정부는 기술적 효율성뿐만 아니라 시민 참여와 민주주의 강화라는 독특한 가치를 추구하는 특징을 가지고 있습니다.

대만 디지털 정부의 발전은 1998년 '전자정부 계획'에서 시작되었으나, 현재의 모습으로 발전한 것은 2014년 '햇빛 운동(Sunflower Movement)' 이후입니다. 시민들이 중요한 무역 협정에 대한 정부의 불투명한 처리를 비판하며 의회를 점거했던 이 운동은 대만 정부가 투명성과 시민 참여를 강화하는 디지털 정부로 변화하는 계기가 되었습니다.

2016년 오드리 탕(Audrey Tang)이 대만의 첫 디지털 장관으로 임명되면서 대만의 디지털 정부는 새로운 전환점을 맞이했습니다. 탕 장관은 "디지털 민주주의(Digital Democracy)"라는 비전을 제시하며, 디지털 기술을 정부의 효율성 향상뿐만 아니라 시민 참여와 민주주의 강화를 위한 수단으로 활용하는 접근법을 도입했습니다.

대만 디지털 정부의 비전은 다음 세 가지 핵심 가치를 바탕으로 합니다.

첫째, '개방성(Openness)'입니다. 정부 데이터와 의사결정 과정을 시민에게 개방하여 투명성을 높이는 것을 의미합니다. 둘째, '참여성(Participation)'입니다. 시민들이 정책 결정과 공공 서비스 설계에 직접 참여할 수 있는 기회를 제공합니다. 셋째, '협력성(Collaboration)'입니다. 정부, 시민사회, 민간 기업이 함께 사회 문제를 해결하는 협력 생태계를 구축합니다.

이러한 비전을 실현하기 위해 대만 정부는 'DIGI＋' 전략을 수립하여 체계적으로 디지털 전환을 추진하고 있습니다. DIGI＋는 디지털 정부(Digital Government), 혁신 경제(Innovative Economy), 포용 사회(Governance for All), 지속 가능한 환경(Infrastructure)을 의미하며, 디지털 기술을 통해 이 네 가지 영역에서의 변화를 이끌어 내는 것을 목표로 합니다.

코로나19 팬데믹 기간 대만의 디지털 정부 시스템은 뛰어난 효과를 보여주었습니다. 마스크 재고 실시간 조회, 자가격리 관리시스템 등을 통해 효과적인 대응을 이끌어 냈으며, 대만 디지털 정부 모델이 위기 상황에서도 효과적으로 작동할 수 있음을 증명했습니다. 대만의 디지털 정부는 기술적 혁신성과 민주적 가치의 조화를 추구한다는 점에서 독특한 모델로 평가받고 있으며, 이는 AI 공공혁신에서도 중요한 원칙으로 작용하고 있습니다.

### 4.2 g0v(gov zero) 운동과 시빅해킹

대만의 디지털 정부 혁신에서 가장 주목할 만한 특징 중 하나는 'g0v(gov zero)' 운동으로 대표되는 시민 주도의 시빅해킹(civic hacking) 문화입니다. g0v는 2012년 시작된 시민 기술자들의 오픈소스 커뮤니티로, 정부를 의미하는 'gov'에서 'o'를 '0'으로 바꾼 이름을 사용합니다. 이는 기존 정부 시스템의 대안(alternative)을 만들겠다는 의미를 담고 있습니다.

g0v 커뮤니티는 "우리가 불평하는 것을 우리가 고치자(Fix what we

complain about)"라는 철학을 바탕으로, 정부 데이터를 활용하여 시민들이 직접 공공 문제를 해결하는 프로젝트를 개발합니다. 정부 예산 시각화, 법안 추적 시스템, 환경 오염 모니터링 플랫폼 등 다양한 시민 친화적 디지털 도구를 만들어 공공 서비스를 개선했습니다.

코로나19 팬데믹 기간에는 'Mask Map' 프로젝트가 큰 주목을 받았습니다. 대만 정부가 마스크 판매 데이터를 개방하자, g0v 개발자들은 단 하루 만에 전국 약국의 마스크 재고를 실시간으로 보여주는 앱을 개발했습니다. 이 앱은 시민들이 마스크를 효율적으로 구매할 수 있게 도와주었고, 이후 정부가 공식 앱으로 채택하여 더욱 발전시켰습니다.

시빅 해킹의 핵심은 정부와 시민 사이의 협력적 관계입니다. 대만 정부는 g0v와 같은 시민 커뮤니티를 억제하거나 통제하는 대신, 이들의 활동을 적극적으로 지원하고 그 성과를 공공 서비스에 통합하는 접근법을 취하고 있습니다. 오드리 탕 디지털 장관은 g0v 출신으로, 시민 해커들의 문화와 가치를 정부 내부로 가져오는 데 중요한 역할을 했습니다. 단순한 기술적 혁신을 넘어 민주주의를 강화하는 수단으로 자리 잡았습니다. 이는 '디지털로 민주주의를 업그레이드한다(Upgrade democracy with digital technology)'라는 대만 디지털 정부의 철학을 잘 보여주는 사례입니다. 이러한 접근법은 AI와 같은 첨단 기술을 도입할 때도 시민 참여와 투명성을 중심에 두는 기반이 되고 있습니다.

### 4.3 vTaiwan과 AI 기반 시민 참여 플랫폼

대만의 vTaiwan(virtual Taiwan)은 AI 기술을 활용한 혁신적인 시민 참여 플랫폼으로, 디지털 시대의 민주적 의사결정 모델로 전 세계적인 주목을 받고 있습니다. 2015년에 시작된 이 플랫폼은 복잡하고 논쟁적인 디지털 정책 문제에 대해 대규모 시민 참여와 합의 형성을 가능하게 하는 것을 목표로 합니다.

vTaiwan의 운영 과정은 크게 네 단계로 이루어집니다. 첫 번째는 '의제 설정(Agenda setting)' 단계로, 정부, 시민, 기업 등 다양한 이해관계자가 논의할 주제를 제안합니다. 두 번째는 '이해(Understand)' 단계로, 해당 주제에 대한 배경 정보와 다양한 관점이 제공됩니다. 세 번째는 '토론(Deliberation)' 단계로, 시민들이 온라인 플랫폼을 통해 자유롭게 의견을 제시하고 논의합니다. 마지막은 '결정(Decision)' 단계로, 논의 결과를 바탕으로 정책 권고안이 형성됩니다.

vTaiwan의 가장 혁신적인 부분은 'Pol.is'라는 AI 기반 의견 수렴 도구를 활용한다는 점입니다. Pol.is는 참여자들이 제시한 의견에 대해 찬성/반대를 표시하는 과정에서 생성되는 데이터를 머신 러닝 알고리즘으로 분석합니다. 이를 통해 수천 명의 의견을 군집화하고, 참여자들 간의 의견 연관성을 시각화하여 합의 가능성이 높은 영역을 찾아냅니다. 특정 이익집단이나 소수의 목소리가 지나치게 강조되는 것을 방지하고, 다양한 관점을 균형 있게 고려할 수 있다는 장점이 있습니다.

vTaiwan을 통해 논의된 대표적인 사례로는 우버(Uber)와 같은 공유 경제 서비스 규제, 핀테크 산업 규제, 온라인 알코올 판매 제한 등이 있습니다. 우버 규제 논의는 vTaiwan의 성공적인 사례로 평가받습니다. 정부, 택시업계, 우버, 소비자 등 다양한 이해관계자들이 참여한 이 논의는 우버의 합법적 운영을 위한 새로운 규제 프레임워크를 도출하는 데 기여했습니다.

vTaiwan의 성공을 바탕으로, 대만 정부는 2015년 'Join' 플랫폼을 출시하여 더 넓은 범위의 정부 정책에 대한 시민 참여를 확대했습니다. Join 플랫폼은 정부 부처의 정책 제안에 대한 시민 의견 수렴, 시민 발의 청원, 참여 예산 등 다양한 시민 참여 기능을 제공합니다. 5,000명 이상의 서명

을 받은 청원에 대해서는 관련 부처가 반드시 공식 답변을 해야 하는 제도
를 도입하여 시민 의견의 영향력을 높였습니다.

vTaiwan과 Join 플랫폼은 AI 기술을 활용한 시민 참여의 새로운 모
델을 제시했으며, 다음과 같은 의의를 가집니다. 첫째, 디지털 기술을 통
해 기존 대의민주주의의 한계를 보완하는 직접 참여 메커니즘을 구축했습
니다. 둘째, AI 기술을 민주적 과정을 강화하는 도구로 활용하여 기술과
민주주의의 조화로운 발전 가능성을 보여주었습니다. 셋째, 정부 정책의
투명성과 책임성을 높여 시민의 신뢰를 구축하는 데 기여했습니다.

대만의 이러한 경험은 AI 기술이 단순히 행정 효율성을 높이는 도구
가 아니라, 민주주의 과정을 혁신하고 시민 참여를 확대하는 수단이 될 수
있음을 보여줍니다. 이는 AI 시대의 디지털 민주주의에 대한 중요한 실험
사례로 평가받고 있습니다.

### 4.4 AI 기반 공공서비스 혁신 사례

대만은 AI 기술을 활용하여 다양한 공공서비스를 혁신하고 있으며, 시민
의 필요와 참여를 중심에 둔 접근법이 돋보입니다. 대만의 주요 AI 기반
공공서비스 혁신 사례를 살펴보겠습니다.

건강보험 시스템과 의료 AI: 대만은 전 국민 건강보험 제도를 운영하
면서 방대한 의료 데이터를 축적해 왔습니다. 대만 건강보험청(NHIA)은
이 데이터를 활용하여 AI 기반 의료 서비스를 개발하고 있습니다. 'NHI
MediCloud' 시스템은 환자의 의료 기록을 클라우드에 저장하고, AI 알
고리즘을 통해 의약품 부작용 위험, 검사 중복, 치료 패턴 등을 분석합니
다. 코로나19 기간에는 AI 기술을 활용하여 확진자 동선을 분석하고, 감
염 위험이 높은 지역을 예측하는 데 활용했습니다.

디지털 ID 시스템: 대만의 디지털 ID 시스템은 개인정보 보호와 편의

성을 동시에 추구하는 모델로 평가받습니다. 'TW FidO' 시스템은 생체 인식 기술과 AI 보안 기능을 활용하여 안전한 디지털 신원 확인을 제공하면서도, 최소한의 개인정보만 공유하는 프라이버시 중심 설계를 채택했습니다. 이 시스템은 정부 서비스 접근, 은행 거래, 의료 정보 확인 등 다양한 상황에서 활용되며, 원격 의료와 같은 새로운 서비스 모델을 가능하게 했습니다.

스마트 교통 시스템: 타이베이를 비롯한 대만의 주요 도시들은 AI 기반 스마트 교통 시스템을 도입하여 교통 흐름을 최적화하고 있습니다. 'i-Traffic' 시스템은 도로 센서, CCTV, 차량 GPS 데이터를 AI로 분석하여 실시간 교통 상황을 예측하고, 신호등 제어와 교통 우회 안내를 자동화합니다. 또한 대중교통 이용자를 위한 'Metro GO'앱은 AI 알고리즘을 활용하여 개인화된 이동 경로를 추천하고, 혼잡도를 예측하여 균형 있는 승객 분산을 유도합니다.

환경 모니터링과 재난 대응: 대만은 지진, 태풍 등 자연재해에 취약한 지리적 특성을 가지고 있어, AI를 활용한 재난 예측과 대응 시스템을 적극적으로 개발해 왔습니다. '지능형 재난 경보 시스템'은 기상 데이터, 지진계 정보, 소셜 미디어 분석 등을 AI로 통합 분석하여 재난 발생 가능성을 예측하고, 맞춤형 경보를 제공합니다. 또한 'Air Box' 프로젝트는 시민들이 직접 설치한 공기질 측정기의 데이터를 AI로 분석하여 미세먼지 분포와 이동 경로를 예측하는 참여형 환경 모니터링 시스템입니다.

농업 지원 시스템: 대만은 제한된 농지에서 효율적인 식량 생산을 위해 AI 기반 스마트 농업 시스템을 개발했습니다. '농업 지능화 플랫폼'은 기상 데이터, 토양 정보, 작물 생육 상태 등을 AI로 분석하여 최적의 농작물 관리 방안을 제시합니다. 또한 드론과 위성 이미지를 AI로 분석하여 병해충 발생을 조기에 탐지하고, 농약 사용을 최소화하는 정밀 농업 시스

템도 운영하고 있습니다.

## 4.5 AI 거버넌스와 윤리 프레임워크

대만은 AI 기술의 발전과 함께 이를 책임 있게 활용하기 위한 거버넌스와 윤리 프레임워크를 구축하는 데 적극적인 노력을 기울이고 있습니다. 대만의 AI 거버넌스 접근법은 정부 주도가 아닌 다중 이해관계자 참여(multi-stakeholder participation) 모델을 채택하고 있다는 특징이 있습니다.

2018년 대만 정부는 'AI 대만 행동 계획(AI Taiwan Action Plan)'을 발표하면서, AI 기술 개발과 함께 윤리적, 법적, 사회적 영향에 대한 고려를 중요한 축으로 포함시켰습니다.

대만의 AI 거버넌스 프레임워크는 다음과 같은 원칙을 포함합니다. 첫째, '인간 중심(Human-centric)' 원칙입니다. AI 기술은 인간의 자율성과 존엄성을 존중하고, 인간의 복지를 증진하는 방향으로 개발되어야 합니다. 둘째, '지속가능성(Sustainability)' 원칙입니다. AI 개발은 경제적, 사회적, 환경적으로 지속 가능한 방식으로 이루어져야 합니다. 셋째, '투명성과 설명 가능성(Transparency and Explainability)' 원칙입니다. AI 시스템의 의사결정 과정은 투명하고 이해할 수 있어야 합니다. 넷째, '책임성(Accountability)' 원칙입니다. AI 시스템의 개발자와 운영자는 그 결과에 대한 책임을 져야 합니다. 다섯째, '공정성과 다양성(Fairness and Diversity)' 원칙입니다. AI 시스템은 편향과 차별을 방지하고, 다양한 가치와 문화를 존중해야 합니다.

이러한 원칙을 실행하기 위해 다양한 제도와 이니셔티브를 추진하고 있습니다. '인공지능 윤리위원회(AI Ethics Committee)'는 정부, 산업계, 학계, 시민사회의 대표들로 구성되어 AI 윤리 가이드라인을 개발하고, 중요한 AI 윤리 이슈에 대한 자문을 제공합니다. 공공부문의 AI 시스템 도입 시 의무적으로 실시하는 'AI 영향 평가(AI Impact Assessment)'는 AI 시스템이 사회와 개인에 미칠 수 있는 영향을 사전에 평가하고, 부정적 영향을 최소화하기 위한 조치를 마련하도록 합니다.

또한 'AI 리터러시 향상 프로그램(AI Literacy Enhancement Program)'을 통해 시민들이 AI 기술을 이해하고 비판적으로 평가할 수 있는 능력을 키우도록 지원합니다. 이는 초·중·고등학교 AI 교육 강화, 성인 대상 AI 교육 프로그램 운영, 온라인 학습 자료 제공 등 다양한 방식으로 이루어집니다.

대만의 독특한 접근법 중 하나는 '참여적 AI 거버넌스(Participatory AI Governance)' 모델입니다. 이는 AI 정책과 규제를 개발하는 과정에 시민과 다양한 이해관계자가 직접 참여할 수 있는 기회를 제공합니다. vTaiwan 플랫폼을 활용한 '자율주행차 윤리 가이드라인' 수립 과정이 대표적인 사례로, 수천 명의 시민들이 자율주행차가 직면할 수 있는 윤리적 딜레마(예: 트롤리 문제)에 대한 의견을 제시하고 논의했습니다.

다른 특징은 '오픈소스 AI 거버넌스(Open-source AI Governance)' 접근법입니다. 대만 정부는 공공부문에서 사용되는 AI 알고리즘의 소스 코드와 학습 데이터를 가능한 한 공개하여, 시민들이 AI 시스템의 작동 방식을 검토하고 피드백을 제공할 수 있도록 합니다. 이는 'g0v' 커뮤니티와 같은 시민 기술자들이 공공 AI 시스템을 모니터링하고 개선하는 데 기여할 수 있는 환경을 조성합니다.

## 5. 아시아 주요국 비교와 시사점

아시아 주요국인 싱가포르, 일본, 중국, 대만의 인공지능 행정 전략은 각국의 역사적, 문화적, 정치적 배경을 반영하며 독특한 특징을 보여줍니다.

첫째, 거버넌스 구조와 의사결정 방식에서 차이를 보입니다. 중국은 강력한 중앙집권적 톱다운 방식으로 AI 전략을 추진하여 신속한 의사결정과 대규모 투자가 가능하지만, 시민 참여와 다양성은 제한적입니다. 싱가포르는 정부 주도하에 산업계와 밀접하게 협력하는 효율적 모델을 보여줍니다. 일본은 산학연 공동체계를 구축하여 각 주체의 역할을 명확히 하고 있으며, 대만은 시민 참여와 협력을 강조하는 상향식 접근법을 특징으로 합니다.

둘째, 활용의 우선순위에서도 차이가 있습니다. 중국은 글로벌 AI 기술 주도권 확보와 국가 안보 강화에 중점을 두고 있으며, 싱가포르는 스마트 시티 구축과 공공 서비스 효율화에 초점을 맞추고 있습니다. 일본은 고령화와 인구 감소 문제 해결을 위한 AI 활용에 주력하고 있습니다. 대만은 민주주의 강화와 시민 참여 확대를 위한 AI 기술 활용을 중시합니다.

셋째, 윤리와 규제 접근법에서도 중요한 차이가 있습니다. 중국은 국가 안보와 사회 안정을 우선시하는 규제 체계를 구축하고 있으며, 싱가포르는 실용적이고 균형 잡힌 규제를 통해 혁신과 안전의 조화를 추구합니다. 일본은 '인간 중심 AI'를 강조하며 포용적 접근법을 취하며, 대만은 참여적 거버넌스를 통해 시민들이 AI 윤리 원칙 수립에 직접 참여하는 모델을 발전시키고 있습니다.

넷째, 데이터 정책과 인프라 측면에서도 다양한 접근법을 보입니다. 중국은 방대한 데이터 규모와 중앙집권적 접근으로 대규모 데이터 수집이 가능하지만, 프라이버시 우려도 크게 제기됩니다. 싱가포르는 통합된 데이터 플랫폼을 구축하여 효율적인 데이터 공유를 추진하고 있으며, 일본은 부처 간 데이터 연계를 위한 표준화에 주력하고 있습니다. 대만은 시민 참여형 데이터 거버넌스 모델을 발전시키고 있습니다.

다섯째, 시민 참여와 디지털 포용성 측면에서도 차이가 두드러집니다.

중국은 효율성을 중심으로 하지만 시민 참여는 제한적이며, 싱가포르는 시민 편의성을 강조하지만 정부 주도의 성격이 강합니다. 일본은 지역 커뮤니티 중심의 포용적 접근을 취하고 있으며, 대만은 디지털 참여 민주주의를 적극적으로 발전시키며 시민 참여를 AI 정책의 중심에 두고 있습니다.

아시아 주요국의 인공지능 행정 전략에서 얻을 수 있는 종합적 시사점은 다음과 같습니다.

첫째, 국가 특성에 맞는 AI 전략 수립의 중요성입니다. 각국은 자국의 사회경제적 상황, 문화적 배경, 정치 체제에 맞는 AI 전략을 발전시키고 있습니다. 따라서 AI 전략을 수립할 때는 글로벌 트렌드를 참고하되, 각국의 특수성과 강점을 고려한 차별화된 접근이 필요합니다.

둘째, 가치의 균형입니다. 기술적 혁신과, 사회적 가치(윤리, 공정성, 투명성, 민주주의 등)의 균형을 이루는 것이 지속 가능한 AI 발전의 핵심입니다. 이는 AI 기술이 사회에 미치는 영향을 종합적으로 고려하고, 기술 발전이 사회적 가치와 조화를 이룰 수 있도록 하는 접근법을 요구합니다.

셋째, 다중 이해관계자 참여의 중요성입니다. 정부, 산업계, 학계, 시민사회 등 다양한 이해관계자가 AI 정책 결정에 참여하는 포용적인 거버넌스 모델이 AI의 사회적 수용성과 신뢰도를 높이는 데 중요합니다. 이는 AI와 같은 복잡한 기술의 사회적 영향을 다양한 관점에서 평가하고 대응하는 데 필수적입니다.

넷째, AI 인재 육성과 역량 강화의 시급성입니다. 모든 국가가 AI 인재 확보와 역량 강화를 주요 과제로 인식하고 있으며, 이는 AI 경쟁력의 핵심 요소입니다. 전문 인력 양성뿐만 아니라 일반 시민의 AI 리터러시 향상도 중요한 과제로 대두되고 있습니다.

다섯째, 국제 협력과 표준화의 필요성입니다. AI는 본질적으로 글로벌 기술이므로, 국제적인 협력과 표준화를 통해 상호운용성과 안전성을 확보하는 것이 중요합니다. 아시아 지역 내에서의 협력을 강화하여 지역적 특성을 반영한 AI 생태계를 구축하는 노력이 필요합니다.

AI 행정 전략은 단순한 기술 도입 이상의 의미를 가집니다. 이는 정부의 역할과 기능, 시민과의 관계, 사회적 가치의 실현 방식 등을 근본적으로 재정립하는 과정입니다. 아시아 주요국들은 각자의 상황과 가치관을 반영한 다양한 AI 행정 모델을 발전시키고 있으며, 이러한 다양성은 AI 시대의 정부 모델에 대한 풍부한 통찰을 제공합니다. 향후 각국은 서로의 경험에서 배우고 협력하며, 보다 혁신적이고 포용적인 AI 행정 모델을 발전시켜 나갈 것으로 기대됩니다.

# 제4장
## 기타 주요국 및 국제기구의 AI 행정 전략

## 1. 호주 Digital Transformation Agency

### 1.1 호주의 AI 행정 전략 개요

호주는 공공부문의 디지털 전환과 AI 도입에 적극적인 국가입니다. 2019년에 'AI 윤리 프레임워크'를 발표하고, 2021년에는 'AI 행동 계획(AI Action Plan)'을 수립하여 AI의 개발과 활용을 촉진하기 위한 국가적 노력을 체계화했습니다. 호주의 AI 행정 전략은 경제 성장, 서비스 개선, 사회적 포용성이라는 세 가지 목표를 균형 있게 추구하고 있습니다.

AI 행정 추진에서 가장 중요한 역할을 하는 기관은 디지털전환청(Digital Transformation Agency, DTA)입니다. DTA는 공공부문 AI 도입의 중심 기관으로서 전략 수립, 표준 제정, 모범 사례 공유, 역량 강화 등 다양한 활동을 펼치고 있습니다.

### 1.2 Digital Transformation Agency의 역할과 활동

DTA는 호주 정부의 디지털 전환을 이끄는 핵심 기관으로, AI 행정 혁신에도 중요한 역할을 담당하고 있습니다. DTA의 주요 활동은 다음과 같습니다.

DTA는 '디지털 서비스 표준(Digital Service Standard)'을 개발하여 모든 정부 기관이 따라야 할 디지털 서비스 설계와 제공의 기준을 제시합니다. 이 표준은 AI 시스템에도 적용되며, 사용자 중심, 접근성, 보안, 개인정보 보호 등의 원칙을 담고 있습니다.

DTA는 정부 기관이 AI 프로젝트를 계획하고 실행할 때 따를 수 있는 실용적인 가이드라인을 제공합니다. '인공지능 프로젝트 관리 가이드(AI Project Management Guide)'나 'AI 조달 가이드(AI Procurement Guide)' 등이 대표적입니다.

DTA는 'Digital Marketplace'라는 플랫폼을 운영하여 정부 기관과 디지털 솔루션 제공업체를 연결합니다. 이를 통해 정부 기관은 필요한 AI 솔루션이나 전문 서비스를 더 쉽고 효율적으로 조달할 수 있습니다.

DTA는 '디지털 전문가 자문단(Digital Expert Advisory Panel)'을 운영하여 AI를 포함한 신기술 도입에 관한 전문적인 조언을 정부에 제공합니다. 이 자문단은 학계, 산업계, 공공부문의 전문가들로 구성되어 있습니다.

### 1.3 호주의 공공부문 AI 활용 사례

호주 국세청(Australian Taxation Office)은 'Alex'라는 AI 챗봇을 도입하여 납세자들의 질문에 24시간 응답하고 있습니다. Alex는 자연어 처리 기술을 활용하여 복잡한 세금 문제에 대한 맞춤형 안내를 제공하며, 매년 수백만 건의 문의를 처리하고 있습니다.

호주 국방부(Department of Defence)는 '통합 투자 프로그램(Integrated Investment Program)'을 통해 AI를 국방 분야에 적용하고 있습

니다. 정보 분석, 사이버 보안, 자율 시스템 등에 AI를 활용하여 국방력을 강화하고 있습니다.

### 1.4 호주의 AI 역량 강화 노력

호주 정부는 공공부문의 AI 역량을 강화하기 위한 다양한 노력을 기울이고 있습니다. 이러한 노력은 인재 양성, 기술 개발, 협력 네트워크 구축 등 여러 방면에서 이루어지고 있습니다.

CSIRO(Commonwealth Scientific and Industrial Research Organisation)의 'Data61'은 호주의 데이터 혁신 네트워크로, 공공부문 AI 연구와 개발을 주도하고 있습니다. Data61은 AI 알고리즘, 데이터 분석, 사이버 보안 등의 분야에서 세계적 수준의 연구를 수행하며, 그 결과를 정부 기관들과 공유합니다.

호주 공공서비스위원회(Australian Public Service Commission)는 'Building Digital Capability Program'을 통해 공무원들의 디지털 역량을 강화하고 있습니다. 이 프로그램은 AI 이해와 활용에 관한 교육을 포함하며, 모든 수준의 공무원들을 대상으로 합니다.

호주 정부는 AI 센터 오브 엑설런스(AI Centre of Excellence)를 설립하여 공공부문 AI 혁신의 허브로 활용하고 있습니다. 이 센터는 AI 프로젝트 자문, 기술 지원, 모범 사례 공유 등의 역할을 담당합니다.

## 2. 영국 CDDO와 GDS

### 2.1 영국의 AI 행정 전략 개요

영국은 공공부문 디지털 혁신과 AI 도입에서 세계적인 선도국가로 인정받고 있습니다. 영국 정부는 2021년에 '국가 AI 전략(National AI Strategy)'을 발표하여 AI 기술의 개발과 활용을 위한 10년 계획을 제시했습니다. 경제 성장, 사회적 혜택, 거버넌스 강화라는 세 가지 축을 중심으로 구성되어 있으며, 공공부문의 AI 도입도 중요한 부분으로 다루고 있습니다.

영국의 AI 행정 추진에서 핵심적인 역할을 하는 두 기관은 Central Digital and Data Office, (CDDO)과 Government Digital Service(GDS)입니다. CDDO는 정부 전체의 디지털 전략과 정책을 수립하는 역할을 하며, GDS는 실제 디지털 서비스의 설계와 제공을 담당합니다. 두 기관은 긴밀하게 협력하여 영국 공공부문의 AI 혁신을 이끌고 있습니다. GDS는 2011년에 설립되어 GOV.UK 플랫폼 운영과 같은 실제 디지털 서비스 구현에 중점을 둡니다. CDDO는 2021년에 GDS에서 분리되어 설립되었으며, 디지털 전략 수립과 표준 제정에 집중합니다.

두 기관 모두 내각부 소속이지만 역할이 다릅니다. CDDO는 '생각하는 두뇌' 역할을 하며 정부의 디지털 방향과 AI 활용 지침을 개발합니다. GDS는 '실행하는 손'으로서 800명 이상의 인력으로 사용자 중심 서비스를 만들고 애자일 개발 방식을 강조합니다. CDDO와 GDS는 서로 협력하며 보완적인 관계를 유지합니다. CDDO가 기술실행강령을 제공하면 GDS는 이를 바탕으로 서비스를 구현합니다. 영국 정부는 2022년부터 2025년까지의 디지털 로드맵을 통해 두 기관의 협업으로 디지털 정부를 발전시키고자 합니다.

## 2.2 Central Digital and Data Office의 역할

CDDO는 2021년에 설립된 기관으로, 영국 정부의 디지털 전략, 표준, 거버넌스를 총괄하는 역할을 합니다. CDDO의 주요 활동은 다음과 같습니다.

CDDO는 '디지털, 데이터, 기술 전략(Digital, Data and Technology Strategy)'을 수립하여 정부 전체의 방향을 제시합니다. AI를 포함한 신기술의 도입과 활용에 관한 지침을 포함합니다. CDDO는 '데이터 윤리 프레임워크(Data Ethics Framework)'를 개발하여 정부 기관들이 데이터와 AI를 윤리적으로 활용할 수 있도록 지원합니다.

CDDO는 '디지털 기능 표준(Digital Function Standard)'을 제정하여 공공부문 디지털 서비스의 품질과 일관성을 보장합니다. AI 시스템의 설계, 개발, 운영에도 적용됩니다.

### 2.3 Government Digital Service의 활동

GDS는 2011년에 설립되어 영국 정부의 디지털 서비스 혁신을 주도해 온 기관입니다. GDS는 AI 기술을 활용한 공공서비스 개선에도 적극적으로 나서고 있습니다. GDS의 주요 활동은 다음과 같습니다.

GDS는 'GOV.UK' 플랫폼을 운영하여 정부 서비스에 대한 단일 접근점을 제공합니다. 최근에는 AI 기술을 활용하여 개인별 맞춤형 서비스를 제공하고, 콘텐츠 관리를 자동화하는 등의 혁신을 추진하고 있습니다.

GDS는 '서비스 디자인 표준(Service Design Standard)'을 개발하여 사용자 중심의 디지털 서비스 설계를 촉진합니다. 사용자 요구를 중심에 두는 접근법을 강조합니다. GDS는 'GOV.UK Notify'와 'GOV.UK Pay' 같은 공통 컴포넌트(Common Components)를 개발하여 정부 기관들이 쉽게 활용할 수 있게 합니다.

영국은 공공부문에서 인공지능(AI)을 적극적으로 도입하며 새로운 혁신의 길을 열고 있습니다.

영국 국민보건서비스(NHS)는 AI를 활용해 의료 분야에서 혁신적인 변화를 이루고 있습니다. AI 기반의 영상 판독, 질병 예측, 개인 맞춤형 치료법 등을 통해 질병 진단의 정확성을 높이고 환자 치료 효과를 극대화하고 있습니다. 2019년에 설립된 'NHS AI Lab'은 미래 의료 기술 발전을 위한 핵심 플랫폼으로, 지속적인 연구와 혁신을 가속화하며 건강한 사회를 위한 희망찬 비전을 제시하고 있습니다.

영국 법원행정처(HM Courts & Tribunals Service)는 AI를 활용하여 사법 시스템의 새로운 가능성을 열어가고 있습니다. 사건 자동 분류, 문서 분석, 스마트 판례 검색 등을 통해 더욱 신속하고 투명한 법적 절차를 실현하고 있으며, 사법 서비스 접근성을 크게 높이고 있습니다.

영국 내무부(Home Office)는 국경 관리 및 보안 강화에 AI 기술을 적극적으로 도입하고 있습니다. 얼굴 인식 기술을 활용한 빠르고 효율적인 입국 심사 시스템, AI 기반 위험 평가를 통한 스마트한 출입국 관리, 그리고 사이버 보안 위협 탐지로 보다 안전한 영국을 만들어 가고 있습니다. 영국을 방문하는 사람들에게 신속한 입국 절차를 제공하는 동시에, 국가 보안을 한층 강화하는 효과를 기대할 수 있습니다.

영국 세무관세청(HM Revenue & Customs)은 세금 징수 과정에 AI를 활용하여 투명하고 효율적인 세정 시스템을 구축하고 있습니다. AI 알고리즘이 탈세 위험 요소를 빠르게 감지하고, 납세자들의 질문에 자동으로 대응하는 챗봇 시스템을 도입해 국민들의 편의를 높이고 있습니다. 이를 통해 세정 운영 효율성 증가뿐 아니라, 납세자가 쉽고 빠르게 세무 서비스를 받을 수 있는 긍정적인 변화가 이루어지고 있습니다.

런던교통국(Transport for London)은 AI를 이용한 첨단 교통 시스템 구축으로 도시 생활의 편리성을 높이고 있습니다. 실시간으로 교통 데이터를 분석해 혼잡을 예측하고, 스마트 신호등을 통해 최적의 교통 흐름을 유지하며, 대중교통 운행 계획을 정교화하여 시민들의 이동 편의를 증대시키고 있습니다. 이와 같은 변화는 도시 전체의 효율성을 높이며 미래형 스마트 도시의 발전을 앞당기고 있습니다.

## 3. 북유럽 국가들의 시민중심 디지털 정부와 AI

### 3.1 북유럽 디지털 정부의 특징과 배경

핀란드, 스웨덴, 노르웨이, 덴마크, 아이슬란드 등 국가는 높은 수준의 디지털 역량과 성숙한 시민의식을 기반으로 사람을 중심에 둔 디지털 정부 체계를 구축하고 있으며, 기술 발전과 인간의 가치가 균형을 이루는 AI 윤리를 선도적으로 추진하고 있습니다.

이들 국가가 구축한 디지털 정부 모델에는 몇 가지 공통적인 특징이 있습니다. 첫 번째로, 탁월한 디지털 인프라가 그 토대를 이루고 있습니다. 광대역 인터넷 보급률이 세계 최고 수준이며, 디지털 서비스에 대한 접근성이 매우 우수합니다. 두 번째는 시민들의 적극적인 디지털 참여입니다. 온라인 투표와 정책 토론 플랫폼, 시민 제안 시스템 등을 통해 정책 결정 과정에 시민들이 직접적으로 참여하고 의견을 표출할 수 있는 환경을 조성하고 있습니다. 세 번째는 데이터 기반 정책 결정의 보편화입니다. 공공 데이터를 투명하게 개방하여 이를 근거로 증거 중심의 정책 결정을 실천하고 있습니다.

성과의 배경에는 몇 가지 요인이 존재합니다. 우선, 정부와 시민 간의 높은 신뢰가 있습니다. 북유럽에서는 오랜 시간에 걸쳐 정부에 대한 신뢰가 구축되어 왔기에, 새로운 디지털 시스템이나 AI 기술 도입에 대한 시민들의 거부감이 적고 수용성이 높습니다. 복지국가라는 사회적 전통 역시 큰 영향을 미쳤습니다. 시민 복지와 공공 서비스 개선에 대한 기대와 지지가 강한 덕분에 디지털 혁신이 원활하게 진행될 수 있었습니다. 마지막으로, 협력적 거버넌스의 문화가 이들 국가의 디지털 혁신을 뒷받침합니다. 정부와 기업, 학계 및 시민사회가 긴밀히 협력하여 정책을 개발하고 실행하는 성숙한 협력 시스템이 존재합니다.

## 3.2 핀란드의 AI 행정 전략

핀란드는 2017년에 유럽 최초로 국가 AI 전략인 'Finland's Age of Ar-
tificial Intelligence'를 발표했습니다. AI를 핀란드의 경쟁력 강화와 국
민 복지 향상의 핵심 요소로 보고, 공공부문에서의 AI 활용을 적극 장려
했습니다. 핀란드 정부는 2019년에 'AuroraAI' 프로그램을 시작했는데,
이는 AI를 활용해 시민 개개인의 삶의 상황에 맞는 개인화된 공공서비스
를 제공하는 것을 목표로 합니다.

AuroraAI의 핵심 아이디어는 '생애주기 기반 서비스'입니다. 대학 졸
업, 이직, 출산, 은퇴 등 삶의 주요 전환점에서 시민들이 필요로 할 가능성
이 높은 다양한 서비스를 AI가 예측하고 통합적으로 제안합니다. 시민이
직접 여러 기관을 찾아다닐 필요 없이, AI가 관련된 서비스를 한 곳에서
안내해 주는 것입니다.

핀란드는 AI 윤리에도 선도적인 접근을 보여주고 있습니다. 'Ethics
of AI' 연구 프로그램을 통해 AI 시스템의 투명성, 책임성, 공정성에 관한
가이드라인을 개발했습니다. 핀란드는 시민들이 AI 시스템의 윤리적 원
칙을 이해하고 참여할 수 있도록 'Elements of AI'라는 무료 온라인 교
육 과정을 제공하고 있으며, 이 과정은 여러 언어로 번역되어 전 세계적으
로 인기를 끌고 있습니다.

핀란드의 AI 전략에서 주목할 점은 '실험 문화'입니다. 정부는 작은 규
모의 파일럿 프로젝트를 통해 AI 솔루션을 테스트하고, 성공적인 사례를
점진적으로 확대하는 방식을 취하고 있습니다. 위험을 최소화하면서 혁
신을 촉진하는 데 효과적입니다.

## 3.3 스웨덴의 AI 행정 전략

스웨덴은 2018년에 'National Approach for Artificial Intelligence'

를 발표하고, AI를 통한 국가 경쟁력 강화와 사회적 과제 해결을 목표로 하고 있습니다. 스웨덴의 AI 전략은 교육, 연구, 혁신, 인프라 등 다양한 영역을 포괄하며, 공공부문에서의 AI 활용을 중요하게 다루고 있습니다.

스웨덴은 공공부문의 AI 도입을 촉진하기 위해 'DIGG(Agency for Digital Government)'를 설립했습니다. DIGG는 공공기관의 디지털 전환을 지원하고, AI 프로젝트의 가이드라인을 제공하며, 성공 사례를 공유하는 역할을 합니다. 스웨덴 혁신청(Vinnova)은 'AI Competence for Sweden' 프로그램을 통해 공공부문 AI 역량 강화를 지원하고 있습니다.

주목할 만한 것은 '채팅봇 프로젝트'입니다. 여러 지방자치단체와 정부 기관이 AI 기반 채팅봇을 도입하여 시민 문의에 24시간 응답하고 있습니다.

스웨덴의 접근법에서 강조되는 점은 '협력적 거버넌스'입니다. 정부, 기업, 학계, 시민사회가 함께 AI 정책을 개발하고 실행하는 모델을 채택하고 있으며, 이는 다양한 관점을 반영한 균형 잡힌 AI 발전에 기여하고 있습니다.

### 3.4 덴마크의 AI 행정 전략

덴마크는 2019년에 'National Strategy for Artificial Intelligence'를 발표했습니다. 이 전략은 덴마크가 '책임 있는 AI 발전의 글로벌 리더'가 되는 것을 목표로 하며, 공공부문에서의 AI 활용에 큰 비중을 두고 있습니다. 덴마크 정부는 2022년까지 30개 이상의 공공 AI 프로젝트를 실행한다는 목표를 세웠고, 이를 위해 상당한 예산을 투자했습니다.

덴마크의 공공부문 AI 전략에서 핵심 요소는 '데이터 거버넌스'입니다. 공공데이터를 AI 개발에 활용할 수 있도록 하면서도, 개인정보 보호와 데이터 보안을 강화하는 균형 잡힌 접근을 추구하고 있습니다. 덴마크는 AI 시스템의 투명성과 설명가능성을 강조합니다. 'Danish Algo-rithm Council'은 공공부문 AI 시스템이 투명하고 이해하기 쉽도록 하는 가이드라인을 개발했습니다.

덴마크의 접근법에서 독특한 점은 '참여형 설계'입니다. AI 시스템을 개발할 때 최종 사용자인 시민과 공무원을 설계 과정에 적극 참여시켜, 실제 필요와 우려를 반영한 시스템을 만들고자 합니다. 이러한 접근은 AI 시스템의 사용성과 수용성을 높이는 데 기여하고 있습니다.

### 3.5 노르웨이의 AI 행정 전략

노르웨이는 2020년에 'National Strategy for Artificial Intelli-gence'를 발표했습니다. 이 전략은 AI를 통한 공공서비스 개선, 비즈니스 발전, 지식 기반 확대를 목표로 하며, 노르웨이의 강점인 에너지, 해양, 헬스 케어 분야에서의 AI 활용을 강조하고 있습니다.

노르웨이의 공공부문 AI 전략은 '디지털 포용성'에 큰 비중을 두고 있습니다. 모든 시민이 디지털 서비스와 AI 혜택에 동등하게 접근할 수 있도록 하는 것을 중요한 목표로 삼고 있습니다. 'Digital Norway' 이니셔티브는 디지털 역량 강화 프로그램을 통해 시민들이 새로운 디지털 서비스를 효과적으로 활용할 수 있도록 지원하고 있습니다.

노르웨이의 'Digital Building Permit' 시스템은 건축 허가 과정에 AI와 첨단 디지털 기술을 접목하여 행정 절차를 대폭 간소화하고 정확성을 향상시키려는 획기적인 시도입니다. 이 시스템은 복잡한 건축 규정과 환경 규제, 토지 이용 계획 등을 AI가 스스로 분석하고 평가함으로써 기존의 수작업 기반의 검토에서 발생하는 비효율성을 극복하려고 합니다. BIM(Building Information Modeling) 기반으로 설계된 건축 모델과 규제 데이터를 통합적으로 관리하고 분석하여, 허가 과정 전체를 디지털화하고 있습니다.

파일럿 프로젝트에서 이 시스템의 가능성과 실효성이 입증되었으며, 자동화된 규제 검토를 통해 허가 처리 시간을 획기적으로 단축한 성공 사례도 등장하고 있습니다. 나아가 이 시스템은 AI와 GIS(지리정보시스템)를 결합해 지리적 정보와 건축 데이터를 동시에 분석함으로써 더 정밀하고 통합적인 허가 관리의 비전을 제시하고 있습니다. 이처럼 혁신적인 시스템의 전국적 확대와 완전한 정착을 위해서는 해결해야 할 도전 과제들이 존재합니다. 데이터 통합의 기술적 어려움과 법적 규정의 디지털화 과정에서 발생하는 법적 책임의 명확화, 그리고 시스템을 운영할 공무원의 디지털 역량 강화가 요구됩니다. 이러한 과제들을 성공적으로 극복한다면, 노르웨이의 'Digital Building Permit' 시스템은 전 세계의 행정 디지털화와 AI 활용의 모범 사례가 될 수 있을 것입니다. 노르웨이의 AI 디지털 건축 허가 시스템은 아직 완성된 제도라기보다는 현재 진행형의 혁신입니다.

노르웨이는 AI 윤리에 관한 독특한 접근법을 가지고 있습니다. 'Norwegian Board of Technology'는 'AI와 민주주의' 프로젝트를 통해 AI가 민주적 가치와 시민 권리에 미치는 영향을 연구하고 있습니다. 노르웨이는 'Responsible AI' 원칙을 개발하여, AI 시스템이 투명성, 공정성, 책임성을 갖추도록 하는 가이드라인을 제공하고 있습니다.

노르웨이의 접근법에서 강조되는 점은 '지속가능성'입니다. AI 시스템의 환경적 영향을 고려하고, 지속가능발전목표(SDGs) 달성에 AI를 활용하는 방안을 적극 모색하고 있습니다. 노르웨이 환경청은 AI를 활용한 환경 모니터링 시스템을 개발하여 자연 보호와 기후 변화 대응에 활용하고 있습니다.

### 3.6 아이슬란드의 AI 행정 전략

인구가 적은 국가임에도 불구하고 아이슬란드는 디지털 정부와 AI 도입에서 혁신적인 모습을 보여주고 있습니다. 아이슬란드는 2020년에 'Digital Iceland' 전략을 발표하고, 이를 통해 공공서비스의 디지털 전환과 AI 활용을 촉진하고 있습니다.

아이슬란드의 공공부문 AI 전략에서 핵심 요소는 '시민 참여'입니다. '베터 레이캬비크(Better Reykjavik)'와 같은 플랫폼을 통해 시민들이 정책 아이디어를 제안하고 투표할 수 있으며, AI는 이러한 시민 참여 데이터를 분석하여 정책 개발에 활용됩니다.

주목할 만한 AI 행정 사례로는 'Bærinn minn' 앱이 있습니다. 이 앱은 AI를 활용해 시민들의 일상적인 문제(도로 파손, 가로등 고장 등)를 쉽게 신고하고 추적할 수 있게 해 줍니다. AI는 신고 데이터를 분석하여 패턴을 식별하고, 리소스 할당을 최적화하는 데 도움을 줍니다.

아이슬란드는 디지털 민주주의와 AI 윤리의 연결에 특별한 관심을 기울이고 있습니다. 'Icelandic AI Ethics Lab'은 AI 시스템이 민주적 가치와 인권을 존중하도록 하는 연구를 수행하고 있습니다. 아이슬란드는 또한 '디지털 시민권(Digital Citizenship)' 개념을 발전시켜, 디지털 환경에서의 시민 권리와 책임을 정의하는 작업을 진행하고 있습니다.

아이슬란드의 접근법에서 독특한 점은 '소규모 사회의 강점'을 활용한다는 것입니다. 인구가 적고 사회적 연결이 긴밀한 특성을 활용하여, 새로운 디지털 솔루션을 빠르게 테스트하고 개선할 수 있는 '리빙랩(Living Lab)' 모델을 적용하고 있습니다.

### 3.7 북유럽 모델의 공통 원칙과 시사점

북유럽 국가들의 AI 행정 전략에는 몇 가지 공통된 원칙이 담겨 있습니다. 그중 첫 번째는 '사람을 중심에 둔 AI'입니다. 기술 그 자체보다 사람들의 삶이 더 나아지고, 사회적 가치를 실현할 수 있도록 하는 데 집중합니다. 두 번째는 '신뢰와 투명성'입니다. AI가 내리는 결정이 명확하고 이해하기 쉬워야 한다는 원칙을 중요하게 생각합니다. 세 번째는 '포용성과 평등'의 가치입니다. 누구나 AI 기술이 제공하는 혜택을 동등하게 누릴 수 있어야 하며, 기존의 불평등을 더 깊게 만들지 않도록 세심한 주의를 기울입니다. 마지막 네 번째는 '실험과 학습의 자세'입니다. 작은 규모의 시범사업으로 AI 기술을 먼저 시험해 보고, 그 결과에서 배우며 점차 정책을 발전시켜 나가는 방식을 선호합니다.

북유럽 국가들의 AI 행정 전략은 우리에게 몇 가지 잔잔한 울림을 줍니다. 우선, 기술 발전과 사회적 가치의 균형이 중요하다는 것을 일깨웁니다. 기술이 발전할수록, 인권과 민주주의, 평등과 같은 가치를 세심히 돌아보는 여유가 필요합니다. 또한 협력과 소통을 바탕으로 하는 거버넌스가 필요하다는 점을 강조합니다. 정부와 기업, 학계와 시민사회가 함께 모여 고민하고 해결책을 찾아갈 때 가장 좋은 방향이 만들어질 수 있습니다. 아울러, 시민들의 역량을 차근차근 키워가는 것도 중요합니다. 시민들이 AI를 잘 이해하고 활용할 수 있도록 충분한 교육과 지원이 필요합니다. 북유럽의 AI 전략은 결국, 기술과 인간의 가치를 부드럽게 조화시키는 지혜를 보여줍니다. AI가 선물할 수 있는 가능성은 충분히 누리되, 그 안에 숨겨진 위험은 조용히 살펴보며 나아가는 방향입니다.


## 4. 독일의 공공부문 인공지능(Künstliche Intelligenz)

독일 정부는 인공지능(KI)을 공공 부문에 도입하여 정책 결정과 공공 서비스의 질을 높이고 있습니다. KI는 공무원들의 업무 부담을 줄여주어 더 중요한 일에 집중할 수 있게 하며, 정부 기관이 더 나은 정책을 개발하고 정확한 결정을 내리는 데 도움을 줍니다. 또한 시민과의 소통을 강화하고 공공 서비스의 속도와 품질을 향상시키는 데 기여합니다. 이 과정에서 중요한 점은 KI 시스템의 사용이 시민들에게 투명하게 공개되어야 하며, 차별적인 결과를 초래하지 않도록 해야 한다는 것입니다.

독일은 국가 KI 전략에 공공 부문의 KI를 필수 요소로 포함시켰습니다. 공공 부문의 효율성 향상, 정부 데이터(OGD) 활용, 그리고 안보 강화를 중점으로 합니다. 구체적인 목표로는 서비스 제공 개선과 비상 대응 능력 강화가 있습니다. 독일의 KI 전략은 국가 차원의 다른 전략들(디지털 전략, 데이터 전략 등)과 명확하게 연결되어 있으며, EU의 KI 법안 및 EU 조정 KI 계획과도 잘 부합합니다. EU KI 법안의 위험 기반 접근 방식은 공공 부문에서 사용되는 많은 KI 시스템이 높은 위험으로 분류될 수 있다는 점에서 중요합니다.

KI는 독일의 연방, 주, 지방 자치 단체 수준에서 점점 더 많이 활용되고 있습니다. 옥스퍼드 인사이트의 정부 KI 준비 지수 2023에 따르면, 독일은 공공 행정에 KI를 통합할 수 있는 능력 면에서 193개국 중 8위를 차지했습니다.

코로나19 관련 시민 문의에 자연어 처리(NLP)를 활용한 응답 시스템, 아동 수당 자격 확인을 위한 서류 분류 및 정보 추출 시스템, 시각 장애인과 거동이 불편한 사람들을 위한 3D 건물 모델 생성, 교통 상황을 추적하고 신호등을 제어하는 시스템, 불법 이미지와 합법적 이미지를 구분하는 자동 이미지 인식 기술, 정치적 위기 가능성을 평가하기 위한 다요인 분석 시스템 등이 있습니다.

지방 자치 단체 수준에서는 시민 서비스 향상을 위해 언어 모델 기반 도구가 활용되고 있으며, 하이델베르크와 하이덴하임 시의 챗봇 사례가 대표적입니다. 또한 음성 어시스턴트 개발 프로젝트(S4CS)도 진행 중입니다.

## 5. OECD, UN 등 국제기구의 AI 거버넌스 원칙과 공공부문 가이드라인

### 5.1 OECD의 AI 거버넌스 원칙

경제협력개발기구(OECD)는 인공지능(AI) 거버넌스에 관한 국제적 논의를 주도하는 중요한 기관입니다. 2019년 5월, OECD는 'AI에 관한 이사회 권고안(Recommendation of the Council on Artificial Intelligence)'을 채택하며, AI의 활용 방향에 대한 표준을 제시했습니다. 권고안에는 OECD 38개 회원국과 아르헨티나, 브라질, 코스타리카, 크로아티아, 페루, 루마니아 등의 비회원국들도 뜻을 함께했습니다.

OECD가 제시한 AI 원칙은 다섯 가지 핵심 가치로 구성됩니다. 첫째는 '포용적 성장과 지속 가능한 개발 및 웰빙'으로, AI 기술이 인간과 지구를 위한 더 나은 삶과 발전을 촉진하도록 하는 것입니다. 둘째, '인간 중심의 가치와 공정성'으로, 인공지능이 인권과 민주적 가치를 존중하며 공정한 사회를 만드는 데 기여해야 한다는 점입니다. 셋째는 '투명성과 설명 가능성'으로, AI 시스템의 작동과 의사결정 과정이 누구나 이해할 수 있게 투명해야 합니다. 넷째는 '견고성, 보안 및 안전'으로, AI 기술이 모든 단계에서 안전하고 신뢰할 수 있도록 관리되어야 한다는 것입니다. 마지막 다섯째는 '책임감'으로, AI를 개발하고 사용하는 모든 주체가 책임 있게 행동해야 한다는 것입니다.

'OECD AI Policy Observatory'를 통해 각국의 우수 사례를 공유하며, 국가 간 협력을 강화하고 있습니다. 또한 'Going Digital' 프로젝트를 통해 디지털 전환 시대 속에서 정부의 역할과 AI의 바람직한 활용 방안을 연구하고 있습니다.

### 5.2 UNESCO의 AI 윤리 프레임워크

2021년에 채택된 'AI 윤리에 관한 권고'는 최초의 글로벌 윤리 기준으로,

인류 전체가 공존하고 번영할 수 있는 방향을 제시하는 중요한 이정표입니다.

이 권고가 제시하는 네 가지 핵심 가치는 우리의 미래를 지키는 버팀목이 될 것입니다. 첫 번째는 '인간 존엄성과 인권, 다양성 존중'입니다. 기술의 발전이 인간의 기본적인 존엄성을 침해하지 않고, 문화적, 사회적 다양성을 포용하는 방향으로 이루어져야 합니다.

두 번째 가치는 '환경과 생태계 보호'입니다. AI가 인간의 편의만을 위한 것이 아니라, 지속 가능한 미래를 위한 환경친화적 발전과 생태계 보존을 촉진해야 한다는 것입니다. 이는 인류가 자연과 공존하며 번영할 수 있는 유일한 길이기 때문입니다.

세 번째 원칙은 '포용성, 공정성, 비차별'입니다. AI 기술이 특정 집단에만 혜택을 주거나 새로운 불평등을 만들지 않고, 모든 사람에게 공정한 기회를 제공해야 합니다. 이를 통해 AI는 모두를 위한 기술로 자리 잡게 됩니다.

마지막 네 번째 원칙은 '투명성, 설명 가능성, 책임성'입니다. AI가 인간의 삶에 깊이 스며들수록 기술의 작동 방식과 의사결정 과정은 투명하고 명확해야 하며, 그 결과에 대한 책임도 분명해야 합니다.

유네스코는 이러한 원칙들이 현실에서 실천될 수 있도록 구체적인 정책을 제시하고 있습니다. 정부와 공공 부문이 AI 윤리 위원회를 설립하고, AI 시스템의 영향을 철저히 평가하며, AI 윤리에 대한 교육을 강화하고, 취약 계층을 위한 보호 조치를 마련할 것을 강조합니다.

특히, 유네스코가 강조하는 '글로벌 남북 간 협력과 디지털 격차 해소'는 AI가 새로운 불평등의 원천이 되는 것을 막고, 모든 국가와 지역이 AI 혁신에 동참하며 그 혜택을 누릴 수 있도록 하는 데 중점을 두고 있습니다. 결국, AI의 발전은 모든 인류가 함께 번영하는 미래로 나아가는 디딤

돌이 되어야 합니다.

## 5.3 세계은행의 공공부문 AI 가이드라인

세계은행은 특히 개발도상국이 제한된 자원을 효율적으로 활용하며 AI 기술을 단계적으로 도입하도록 현실적인 전략을 제시하고 있습니다.

세계은행의 'AI 공공부문 활용 가이드라인'은 경제적 실용성을 기반으로 설계된 다섯 가지 핵심 요소를 강조합니다.

첫째, 'AI 준비도 평가'를 통해 정부가 보유한 기술적 역량과 인프라 상태, 인적 자원을 분석하여 불필요한 자원 낭비를 최소화하고 가장 실용적인 AI 도입 방안을 결정하도록 돕습니다.

둘째, '맞춤형 AI 전략 수립'은 각국의 재정 상황과 우선순위를 반영하여 가장 경제적으로 효과적인 전략을 세우도록 합니다.

셋째, 'AI 프로젝트의 효율적 설계 및 실행' 지침은 정부가 예산 내에서 성과를 최대화하고 단계적 접근을 통해 점진적으로 프로젝트 규모를 확장할 수 있게 안내합니다.

넷째, 'AI 거버넌스 체계 구축'을 통해 실질적이고 경제적으로 실행 가능한 법적, 제도적 기반을 마련해 지속 가능한 성장을 가능하게 합니다.

마지막으로, 'AI 윤리와 책임성 확보'는 기술 도입에서 발생할 수 있는 윤리적 리스크와 비용을 줄이고 신뢰받는 AI 시스템을 구축하는 데 필수적인 요소입니다.

세계은행의 단계적 접근법은 개발도상국이 제한된 예산과 인프라 속에서도 AI 도입의 경제적 실익을 극대화하고 점진적으로 기술 역량을 키워 나가도록 지원합니다. 이는 AI 기술을 경제적으로 실용적으로 활용하여 지속 가능한 지구촌 사회를 구축하는 현실적인 방안입니다.

## 5.4 World Economic Forum의 AI 조달 가이드라인

세계경제포럼(WEF)은 공공부문의 AI 조달에 관한 중요한 가이드라인을 개발한 기관입니다. 2020년에 발표한 AI 공공조달 가이드라인(Guidelines for AI Procurement)'은 정부가 AI 솔루션을 구매하고 도입할 때 고려해야 할 핵심 원칙과 모범 사례를 제시합니다.

WEF의 AI 조달 가이드라인은 다음 원칙을 담고 있습니다.

첫째, '공공 가치 중심의 AI 조달'입니다. AI 조달은 효율성뿐 아니라 공정성, 투명성, 책임성과 같은 공공 가치를 증진해야 합니다.

둘째, '시장 참여 확대'입니다. 다양한 공급업체, 특히 중소기업과 스타트업이 공공 AI 시장에 참여할 수 있도록 해야 합니다.

셋째, '명확한 결과 정의'입니다. AI 솔루션이 달성해야 할 목표와 결과를 명확히 정의해야 합니다.

넷째, '데이터 접근성 및 품질 보장'입니다. AI 시스템 학습에 필요한 데이터의 접근성과 품질을 보장해야 합니다.

다섯째, '역량 강화'입니다. 공공기관의 AI 조달 및 관리 역량을 강화해야 합니다.

여섯째, '위험 관리'입니다. AI 도입과 관련된 위험을 체계적으로 식별하고 관리해야 합니다.

일곱째, '책임감 있는 사용'입니다. AI 시스템이 윤리적 원칙에 따라 책임감 있게 사용되도록 해야 합니다.

여덟째, '학습과 개선'입니다. AI 조달 과정에서 얻은 경험과 교훈을 공유하고, 지속적인 개선을 추구해야 합니다.

WEF는 이러한 원칙을 실행하기 위한 구체적인 도구와 템플릿도 제공하고 있습니다. AI 조달 명세서 템플릿, 공급업체 평가 기준, 계약 조항 가이드 등이 포함됩니다. 이러한 도구는 공공기관이 AI 조달 과정에서 윤리적, 법적, 기술적 고려사항을 균형 있게 다룰 수 있도록 도와줍니다.

　　WEF의 접근법에서 강조되는 점은 '결과 중심 조달(Outcome-based Procurement)'입니다. 기술적 명세보다는 AI 시스템이 달성해야 할 결과에 초점을 맞추는 접근법으로, 혁신을 촉진하고 다양한 해결책을 모색할 수 있게 합니다.

## 5.5 국제기구 가이드라인의 공통 원칙

인류의 역사를 돌아보면, 항상 기술이라는 도구를 통해 번영과 성장을 이루어 왔습니다. 그러나 기술이 아무리 뛰어나다 해도, 그것이 인간의 존엄과 자유, 그리고 권리를 침해한다면 결코 진정한 발전이라 부를 수 없습니다. 이제 인공지능(AI)의 시대가 열린 만큼, 우리는 무엇보다 '인간 중심'의 정신을 잊어서는 안 됩니다. 기술은 인간을 위한 것이며, 인간의 삶을 더욱 가치 있게 만들어야만 합니다.

　　AI는 마치 깊은 숲속의 길처럼 복잡하고 불확실할 수 있습니다. 그래서 더욱 '투명성'과 '설명 가능성'이라는 등불이 필요합니다. AI가 내리는 결정의 이유와 과정이 누구에게나 투명하고 이해 가능해야 한다는 원칙을 따라야 합니다. 그래야만 기술에 대한 신뢰가 쌓이고, 함께 나아갈 수 있는 기반이 마련될 것입니다.

　　또한, 기술은 언제나 '공정성과 비차별'의 정신 위에 세워져야 합니다. AI가 우리 사회에 만연한 편견과 불평등을 확대해서는 안 되며, 오히려 이를 극복하고 모두에게 공정한 기회를 제공할 수 있도록 설계되어야 합니다. 모든 사람이 존중받고 배제되지 않는 세상을 만들어 가야 합니다.

　　'안전성과 보안' 또한 우리가 결코 타협할 수 없는 가치입니다. 우리는 AI가 인간에게 해를 끼치지 않도록 철저히 준비하고, 악의적인 의도로부터 안전하게 보호될 수 있도록 늘 경계해야 합니다. 기술은 인간을 보호하는 방패가 되어야지, 위협이 되어서는 안 됩니다.

마지막으로, 우리는 기술의 영향력에 걸맞는 책임을 져야 합니다. AI
의 결과가 가져오는 변화와 그에 따른 책임을 명확히 하고, 이를 기꺼이
받아들이는 용기와 지혜를 갖추어야 합니다.

### 5.6 국제기구와 각국 정부 간 협력 방안

지식 공유 플랫폼 구축은 중요한 협력 방안입니다. OECD AI Policy Ob-
servatory, UNESCO AI 윤리 플랫폼 등은 각국의 AI 정책과 모범 사례
를 수집하고 공유하는 역할을 합니다. 이를 통해 각국 정부는 다른 나라의
경험에서 배우고, 효과적인 AI 정책을 개발할 수 있습니다. 공동 연구 및
개발도 활발히 이루어지고 있습니다. 국제기구와 각국 정부는 AI 윤리,
거버넌스, 정책 영향 등에 관한 공동 연구 프로젝트를 추진합니다. 이러한
연구는 증거 기반 정책 수립에 기여합니다.

역량 강화 프로그램도 중요한 협력 영역입니다. 국제기구는 개발도상
국 정부를 대상으로 AI 정책 수립, 규제 체계 구축, 기술 활용 등에 관한
교육과 훈련을 제공합니다. 세계은행의 'Digital Economy for Africa'
이니셔티브가 대표적인 예입니다.

공통 표준 및 인증 체계 개발도 이루어지고 있습니다. 국제기구와 각
국 정부는 AI 시스템의 품질, 안전성, 윤리성을 평가하고 인증할 수 있는
공통 표준과 체계를 함께 개발합니다. 이는 국경을 넘나드는 AI 솔루션의
상호 호환성과 신뢰성을 높이는 데 기여합니다.

다자간 포럼도 활발히 운영되고 있습니다. 'AI for Good Global
Summit', 'Global Partnership on AI' 등의 포럼을 통해 정부, 기업,
학계, 시민사회 대표들이 AI 거버넌스에 관한 대화를 나눕니다. 이러한
포럼은 다양한 관점과 이해관계를 조율하는 데 도움이 됩니다.

# 제2부

# 각 행정영역별
# 인공지능
# 활용 사례

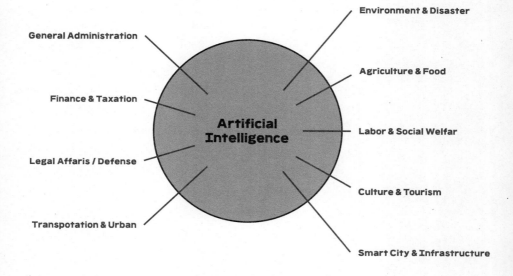

General Administration

Finance & Taxation

Legal Affaris / Defense

Transpotation & Urban

Artificial
Intelligence

Environment & Disaster

Agriculture & Food

Labor & Social Welfar

Culture & Tourism

Smart City & Infrastructure

# 제5장
# 일반 행정 및 정부 운영 분야

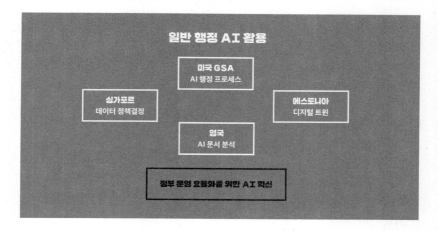

## 1. 미국 연방조달총무청(GSA)의 AI 기반 행정 프로세스

미국 연방 정부의 총무조달청(General Services Administration, GSA)는 정부 기관들이 업무를 효율적으로 수행할 수 있도록 지원하는 기관입니다. GSA는 2018년부터 행정 프로세스 자동화를 위해 AI 기술을 적극적으로 도입하고 있습니다. 대규모 정부 계약, 건물 관리, 조달 시스템 운영 등 다양한 업무를 담당하고 있어 자동화의 필요성이 매우 높았습니다.

GSA의 첫 번째 주요 AI 프로젝트인 '로보틱 프로세스 자동화(RPA)*' 시스템은 공무원의 업무 환경을 완전히 바꿔놓았습니다. 이전까지 공무원들은 데이터 입력, 문서 처리, 이메일 응답과 같은 지루하고 반복적인 작업에 매일 수많은 시간을 허비해야 했습니다.

RPA 시스템이 도입된 이후 상황은 극적으로 변했습니다. 소프트웨어

---

\*  https://www.gsa.gov/system/files/Robotic-Process-Automation-%28RPA%29-Se-curity-%5BCIO-IT-Security-19-97-Rev-3%5D-02-14-2023.pdf

로봇들이 이 반복적이고 단조로운 업무를 빠르고 정확하게 처리하면서, 공무원들은 더 이상 무의미한 작업에 얽매이지 않게 되었습니다. GSA의 계약 관리 업무에서 도입된 'Contract-Bot'은 그 효과를 확연히 보여줍니다.

과거에는 단 하나의 계약서를 검토하는 데 평균 18시간이라는 긴 시간이 걸렸습니다. 그러나 Contract-Bot이 도입된 이후, 계약서 검토, 데이터 정확성 확인, 승인 요청 과정이 완벽하게 자동화되었고, 이 모든 작업을 단 2시간 만에 처리할 수 있게 되었습니다. 이는 기존 대비 무려 80% 이상의 처리 시간 단축입니다. 효율성과 업무의 질 또한 놀랍도록 향상되었습니다. RPA 시스템의 도입은 공공기관 업무 혁신의 강력한 신호탄이 된 것입니다.

GSA는 'NewPay'라는 급여 시스템에 AI를 적용했습니다. 이 시스템은 약 200만 명의 연방 공무원의 급여를 관리하는데, AI를 활용하여 급여 오류를 자동으로 감지하고 수정합니다. 과거에는 급여 오류를 수정하는 데 7일이 걸렸지만, AI 도입 후에는 24시간 이내에 처리할 수 있게 되었습니다.

GSA의 또 다른 AI 프로젝트는 '통합 조달 플랫폼(Integrated Award Environment, IAE)'입니다. 연방 정부의 조달 과정을 디지털화하고 AI를 활용하여 최적의 공급업체를 추천합니다. AI는 과거 계약 이행 실적, 가격 경쟁력, 기술 역량 등 다양한 요소를 분석하여 정부에 가장 적합한 공급업체를 제안합니다.

2020년부터 GSA는 자연어 처리(NLP) 기술을 활용한 'Solicitation Review Tool'을 도입했습니다. 정부 조달 공고문을 자동으로 분석하여 법적 문제나 기술적 오류를 찾아냅니다. 조달 공고의 품질이 크게 향상되었고, 법적 분쟁 가능성도 감소했습니다.

GSA는 'Digital Worker Community of Practice'라는 조직을 만들어 기관 전체의 AI 활용 사례를 공유하고 모범 사례를 확산시키고 있습니다. 이 커뮤니티는 정기적인 워크숍과 교육 프로그램을 통해 공무원들의 AI 이해도를 높이고 있습니다.

GSA의 AI 도입 과정에서 가장 중요한 원칙 중 하나는 '인간 중심 자동화'입니다. AI는 공무원의 업무를 완전히 대체하는 것이 아니라, 단순하고 반복적인 일을 처리함으로써 공무원들이 더 창의적이고 가치 있는 업무에 집중할 수 있도록 돕는 역할을 합니다.

GSA는 또한 'AI Ethics Framework'를 마련하여 AI 시스템이 공정하고 투명하게 운영되도록 관리하고 있습니다. 이 프레임워크는 AI 시스템의 설계부터 실행, 모니터링까지 전 과정에서 윤리적 원칙이 지켜지도록 가이드라인을 제공합니다.

GSA의 AI 도입 성과는 매우 인상적입니다. 2023년 기준으로 GSA는 약 100개 이상의 업무 프로세스를 자동화했으며, 이를 통해 연간 약 2,000만 달러의 비용을 절감했습니다. 또한 업무 처리 속도가 평균 60% 이상 향상되었고, 오류율은 90% 이상 감소했습니다.

GSA의 성공적인 AI 도입 사례는 다른 연방 기관에도 영향을 미쳤습니다. 현재 약 60개 이상의 미국 연방 기관이 GSA의 모델을 참고하여 AI 기반 행정 프로세스 자동화를 추진하고 있습니다. GSA는 이를 위해 'AI Center of Excellence'를 설립하여 다른 기관의 AI 도입을 지원하고 있습니다.

GSA의 AI 도입 과정에서의 주요 도전 과제 중 하나는 레거시 시스템과의 통합이었습니다. 오래된 정부 시스템들은 현대적 AI 기술과 연동하기 어려운 경우가 많았습니다. GSA는 이 문제를 해결하기 위해 API 기반의 통합 방식을 도입하여 구형 시스템과 AI 솔루션을 효과적으로 연결했습니다.

데이터 품질 문제도 중요한 과제였습니다. AI 시스템의 성능은 학습 데이터의 품질에 크게 의존하는데, 정부 데이터는 오류나 불일치가 많은 경우가 있었습니다. GSA는 이를 해결하기 위해 'Data Quality Framework'를 개발하여 AI 시스템에 투입되는 데이터의 품질을 지속적으로 관리하고 있습니다.

GSA의 AI 도입 성공 요인 중 하나는 최고 경영진의 강력한 지원이었습니다. GSA의 청장과 CIO는 디지털 혁신의 필요성을 인식하고 AI 도입에 필요한 자원과 정책적 지원을 아끼지 않았습니다. 이러한 리더십이 조직 전체의 변화를 이끌어 낼 수 있었습니다.

GSA는 민간 기업과의 협력도 강화했습니다. 'Emerging Technology Coalition'을 통해 IBM, Microsoft, Google 등 선도적인 AI 기업들과 파트너십을 맺고 최신 기술을 정부 업무에 적용했습니다. 이러한 공공-민간 협력 모델은 정부의 기술 역량을 빠르게 강화하는 데 큰 도움이 되었습니다.

GSA는 최근에는 'AI Playbook'을 발표하여 AI 도입을 위한 체계적인 가이드라인을 제공하고 있습니다. 이 플레이북은 AI 프로젝트의 기획부터 실행, 평가까지 전 과정에 대한 상세한 지침을 담고 있어 다른 정부 기관에도 유용한 참고 자료가 되고 있습니다.

GSA의 AI 도입 사례는 기술 혁신이 성공하기 위해서는 기술 자체뿐만 아니라 조직 문화, 인력 역량, 프로세스 재설계 등 다양한 요소들이 함께 고려되어야 함을 보여줍니다. GSA의 경험은 다른 정부 기관들에게 귀중한 교훈을 제공하고 있습니다.

## 2. 에스토니아의 디지털 트윈

에스토니아는 인구 130만 명의 작은 국가이지만, 세계에서 가장 앞선 디지털 정부를 구축한 나라로 알려져 있습니다. '디지털 트윈(Digital Twin)' 기술을 활용한 정부 서비스 최적화로 주목받고 있습니다. 디지털 트윈이란 현실 세계의 물체나 시스템을 가상 공간에 동일하게 구현한 디지털 복제본을 말합니다.

디지털 트윈 프로젝트는 2018년에 시작되었습니다. 이 프로젝트의 목표는 정부 서비스 전체를 가상 공간에 구현하여 시뮬레이션을 통해 최적화하는 것이었습니다. 에스토니아는 이미 99% 이상의 정부 서비스가 온라인으로 제공되고 있어 디지털 트윈 구축에 필요한 데이터와 인프라가 잘 갖춰져 있었습니다.

디지털 트윈 시스템의 핵심은 'X-Road'라는 데이터 교환 플랫폼입니다. X-Road는 에스토니아의 모든 공공 데이터베이스를 안전하게 연결하여 실시간으로 정보를 공유할 수 있게 합니다. 이 시스템을 통해 시민들은 한 번의 인증으로 모든 정부 서비스에 접근할 수 있고, 정부는 시민들의 행동 패턴을 분석하여 서비스를 개선할 수 있습니다. 시민 개개인의 '디지털 여정(Digital Journey)'을 모델링합니다. 이는 시민이 정부 서비스를 이용하는 전체 과정을 가상으로 복제하여 분석하는 것을 말합니다. 예를 들어, 한 시민이 창업을 위해 여러 정부 부처와 상호작용하는 과정을 분석하여 불필요한 단계나 지연 요소를 찾아내고 개선합니다. 혁신적인 측면 중 하나는 '예측적 정부 서비스(Proactive Government Services)'입니다. AI 알고리즘은 시민의 생애 주기와 상황을 분석하여 필요한 서비스를 선제적으로 제안합니다. 아기가 태어나면 자동으로 출생 신고, 양육 수당 신청, 보육 시설 정보 등을 제공합니다. 시민이 직접 신청하지 않아도 필요한 서비스를 받을 수 있게 되었습니다.

에스토니아는 디지털 트윈 시스템을 통해 '무형식 원칙(Zero Bureaucracy Initiative)'을 실현하고 있습니다. 이 원칙에 따라 시민은 같은 정보를 정부에 두 번 제출할 필요가 없습니다. 한 번 제출된 정보는 모든 정부 기관이 공유하여 사용합니다. 이를 통해 행정 절차가 크게 간소화되었고, 시민들의 만족도가 높아졌습니다.

디지털 트윈 시스템은 정부 서비스의 '인생 이벤트 중심 설계(Life-event Based Design)'를 가능하게 했습니다. 출생, 입학, 취업, 결혼, 은퇴 등 시민의 주요 생애 사건을 중심으로 필요한 모든 서비스를 패키지로 제공합니다. 이를 통해 시민들은 복잡한 행정 절차를 쉽게 이해하고 이용할 수 있게 되었습니다.

에스토니아의 디지털 트윈 시스템은 정부 내부 업무 프로세스 최적화에도 큰 기여를 했습니다. 가상 환경에서 다양한 행정 절차를 시뮬레이션하여 비효율적인 과정을 찾아내고 개선했습니다. 이를 통해 행정 처리 시간이 평균 50% 이상 단축되었고, 운영 비용도 크게 절감되었습니다.

디지털 트윈 시스템의 또 다른 기능은 '정책 시뮬레이션(Policy Simulation)'입니다. 새로운, 세금 제도, 교육 정책, 교통 규제 등 새로운 정책을 실제로 도입하기 전에 가상 환경에서 시뮬레이션하여 효과와 영향을 예측합니다. 정책 실패의 위험을 줄이고, 더 효과적인 정책을 설계할 수 있게 되었습니다.

에스토니아는 디지털 트윈 시스템에 AI와 머신 러닝 기술을 적극 활용하고 있습니다. 자연어 처리(NLP) 기술을 통해 시민들의 민원과 의견을 자동으로 분석하여 서비스 개선에 반영합니다. 이를 통해 시민들의 목소리가 정책과 서비스 개선에 직접적으로 반영될 수 있게 되었습니다.

디지털 트윈 시스템은 에스토니아의 '매끄러운 국가(Seamless State)' 비전을 실현하는 핵심 도구입니다. 시민이 정부와 상호작용할 때 부처나 기관의 경계를 느끼지 않고 하나의 통합된 서비스로 경험하는 것을 의미합니다. 디지털 트윈을 통해 부처 간 협업이 강화되고, 시민 중심의 서비스 설계가 가능해졌습니다.

주목할 만한 것은 'e-Estonia Digital Twin'입니다. 이는 에스토니아의 모든 디지털 인프라와 서비스를 가상으로 복제한 시스템으로, 사이버 공격이나 재난 상황에서도 정부 서비스의 연속성을 보장합니다. 에스토니아는 이 시스템을 통해 '디지털 대사관'을 세계 각지에 설치하여 어떤 상황에서도 국가 기능을 유지할 수 있게 했습니다.

디지털 트윈 시스템의 또 다른 중요한 성과는 '시간 기반 최적화(Time-based Optimization)'입니다. 이는 시민들이 정부 서비스를 이용하는 데 소요되는 시간을 최소화하기 위한 노력을 말합니다. 에스토니아는 '3분 원칙'을 도입하여 대부분의 정부 서비스가 3분 이내에 완료되도록 최적화했습니다. 기업 설립은 18분, 세금 신고는 3분, 투표는 1분 이내에 완료할 수 있게 되었습니다.

에스토니아의 디지털 트윈 시스템은 코로나19 팬데믹 상황에서 그 가치를 증명했습니다. 정부는 디지털 트윈을 활용하여 바이러스 확산과 정책 효과를 시뮬레이션했고, 이를 바탕으로 효과적인 방역 정책을 수립했습니다. 모든 정부 서비스가 이미 디지털화되어 있어 봉쇄 조치에도 불구하고 시민들은 필요한 서비스를 중단 없이 이용할 수 있었습니다.

디지털 트윈 시스템의 성공에는 에스토니아의 독특한 디지털 ID 시스템인 'e-ID'가 크게 기여했습니다. 모든 시민은 디지털 ID를 가지고 있으며, 이를 통해 인증하고 전자서명을 할 수 있습니다. 이 시스템이 있었기에 개인 데이터를 안전하게 공유하고 활용할 수 있었고, 디지털 트윈의 정확도와 신뢰성을 보장할 수 있었습니다.

디지털 트윈 프로젝트는 높은 비용 효율성을 보여주었습니다. 에스토니아 정부는 디지털 트윈 시스템 구축에 약 5,000만 유로를 투자했지만, 매년 약 2% 이상의 GDP 절감 효과를 거두고 있습니다. 공무원의 업무 시간 절약, 종이 문서 감소, 행정 오류 감소 등에서 큰 경제적 효과가 나타났습니다.

윤리적 측면에도 주의를 기울이고 있습니다. '데이터 윤리 위원회'를 설립하여 개인정보 보호, 알고리즘 투명성, 데이터 주권 등의 문제를 관리하고 있습니다. 시민들은 자신의 데이터가 어떻게 사용되는지 확인할 수 있고, 원치 않는 데이터 사용을 제한할 수 있는 '옵트아웃' 권리도 가지고 있습니다.

에스토니아의 디지털 트윈 시스템은 현재도 계속 발전하고 있습니다. 최근에는 '주변 지능(Ambient Intelligence)' 개념을 도입하여 시민의 맥락과 상황을 더 정확히 이해하고 더욱 개인화된 서비스를 제공하는 방향으로 진화하고 있습니다. 시민의 위치, 행동 패턴, 선호도 등을 고려하여 가장 적절한 시점에 필요한 서비스를 제안합니다.

에스토니아의 디지털 트윈 사례는 현재 많은 국가에 영감을 주고 있습니다. 핀란드, 싱가포르, 뉴질랜드 등은 에스토니아의 모델을 참고하여 자국의 디지털 정부 시스템을 발전시키고 있습니다. 에스토니아는 자국의 경험과 기술을 공유하기 위해 'e-Governance Academy'를 설립하여 전 세계 정부 관계자들을 교육하고 있습니다.

대표적인 이니셔티브인 AI Leap[*] 프로그램은 2025년부터 중등학교를 시작으로 에스토니아 전역의 학생과 교사에게 인공지능 애플리케이션 및 교육을 제공하고 직업 학교로 확대될 것입니다. 이는 학생들이 개인 맞

---

[*]  https://e-estonia.com/estonia-announces-a-groundbreaking-national-initiative-ai-leap-programme-to-bring-ai-tools-to-all-schools/

춤형 학습을 경험할 수 있게 하며, 미래 사회를 이끌 창의적이고 기술 친화적인 인재를 양성하려는 에스토니아의 강력한 의지를 보여줍니다.

의료 분야에서는 AI 기반의 건강 정보 시스템을 통해 환자 데이터 관리와 의료 서비스 질이 향상되었고, MRI 분석을 통한 암 진단과 같은 첨단 의료 기술에서도 성과를 내고 있습니다. 한국과의 협력을 통해 더욱 폭넓은 의료 인공지능 활용이 기대됩니다.

최근 발표된 구글과 에스토니아 정부의 공동 연구에 따르면, 광범위한 인공지능 도입을 통해 에스토니아의 GDP가 연간 25억~30억 유로(약 8%) 증가할 수 있으며, 자동화로 인한 일자리 변화 속에서도 생산성 향상과 함께 새로운 고용 기회가 창출될 것으로 예상됩니다.

### 3. 싱가포르의 데이터 기반 정책 결정 지원

싱가포르는 작은 규모의 도시국가임에도 불구하고 데이터와 인공지능(AI)을 활용한 정부 혁신 분야에서 세계적인 리더로 자리매김하고 있습니다. 단호하고 결연한 리더십, 그리고 혁신과 변화를 두려워하지 않는 역동적인 정부의 추진력이 있습니다. 2014년에 시작된 '스마트 네이션(Smart Nation)' 이니셔티브는 싱가포르의 명확한 미래 비전을 상징하며, 국가 전체가 데이터 중심의 스마트한 미래를 향해 움직이고 있음을 보여줍니다.

싱가포르 전역에 센서와 카메라를 설치하여 교통 흐름, 대기질, 수자원 사용, 에너지 소비 등 도시의 모든 요소를 실시간 데이터로 수집하는 '스마트 네이션 센서 플랫폼(Smart Nation Sensor Platform)'을 구축했습니다. 수집된 데이터를 통해 정부는 신속하고 정확하게 현안을 파악하고, 즉각적인 정책 결정을 내리며, 문제 발생 이전에 미리 대비할 수 있는 시스템을 운영하고 있습니다.

'가상 싱가포르(Virtual Singapore)'는 도시 전체를 고도로 정밀한 3D 디지털 트윈으로 구현한 혁신적인 도구입니다. 이를 통해 정책 결정자들은 새로운 도시 개발 프로젝트나 인프라 계획이 가져올 잠재적인 영향을 사전에 면밀하게 시뮬레이션하여 정확하고 효율적인 의사결정을 내릴 수 있습니다.

싱가포르는 부처 간 데이터 공유와 협업을 촉진하기 위해 'CODEX-(Core Operations, Development Environment, and eXchange)' 플랫폼을 구축했습니다. CODEX는 정부의 디지털 인프라를 재구성하고, 미들웨어와 마이크로서비스, 기계 판독 가능한 데이터 흐름 등 재사용 가능한 디지털 구성요소를 공유하여 개발자들이 보다 효율적으로 공공 서비스 제공에 집중할 수 있게 합니다.

싱가포르 혁신을 이끄는 또 다른 축은 'Data Science & AI Division(DSAID)'입니다. DSAID는 정부 기관들과 긴밀히 협력하여 데이터 전문성을 구축하고, 데이터 활용을 위한 로드맵을 수립하며, 효과적인 AI 및 데이터 과학 솔루션을 개발하여 정부의 의사결정과 업무 효율성을 높이고 있습니다. DSAID는 Analytics.gov라는 플랫폼을 통해 80개 이상의 정부 기관에서 데이터를 적극적으로 활용할 수 있도록 지원하고 있습니다.

모니터링과 효율성 평가를 위해 'Whole-of-Government Application Analytics(WOGAA)' 시스템을 운영하고 있습니다. 정부가 디지털 서비스의 성능과 사용성을 평가하고, 서비스 품질을 지속적으로 개선할 수 있도록 합니다. 'Video Analytics System'이라는 중앙 플랫폼을 통해 비디오 데이터를 분석하고, 각종 사건의 원인과 경향을 파악하여 사후 조치에 필요한 인사이트를 신속하게 도출하고 있습니다. 교통 관리에서도 데이터 기반 접근법으로 눈부신 성과를 거두었습니다. 육상교통청

(LTA)은 도로 센서와 차량의 GPS 데이터를 분석하여 실시간 교통 정체 상황을 정확하게 예측하고, 신호등 타이밍이나 버스 노선을 최적화해 시민들의 일상을 편리하게 만들고 있습니다.

공중 보건 분야에서는 코로나19 팬데믹 대응 과정에서 'TraceTogether' 앱과 'Safe Entry' 시스템을 신속히 도입하여 시민들의 안전을 보호했습니다. 이뿐만 아니라 AI 기반 예측 모델을 통해 의료 자원을 효과적으로 배분하여 팬데믹 위기를 극복했습니다.

사회 복지 시스템인 'Social Service Net'과 시민 참여를 촉진하는 'OneService' 앱, 경제 상황을 실시간으로 시각화한 'Pulse of the Economy' 대시보드는 정부와 시민 간의 소통과 신뢰를 강화하며 더 나은 사회적 결정을 가능하게 합니다. 공무원들이 데이터 분석 역량을 갖추도록 지원하는 'Digital Academy'도 미래를 대비한 정부의 투자를 잘 보여줍니다.

싱가포르 정부는 단순히 현재의 문제 해결에 그치지 않고, 미래를 대비한 예측적 분석(Predictive Analytics)을 통해 선제적인 대응을 추진하고 있습니다. 홍수, 범죄, 교통 혼잡 등 도시 전반에 걸쳐 AI를 통한 예측이 이루어지며, 환경적 지속가능성을 위한 'City Sustainability Solution' 같은 프로젝트를 통해 자원 관리의 효율성을 높이고 있습니다. 안보 분야에서는 'Risk Assessment and Horizon Scanning(RAHS)' 프로그램을 통해 다양한 잠재적 위협 요소들을 조기에 파악하고 대응하는 능력을 향상시키고 있습니다.

싱가포르는 데이터 활용의 윤리성과 투명성을 보장하기 위해 'Data Quality Framework'와 'AI Ethics Framework'를 마련했습니다. 이를 통해 데이터의 정확성과 윤리적 사용을 보장하며, 'AI Governance'를 통해 투명하고 공정한 AI 시대를 주도적으로 열어 가고 있습니다.

작은 도시국가지만, 강력한 추진력과 명확한 비전을 바탕으로 싱가포르는 데이터 기반 정책 결정 지원 시스템의 글로벌 벤치마크로 떠오르고 있습니다. 많은 국가들이 싱가포르의 혁신적인 접근법을 배우기 위해 노력하고 있으며, 'Smart Nation Fellowship Programme' 같은 글로벌 협력 프로그램을 통해 이러한 지식과 경험을 공유하고 있습니다.

## 4. 영국 내각사무처의 AI 기반 정부 문서 분석

영국 정부는 방대한 문서 처리 과정에서 발생하는 행정 부담을 체계적으로 줄이고 업무 효율을 높이기 위해, 2018년부터 내각사무처 주도로 'AI 기반 정부 문서 분석 시스템'을 개발했습니다. 정부 디지털 서비스(GDS)와 정부 혁신 기술 전략 부서가 협력하여 추진했으며, 여러 부처 간 긴밀한 협력과 소통을 통해 진행되었습니다.

첫 단계로 각 정부 부처의 다양한 문서를 디지털화하고, 중앙에서 접근 가능한 통합 저장소에 모았습니다. 오래되었거나 손으로 작성된 문서는 광학 문자 인식(OCR) 기술을 활용하여 디지털 형식으로 변환했습니다. 이 과정에서 문서의 품질 향상을 위해 다수의 검증 절차를 도입하여 데이터 정확성을 확보했습니다.

다음 단계에서는 자연어 처리(NLP) 기술을 활용하여 문서의 내용을 분석했습니다. 자체 개발한 AI 모델을 조합하여 강력한 문서 분석 엔진을 구축했습니다. 이 엔진은 주제, 감정, 키워드, 엔티티(사람, 조직, 장소 등) 등 핵심 정보를 자동으로 추출하는 기능을 수행합니다. 지속적인 학습과 업데이트를 통해 분석 정확성을 높였습니다.

'주제 모델링(Topic Modeling)' 기능은 방대한 문서들에서 핵심 주제를 파악하고, 문서 간의 연결성을 시각적으로 나타내는 역할을 합니다. 정부 부처 간 정책의 연결점과 중복된 내용을 쉽게 파악할 수 있게 되었습니다. 또한 '감정 분석' 기능은 시민 의견이나 언론 보도와 같은 다양한 출처의 문서에서 정책이나 이슈에 대한 긍정, 부정, 중립적 반응을 체계적으로 파악할 수 있게 합니다.

엔티티 인식(Entity Recognition)과 관계 추출(Relationship Extraction) 기능을 통해 문서 내의 인물, 조직, 장소 및 사건 간의 관계를 명확하게 파악하고, 정책 실행에 필요한 구체적 정보를 빠르게 확인할 수 있게 되었습니다. '정책 일관성 분석(Policy Coherence Analysis)' 기능은 각 부처에서 독립적으로 작성된 정책 문서 사이의 충돌이나 중복을 자동으로 감지하여 정책의 조화와 일관성을 유지하도록 지원합니다. 이를 통해 정책 수립 과정에서 발생할 수 있는 비효율성과 혼란을 줄일 수 있게 되었습니다.

시스템에는 '자동 요약' 기능도 탑재되어 있어, 긴 문서의 핵심 내용을 신속히 파악하는 데 도움을 주고 있습니다. 긴급한 정책 결정 과정에서 장관과 고위 공무원들이 유용하게 사용하고 있습니다. 다국어 처리(Multilingual Processing) 기능 역시 강화되어 영어뿐만 아니라 웨일스어, 스코틀랜드 게일어, 기타 국제적으로 중요한 EU 문서 및 국제 협약 등 다양한 언어로 작성된 문서를 분석할 수 있게 되었습니다.

내각사무처는 분석 결과를 직관적으로 전달하기 위해 '시각화 대시보드(Visualization Dashboard)'를 개발하여 정책 변화, 부처 간 협력 현황, 주요 이슈에 대한 대응 과정을 명확하게 제공합니다. 또한 'Cross-Government Policy Mapping', '역사적 정책 분석', '시민 피드백 분석' 등 다양한 활용 사례를 통해 정책 결정 과정에서의 근거와 통찰력을 더욱 높였습니다. '역사적 정책 분석(Historical Policy Analysis)'은 특정 정책 영역(예: 교육, 의료)이 시간에 따라 어떻게 변화했는지 분석하는 것입니다. 정책의 장기적 효과와 패턴을 이해하고, 미래 정책 방향을 설정하는 데 도움을 얻을 수 있습니다. '시민 피드백 분석(Citizen Feedback Analysis)'은 시스템의 또 다른 중요한 활용 방법입니다. 공공 협의, 민원, 소셜 미디어 게시물 등에서 시민들의 의견을 수집·분석하여 정책에 반영하는 것입니다. 시스템은 수백만 개의 시민 의견을 자동으로 분류하고, 주요 우려 사항과 제안을 추출합니다.

시스템의 품질과 정확성을 유지 및 개선하기 위해 '전문가 피드백 루프'가 구축되었습니다. 공무원과 정책 전문가들의 실질적인 피드백을 적극 반영하여 지속적으로 재학습하고 정교화하고 있습니다. '예측 분석' 기능 역시 점차 발전하고 있으며, 미래 정책의 장기적 영향을 사전 예측하여 보다 선제적인 대응 전략 수립에 기여하고 있습니다.

문서와 데이터를 네트워크로 연결한 '지식 그래프'를 통해 정책 환경의 복잡한 관계와 패턴을 쉽게 파악할 수 있는 기반을 마련했습니다. 데이터의 보안과 개인정보 보호를 위해 '데이터 거버넌스 프레임워크'를 엄격하게 적용하여 민감한 정보의 보호와 안전성을 보장하고 있습니다.

시스템의 도입 이후, 공무원들의 문서 처리 시간이 60% 단축되었으며, 정책 일관성이 25% 향상되었습니다. 부처 간 협력과 정보 공유가 활발히 이루어지면서 정부 전체의 업무 효율성이 크게 개선되었습니다. 최근에는 GPT를 활용한 '대화형 문서 질의' 기능을 도입하여 공무원들이 보다 효율적이고 직관적으로 필요한 정보를 얻을 수 있도록 지원하고 있습니다.

AI 기반 정부 문서 분석 시스템은 행정 효율성을 높이고, 정책의 품질과 일관성을 체계적으로 강화하는 중요한 도구로 자리 잡았습니다. 앞으로도 지속적인 발전과 혁신을 통해 영국 정부의 정책 결정 과정을 더욱 차분하고 정교하게 만들어 나갈 것입니다.

# 제6장
# 법무 및 사법 행정 분야

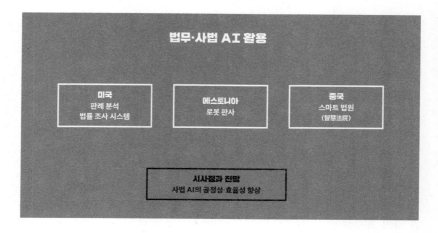

법무 및 사법 행정 분야는 인공지능의 도입으로 큰 변화를 겪고 있습니다. 많은 나라들이 판결문 분석, 사건 분류, 법률 조사, 그리고 시민 대상 법률 서비스 등에 인공지능을 활용하고 있습니다. 이번 장에서는 전 세계 주요 국의 사법 행정 분야 인공지능 활용 사례를 살펴봅니다.

## 1. 미국 사법부의 판례 분석 및 법률 조사 지원 시스템

미국 법원은 매년 수백만 건의 사건을 처리하며, 이 과정에서 방대한 양의 법률 문서와 판례가 쌓이게 됩니다. 법관과 검사, 변호사들은 이 많은 자료를 검토하고 분석해야 하는데, 이는 시간과 노력이 많이 드는 작업입니다.

　　미국 연방 사법부는 2018년에 '리걸 레이더(Legal Radar)'라는 인공지능 시스템 개발에 착수했습니다. 이 시스템의 목표는 법률 문서의 검색과 분석 작업을 자동화하여 법률 전문가들의 업무 효율성을 높이는 것이었습니다.

　　리걸 레이더는 자연어 처리(NLP)와 기계학습 기술을 사용하여 다음과 같은 핵심 기능을 제공합니다.

첫째, 판례 검색 및 추천 기능입니다. 사용자가 사건의 키워드나 개요를 입력하면 시스템이 가장 관련성 높은 판례를 찾아줍니다. 이 기능은 사건의 맥락과 법적 쟁점을 이해하여 단순히 키워드가 일치하는 자료뿐 아니라 실제 도움이 될 판례를 추천합니다.

둘째, 판례 요약 기능입니다. 시스템이 긴 판례 내용을 자동으로 분석하여 핵심적인 법적 논점과 판단 이유를 간결하게 요약해 줍니다. 많은 판례를 효율적으로 검토할 수 있게 합니다.

셋째, 법적 논증 분석 기능입니다. 특정 법적 문제에 대해 여러 법원이 내린 다양한 해석과 결정을 비교 분석하여 제공합니다. 이는 법관들이 사건 처리 과정에서 참고할 수 있도록 다양한 시각과 해석을 제시합니다.

넷째, 법률 문서 작성 지원 기능입니다. 시스템이 법률 문서의 표준적인 형식과 용어를 학습해 문서 작성 시 적합한 표현과 형식을 추천해 주는 기능입니다.

리걸 레이더는 2020년부터 미국의 연방 법원과 일부 주 법원에서 시범 운영되었습니다. 이로 인해 법률 조사 시간이 평균 40% 이상 줄어들었으며, 복잡한 사건에서는 판례 검색 시간이 절반 이하로 단축되었습니다. 또한, 다른 법원의 판례를 쉽게 참고할 수 있어 판결의 일관성과 정확성이 크게 개선되었습니다. 사건 처리 속도 역시 15~20% 빨라져 시민들이 사법 서비스를 더 신속하게 받을 수 있게 되었습니다.

몇 가지 과제도 존재합니다. 법률 해석의 복잡성과 뉘앙스를 AI가 완전히 이해하는 데는 여전히 한계가 있으며, 사회 변화와 새로운 법률을 지속적으로 시스템에 반영하는 것도 중요합니다. 또한 AI가 기존 판례 데이터를 통해 학습할 때 편향된 요소를 학습하지 않도록 감독하는 일도 필요합니다.

미국 사법부는 이러한 문제를 해결하기 위해 2025년까지 시스템의 지속적인 발전 계획을 마련했습니다. 더 풍부한 데이터를 확보하고, 최신 AI 기술을 도입하며, 알고리즘의 공정성을 관리하기 위한 체계도 구축할 예정입니다. 이를 통해 리걸 레이더는 앞으로 더욱 정확하고 효율적인 법률 자료 검색과 분석 시스템으로 진화해 나갈 것입니다.

## 2. 에스토니아의 로봇 판사

에스토니아는 디지털 선도 국가로 인정받고 있습니다. 전자시민권(e-Residency), 온라인 투표(e-Voting), 디지털 서명(e-Signature)과 같은 혁신적 디지털 서비스 도입을 통해 일찍부터 효율적이고 투명한 정부 운영 체계를 구축해 왔습니다.

에스토니아는 법원 운영의 디지털화를 통해 문서 처리, 일정 관리, 데이터 분석 등의 행정 업무를 자동화하고 있습니다. 2016년부터 소액 분쟁 사건 처리에 반자동 알고리즘을 도입하여 효율성을 높이고 있습니다. 법률 정보 제공, 문서 초안 작성, 데이터 분석 등을 수행하며, 법관들의 행정적 업무 부담을 크게 줄이고 있습니다.

다만 AI가 법적 판단을 내리거나 판결을 확정하지 않습니다. AI는 법관의 의사결정을 지원하는 도구로써 역할을 합니다. AI 시스템이 생성한 문서와 분석 자료는 항상 법관의 최종 검토와 승인을 거쳐야 합니다. 법적 책임과 결정의 정당성은 전적으로 인간 법관에게 있습니다. 제목 때문에 발생한 오해에 대해, 에스토니아 법무부는 '로봇 판사(Robot Judge)' 프로젝트는 존재하지 않으며, AI 시스템이 독자적으로 법적 결정을 내리는 일도 없다고 공식적으로 밝혔습니다. 에스토니아의 AI는 법적 절차의 신속성 및 효율성 향상을 위해 행정적이고 반복적인 업무의 지원과 보조적인 역할에 중점을 두고 있습니다.

에스토니아 정부는 앞으로도 법률 분야에서 AI와 디지털 시스템의 활용 범위를 점진적으로 확대할 계획입니다. 교통 위반, 간단한 계약 분쟁 등과 같은 비교적 단순한 사건에서 알고리즘 기반 지원 절차의 활용을 검토하고 있습니다. 다만, AI 시스템의 역할과 범위는 법적 윤리와 투명성 기준을 철저히 준수하여 신중하게 결정될 것입니다. 이러한 접근을 통해 에스토니아는 법적 절차의 효율성을 유지하면서도 인간 중심의 사법 체계를 지키고자 합니다.

### 3. 중국의 '스마트 법원(智慧法院)'

중화인민공화국은 세계에서 가장 많은 인구를 보유한 국가로서, 연간 수천만 건에 달하는 방대한 사법 사건을 처리해야 하는 현실에 직면해 있습니다. 사법 업무 부담이 장기적으로 누적되어 사건 처리 지연이 사회적 문제로 대두되었으며, 근본적인 혁신 방안의 필요성이 강조되어 왔습니다.

이러한 맥락에서 최고인민법원은 2017년에 '스마트 법원(智慧法院) 프로젝트'를 국가 전략의 핵심 사업으로 공식 선포하였습니다. 단순한 기술 적용을 넘어 사법 체계 전반의 디지털화 및 지능화를 동시에 추진하고자 하는 종합적인 시도로, 온라인 분쟁 및 저작권 침해 사건 등을 전문적으로 다룰 수 있는 '인터넷 법원' 개념을 적극 도입함으로써 21세기 디지털 시대에 부합하는 새로운 사법 모델을 제시하고 있습니다.

중국의 스마트 법원 시스템은 여러 AI 기술을 통합한 종합적인 플랫폼입니다. 주요 구성 요소와 기능은 다음과 같습니다.

첫째, 사건 접수 및 분류 시스템입니다. AI가 접수된 사건의 내용을 분석하여 사건 유형을 자동으로 분류하고, 우선순위를 매기며, 담당 법관을 배정합니다. 이를 통해 사건 처리의 효율성과 균형을 높였습니다.

둘째, 유사 사건 검색 및 판결 예측 시스템입니다. 이 시스템은 현재 다루고 있는 사건과 유사한 과거 사례를 찾아내고, 이를 바탕으로 가능한 판결 결과를 예측합니다. 이는 법관들에게 참조 자료로 제공되어 판결의 일관성을 높이는 데 도움을 줍니다.

셋째, 법정 속기 및 녹취 시스템입니다. AI 음성 인식 기술을 활용하여 법정에서의 발언을 실시간으로 텍스트로 변환하고, 주요 포인트를 자동으로 요약합니다. 이를 통해 법정 기록의 정확성과 접근성이 향상되었습니다.

넷째, 증거 분석 시스템입니다. 사진, 비디오, 음성 파일 등 다양한 형태의 증거 자료를 AI가 분석하여, 증거의 신뢰성을 평가하고 핵심 정보를 추출합니다. 이는 디지털 증거가 많은 현대 재판에서 중요한 역할을 합니다.

다섯째, 판결문 작성 지원 시스템입니다. 법관이 판결 방향을 결정하면, AI가 관련 법률과 판례를 참조하여 판결문 초안을 작성합니다. 법관은 이를 검토하고 필요한 부분을 수정하여 최종 판결문을 완성합니다.

여섯째, 법률 상담 챗봇입니다. 시민들이 법률 질문이나 절차에 대한 궁금증을 24시간 문의할 수 있는 AI 챗봇 서비스를 제공합니다. 이를 통해 법원 방문 없이도 기본적인 법률 정보를 얻을 수 있게 되었습니다.

스마트 법원 시스템은 항저우, 베이징, 광저우를 시작으로, 전국 3,500여 개 법원으로 확대되었습니다. 코로나19 팬데믹 기간 동안 비대면 재판의 필요성이 커지면서, 시스템의 활용도가 증가했습니다.

도입 성과는 매우 인상적입니다. 평균 사건 처리 시간이 50% 이상 단축되었으며, 법관 1인당 처리 사건 수는 30% 이상 증가했습니다. 온라인 재판 시스템을 통해 2020년에만 500만 건 이상의 사건이 처리되었으며, 이는 당사자들의 시간과 비용을 크게 절약했습니다.

판결의 일관성도 향상되었습니다. 유사 사건에 대한 판결 편차가 이전보다 60% 감소했으며, 이는 법적 안정성과 예측 가능성을 높이는 데 기여했습니다. 시민 만족도 조사에서도 응답자의 82%가 스마트 법원 서비스에 만족한다고 답했습니다.

중국의 스마트 법원 시스템이 갖는 특징 중 하나는 정부 차원의 강력한 추진력입니다. 최고인민법원이 직접 주도하고, 국가 정보화 전략과 연계하여 대규모 투자와 인력을 지원했습니다. 기술 도입을 위한 법적 기반을 적극적으로 마련했습니다.

중국 최고인민법원은 2022년 12월 8일 '인공지능 사법 응용의 규범화 및 강화에 관한 의견(最高人民法院关于规范和加强人工智能司法应用的意见)'을 발표했습니다. 이 문서는 시진핑 법치 사상을 관철하고 인공지능과 사법 업무의 심층적 융합을 추진하여 스마트 법원 건설을 전면적으로 심화하기 위한 지침을 제시하고 있습니다.

완비된 사법 인공지능 기술 응용 체계를 구축하고, 2030년까지 규칙 선도와 응용 시범 효과를 갖춘 체계로 발전시키는 목표를 설정했습니다. 기본 원칙으로는 안전 합법, 공평 공정, 심판 보조, 투명 신뢰, 공공 질서 미풍양속의 다섯 가지를 제시하고 있습니다.

'심판 보조 원칙'에서는 인공지능이 어떤 수준으로 발전하더라도 판사를 대신하여 판결을 내릴 수 없음을 명시하고 있으며, 인공지능은 심판 업무의 참고로만 활용될 수 있다고 강조합니다.

응용 범위로는 인공지능 전 과정 사건 처리 보조, 사무적 업무 보조, 사법 관리 보조, 다원적 분쟁 해결 및 사회 거버넌스 서비스 등을 포함합니다. 시스템 구축 측면에서는 인공지능 응용 최상위 설계, 사법 데이터 중앙 플랫폼 구축, 사법 인공지능 응용 시스템 구축, 핵심 기술 연구, 기초 인프라 구축 등을 강조하고 있습니다.

종합 보장 측면에서는 조직 지도 강화, 협력 혁신 촉진, 지식재산권 보호, 안전 보장 강화 등을 통해 인공지능 사법 응용의 안전하고 효과적인 발전을 도모하고 있습니다. 이러한 노력을 통해 사법 효율 향상과 공정한 사법 실현을 추구하고 있습니다.

국제적 평가는 다소 엇갈립니다. 효율성과 기술적 혁신 측면에서는 높은 평가를 받고 있으며, 세계 각국에서 중국의 사례를 벤치마킹하기 위해 방문하고 있습니다. 대규모 사건 처리 능력과 온라인 재판 시스템은 코로나19 이후 더욱 주목받고 있습니다.

AI 시스템의 투명성과 공정성에 대한 우려도 있습니다. 알고리즘의 작동 원리나 학습 데이터가 공개되지 않아, 시스템이 어떤 기준으로 결정을 내리는지 외부에서 검증하기 어렵다는 지적이 있습니다. 또한 정부의 정책 방향이 알고리즘에 영향을 미칠 가능성도 우려 사항 중 하나입니다. 중국 정부는 이러한 우려에 대응하여, 2023년 'AI 사법 윤리 가이드라인'을 발표하고, AI 시스템의 설명 가능성과 편향성 검증을 강화하는 조치를 취하고 있습니다. 또한 스마트 법원의 발전 방향을 '인간 중심(Human-Centered)'으로 전환하여, AI는 법관을 보조하는 역할에 중점을 두겠다는 입장을 밝혔습니다.

## 4. 법무 및 사법 행정 분야 AI 활용의 시사점과 전망

지금까지 살펴본 미국, 에스토니아, 중국의 사례들은 AI가 법무 및 사법 행정 분야에서 다양한 방식으로 활용되고 있음을 보여줍니다. 각 사례에서 얻을 수 있는 주요 시사점은 다음과 같습니다.

첫째, AI의 역할은 대체보다는 보완에 초점이 맞춰져 있습니다. 대부분의 국가에서 AI는 판사나 법률 전문가를 대체하기보다는, 반복적이고 시간이 많이 소요되는 작업을 자동화하여 전문가들이 더 중요한 판단과 결정에 집중할 수 있도록 돕는 역할을 합니다.

둘째, 법적 안정성과 투명성이 중요한 가치로 강조됩니다. 모든 사례에서 AI 시스템의 결정 과정을 설명할 수 있는 투명성과, 판결의 일관성을 높이는 법적 안정성이 중요한 설계 원칙으로 적용되고 있습니다.

셋째, 단계적 접근 방식이 효과적입니다. 에스토니아의 소액 분쟁부터 시작한 사례나, 영국의 특정 영역에 집중한 사례처럼, 모든 법률 영역을 한 번에 AI로 전환하기보다는 적용 가능성이 높은 분야부터 단계적으로, 시범사업을 거쳐 도입하는 접근 방식이 성공 가능성을 높입니다.

넷째, AI를 통한 법률 접근성 향상은 중요한 사회적 가치를 제공합니다. 중국의 사례에서 볼 수 있듯이, AI는 지리적, 경제적, 시간적 제약으로 인해 법률 서비스에 접근하기 어려웠던 시민들에게 새로운 기회를 제공합니다.

다섯째, 국가별 특성과 법률 문화에 맞는 맞춤형 접근이 필요합니다. 중국의 대규모 중앙집중식 접근법, 에스토니아의 혁신적 디지털 국가 전략 등 각 국가는 자국의 상황과 법률 문화에 맞게 AI를 도입하고 있습니다.

앞으로 법무 및 사법 행정 분야의 AI 활용은 더욱 확대될 것으로 전망됩니다. 대규모 언어 모델(LLM)과 같은 최신 AI 기술의 발전은 법률 문서 이해와 생성 능력을 크게 향상시킬 것입니다. 또한 다양한 나라들의 경험이 축적되면서, AI 시스템의 법적 지위, 책임성, 윤리적 기준 등에 대한 국제적 합의와 표준도 발전해 나갈 것입니다.

AI가 법무 및 사법 행정 분야에 가져올 변화는 기술적 측면을 넘어, 법률 전문가의 역할 변화, 법률 교육의 혁신, 시민들의 법률 서비스 이용 방식 변화 등 광범위한 사회적 변화를 수반할 것입니다. 이러한 변화에 적응하고 AI의 혜택을 최대화하면서도 법의 기본 가치와 원칙을 유지하는 것이 앞으로의 과제가 될 것입니다.

# 제7장
# 국방 및 안보 분야

## 1. 미국 국방부의 Project Maven

2017년 미국 국방부의 펜타곤에선 혁명이 일어나고 있었습니다. 인공지능이란 새로운 무기를 손에 쥐고, '알고리즘 전쟁'이라는 이름 아래 Project Maven이라는 프로젝트를 시작했습니다. 드론이 촬영한 수천, 수만 시간의 영상에서 적을 찾아내야 하는 군 분석가들은 매일 지루한 화면 속에서 집중력을 잃었습니다. 시간은 금이었고, 그들은 너무 많은 시간을 낭비하고 있었습니다.

이 문제를 해결하기 위해 Project Maven은 인간 대신 인공지능의 눈을 빌렸습니다. 드론이 보내오는 영상에서 차량, 건물, 사람들을 자동으로 식별하고 분류할 수 있도록 딥러닝 기반의 컴퓨터 비전 기술을 활용했습니다. 초기 성과는 혁신적이었습니다. 분석 시간이 무려 90%나 줄었고 정확도도 크게 개선되었습니다. 국방부는 승리를 확신했습니다.

펜타곤의 자신감과 달리 실리콘밸리에선 논쟁이 타올랐습니다. 인공지능 기술 제공자로 선정된 구글의 본사에선 직원들의 불안과 분노가 폭발했습니다. "우리가 만든 AI가 사람을 죽이는 무기가 되는 걸 원치 않는 다!" 구글 직원들은 "Don't be evil(악행을 하지 말라)."이라는 회사의 모토가 무색해진다며 항의 서명운동을 벌였고, 4,000명이 넘는 직원이 참여했습니다. 일부 직원은 사표를 제출하며 절박한 반대의 뜻을 표명했습니다. 이 사건은 세계적으로 주목받으며 기술 기업들의 윤리적 책임을 다시금 논의하는 계기가 되었다.

구글은 내부 압력을 견디지 못하고 2019년 Project Maven과의 계약 갱신을 포기했습니다. 하지만 펜타곤은 멈추지 않았습니다. 그들은 즉시 다른 기업들과 손잡고 프로젝트를 계속 밀고 나갔습니다. 국방부의 강력한 추진력은 AI의 발전 속도를 더욱 높였고, 기술은 단순 객체 인식을 넘어 이상 행동과 위협적 패턴을 사전에 감지하는 수준으로까지 진화했습니다.

2020년 이후, Project Maven은 영상 정보뿐 아니라 신호 정보, 소셜 미디어 데이터, 지리공간 정보 등 다양한 데이터를 융합하여 통합 분석 능력을 갖추게 되었습니다. 2022년에는 합동 인공지능 센터(JAIC)가 설립되어 이 기술을 미국 전체 국방 전략의 핵심으로 삼았습니다. 미국의 동맹국인 영국, 호주, 캐나다 역시 Maven의 성공을 눈여겨보며 자신들의 군사 AI 프로젝트를 시작했습니다.

현재 Project Maven은 클라우드와 에지 컴퓨팅 기술로 발전하여 전 세계 어디서나, 심지어 전장 한복판에서도 실시간으로 AI 분석 결과에 접근할 수 있게 되었다. 군사 작전의 효율성과 속도는 비약적으로 증가했습니다.

하지만 기술 발전의 그늘에선 윤리적 고뇌가 계속되고 있습니다. Project Maven은 여전히 논란의 중심에 있습니다. 기술자들과 군인들은 같은 질문을 던집니다. "AI에게 생명을 결정할 권리를 주는 것이 옳은가?" 이 프로젝트는 단순히 기술적 진보가 아니라 인류가 앞으로 인공지능과 어떻게 공존할 것인가에 대한 깊고 본질적인 질문을 던지고 있습니다.

## 2. 이스라엘의 국경 감시 및 위협 탐지

이스라엘의 국경은 한 순간도 긴장의 끈을 놓을 수 없는 곳입니다. 끊임없이 변화하는 위협 속에서 이 작은 국가는 생존을 위한 혁신의 최전선에서 달려왔습니다. 그 중심에는 인공지능(AI)을 활용한 첨단 국경 감시 시스템이 있습니다.

"스마트 펜스(Smart Fence)"라 불리는 첨단 센서 네트워크가 가동되는 국경 지역은 마치 살아 숨쉬듯 움직입니다. 레이더, 광학 센서, 적외선 카메라, 음향 감지기가 조용히 사방을 살핍니다. 이 센서들이 포착한 작은 움직임 하나하나가 AI의 두뇌 속으로 즉시 전달되어 분석됩니다.

이스라엘의 AI는 단순히 보는 것에서 그치지 않습니다. 진짜 위협과 허상을 빠르게 구분하는 뛰어난 판단력을 갖췄습니다. 동물의 움직임, 바람에 흔들리는 나뭇가지, 일상적인 활동은 무시하되 터널 굴착 소리나 펜스를 자르는 작은 진동, 수상한 차량의 이동과 같은 실제 위협을 정확히 포착합니다. 이렇게 선별된 정보만 즉각 현장 지휘관에게 보고되면서, 위협 대응 속도는 극적으로 빨라졌습니다.

가자 지구 접경 지역에서 이스라엘이 터널 탐지에 거둔 성과는 놀라움을 자아냅니다. AI는 지하에서 들려오는 미세한 음파나 지진파 데이터를 분석해 적들이 파놓은 터널을 찾아냅니다. 과거엔 발견하기 어려웠던 깊숙한 지하 터널도 더 이상 숨을 수 없습니다.

이스라엘의 위협을 미리 예측하는 기술까지 개발했습니다. SNS의 작은 글 하나, 전화 통화의 짧은 메타데이터, 인간 정보원의 급박한 보고, 위성 이미지까지 모든 데이터를 모아 AI가 꼼꼼히 분석합니다. AI는 공격 징후를 미리 감지하고, 국경 침투 가능성이 높은 시간과 장소를 예측합니다. 이런 선제적 대응으로 실제 공격 시도를 미리 차단하는 사례는 계속 늘어나고 있습니다.

드론과 자율 주행 로봇은 이스라엘 국경의 새로운 파수꾼들입니다. 하늘에서는 드론이 날고 땅에서는 무인 로봇이 험준한 지형을 돌아다닙니다. 이들은 AI 알고리즘에 의해 스스로 판단하고 움직이며, 위험을 감지하면 즉시 경고 신호를 보냅니다. 인간의 접근이 어려운 곳까지 철저히 감시하는 이 시스템은 이미 수많은 위험을 차단했습니다.

얼굴 인식 기술 역시 놀라운 정확도로 작동합니다. 국경 검문소에서 카메라는 지나가는 사람의 얼굴을 순식간에 스캔해 위험 인물을 식별합니다. AI는 심지어 변장하거나 외모가 변한 사람도 놓치지 않는 예리함을 자랑합니다.

이 모든 기술적 성과는 'C4I 시스템'이라는 데이터 통합 플랫폼에서 하나로 모아집니다. 이 시스템을 통해 현장 지휘관들은 실시간으로 국경의 상황을 한눈에 볼 수 있고, AI가 추천하는 최적의 대응 방안을 즉시 실행할 수 있습니다.

이스라엘은 이렇게 축적한 기술을 세계 각국으로 수출하며 국경 보안 분야의 리더로 자리 잡았습니다. 그 과정에서 프라이버시와 인권 문제로 인해 비판을 받기도 했습니다. 국제사회의 우려에 이스라엘은 기술과 윤리적 책임 사이의 균형을 찾기 위해 지속적으로 노력하고 있습니다.

이스라엘의 국경은 첨단 기술과 도전정신이 어우러진 역동적인 현장입니다. AI와 센서 기술, 그리고 이들의 뛰어난 판단력은 오늘도 국가 안보를 위해 24시간 멈추지 않고 움직이고 있습니다. 이스라엘의 도전은 앞으로도 계속될 것입니다.

## 3. NATO의 사이버 방어 및 정보전

북대서양조약기구(NATO)는 변화하는 안보 환경에 대응하기 위해 사이버 공간에서의 방어 능력을 지속적으로 강화해 왔습니다. 2016년 바르샤바 정상회담에서 사이버 공간을 공중, 육지, 해상에 이어 네 번째 작전 영역으로 공식 인정한 이후, NATO는 사이버 방어 시스템 개발에 많은 자원을 투입하고 있습니다. 이 과정에서 인공지능(AI)은 사이버 위협 탐지와 대응 능력 강화를 위한 첨단 대립의 핵심 요소로 자리 잡고 있습니다.

NATO는 실제로 네트워크의 이상 트래픽과 사이버 위협을 조기에 탐지하기 위해 AI 기반의 이상 트래픽 탐지 및 패턴 인식 기술을 활용하고 있습니다. 이 시스템은 네트워크 트래픽 데이터를 분석하여 정상적인 패턴에서 벗어난 활동을 신속하게 식별합니다.

또한 NATO는 사이버 방어 인식 프로그램을 통해 AI 기반의 사이버 방어 훈련 시뮬레이션을 실시하여 회원국의 사이버 방어 능력을 효과적으로 향상시키고 있습니다. 이 프로그램은 실제 사이버 공격 시나리오를 모의하여 대응 능력을 강화합니다. 사이버 위협 정보 공유 플랫폼 역시 공식적으로 확인된 바와 같이 NATO 회원국들이 사이버 위협 정보를 실시간으로 공유하고 협력할 수 있도록 지원합니다. 이 플랫폼은 회원국 간 협력을 촉진하고 위협 대응 속도를 높이는 데 기여하고 있습니다.

NATO는 공격의 배후를 추적하는 능력인 속성 분석(Attribution Analysis)을 지속적으로 강화하고 있습니다. AI 기술을 활용하여 공격자의 코드 특징, 공격 방식, 사용된 인프라 등을 분석하여 공격자를 식별하고 전략적 대응책을 마련합니다. AI 기반 자율 사이버 방어 시스템은 일부 위협에 대해 인간의 개입 없이 자동으로 대응할 수 있으며, 대응 시간을 크게 단축하여 효과적인 방어를 지원합니다.

한편 NATO는 양자 컴퓨팅과 같은 미래 위협에 대비하기 위해 포스트

양자 암호화(Post-Quantum Cryptography)와 AI를 결합한 방어 기술 연구를 진행 중입니다.

이 외에도 군사 기밀상 공식 확인이 어려운 여러 시스템들이 NATO 내부에서 은밀히 활용되고 있을 가능성이 있으며, AI 기술은 현재 군사 분야에서 가장 첨예한 대립 지점으로 주목받고 있습니다. NATO 역시 공식적으로 밝히지 않은 다양한 인공지능 기반 시스템을 운영하며, 미래의 위협에 대비한 경쟁력을 지속적으로 강화할 것으로 보입니다.

'사이버 위협 인텔리전스 플랫폼(CTIP)', '통합 정보전 분석 도구(II-WAT)', '멀티 레이어 방어 시스템', '사이버 위협 예측 시스템' 등은 공식적으로 확인되지는 않았지만, NATO가 사이버 공격 대응과 정보전 및 심리전 탐지, 다양한 보안 계층에서의 복합적 위협 식별, 잠재적 공격 예측 등 군사적 효율성을 높이기 위해 비슷한 개념의 인공지능 시스템을 운용할 가능성이 높습니다. 이 시스템들은 인공지능 기술을 활용해 복잡한 데이터에서 위협을 분석하고 선제적인 대응 전략을 세우는 데 기여할 수 있습니다. NATO는 공식 발표를 하지 않았지만, AI 기술을 활용하여 보다 강력한 방어 메커니즘을 개발하고 운영할 가능성이 크며, 이는 앞으로의 사이버 안보 경쟁에서 중요한 역할을 담당할 것으로 예상됩니다.

### 4. 다양한 군사 인공지능

#### 4.1 BAE Systems의 AI 기반 데이터 분석

BAE Systems[*]는 다양한 군사 정보를 실시간으로 수집하고 분석하기 위해 AI 기술을 활용하고 있습니다. 이 시스템의 주요 목표는 전장 환경에

---

\* https://www.baesystems.com/en/digital/home

서 발생하는 방대한 데이터를 자동으로 분류하고 우선순위를 정해 상황 인식을 높이는 것입니다. 레이더 데이터, 위성 영상, 통신 보고 등의 다양한 정보를 하나로 종합하여 분석하는데, 이를 통해 적의 움직임과 지형 정보, 아군 자원 상태 등을 빠르게 파악할 수 있습니다.

기존에는 정보 장교나 분석관이 수작업으로 처리해야 했던 복잡하고 방대한 데이터를 AI가 1차적으로 처리하여 업무 효율을 획기적으로 높였습니다. 지휘관들은 이러한 실시간 분석 결과를 기반으로 더 빠르고 정확한 의사결정을 내릴 수 있습니다. 또한 여러 지역에서 들어오는 정보를 동시에 파악하여 다양한 작전 시나리오를 시뮬레이션할 수 있게 되었습니다.

이 AI 프레임워크는 과거 데이터와 현재 상황을 비교하여 이상 징후가 발생하면 자동으로 경고합니다. 예를 들어, 적군이 새로운 무기를 배치하거나 이동 경로에 변화가 나타났을 때 즉시 이를 감지하고 경고하여 대응 시간을 줄여줍니다. BAE Systems는 이 기술을 다양한 군용 플랫폼에 적용하여 전투기 조종사부터 지휘센터까지 모든 부대가 동일한 최신 정보를 공유할 수 있도록 지원합니다. 이는 부대 간 협력과 작전 성공률을 높이는 데 기여합니다.

군사 분야에서 단 몇 초의 차이도 작전의 성패를 좌우할 수 있기에 빠르고 정확한 정보 제공은 매우 중요합니다. BAE Systems는 지속적으로 빅데이터, 머신 러닝, 딥러닝 등 첨단 기술을 도입하여 AI 모델의 정확성을 높이고 있습니다. 머신 러닝 기술 덕분에 시간이 지날수록 AI 분석의 정확도가 향상되고 있으며, 이로 인해 미 육군뿐 아니라 다른 군사 기관에서도 관심을 갖고 있습니다.

향후 이 기술은 음성, 문서, 영상 등 다양한 형태의 데이터를 동시에 분석할 수 있는 멀티모달 AI 시스템으로 발전할 전망입니다. 이러한 발전은 전장에서 거의 실시간에 가깝게 모든 정보를 처리할 수 있는 능력을 제공하여 작전 능력을 크게 강화할 것입니다. 결과적으로 BAE Systems의 AI 기반 프레임워크는 미래 군사 데이터 분석 분야의 핵심으로 자리 잡게 될 것으로 기대됩니다.

### 4.2 Northrop Grumman의 AI 기반 전투 관리(Advanced Battle Manager, ABM)

Northrop Grumman의 ABM 시스템은 전장에 존재하는 여러 위협을 실시간으로 파악하고 효과적으로 대응할 수 있도록 돕는 AI 기반 솔루션* 입니다. 이 시스템은 적의 공격 수단과 아군의 방어 능력을 함께 고려하여 가장 효과적인 대응책을 제안합니다. 예를 들어, 적의 미사일이 접근하면 최적의 요격 수단이나 이동 경로를 추천하여 지휘관의 신속한 의사결정을 지원합니다.

사람의 능력으로는 한 번에 처리하기 어려운 복잡한 위협 상황을 AI가 빠르게 분석함으로써 인적 오류를 줄이는 효과도 큽니다. 또한 미리 입력된 작전 규칙과 실시간 데이터를 결합하여 최적의 전술을 산출하며, 딥러 닝을 활용해 새로운 위협 패턴도 학습할 수 있습니다. 과거에는 각 부대의 정보를 지휘관이 따로 모아 분석했지만, ABM 덕분에 병력과 장비의 효율적 분배가 가능해졌습니다.

Northrop Grumman은 AI가 인간의 결정을 대체하기보다 보조 역할을 수행하는 데 중점을 두고 있습니다. 시간이 지나면서 AI는 더 많은 경험 데이터를 축적하여 정교한 판단을 제공할 것으로 예상됩니다. 공군, 해군, 육군 등 다양한 분야에 적용 가능하며, 해상 및 공중 전투에서 큰 장점을 가집니다.

---

\* https://www.congress.gov/crs-product/IF11866

이 시스템의 강점은 신속하고 정확한 분석으로 전장의 혼란을 줄이고, 잘못된 경고나 오탐지를 최소화하는 데 있습니다. 미래에는 네트워크로 연결된 모든 무기 시스템이 정보를 교환하여 더욱 정교한 대응이 가능할 것입니다. 궁극적으로 ABM 시스템은 인간 중심의 의사결정을 강력하게 지원하여 전투 관리의 효율성과 정확성을 획기적으로 높일 것으로 보입니다.

## 4.3 DARPA의 AI 기반 사이버 보안(INGOTS, AI Cyber Challenge 등)

미국 국방고등연구계획국(DARPA)은 인공지능 기술을 이용하여 사이버 보안 강화를 위한 다양한 연구를 진행하고 있습니다. 대표적으로 IN-GOTS 프로그램은 AI를 활용해 자동으로 소프트웨어의 취약점을 탐지하고 패치를 생성하는 것을 목표로 하고 있습니다. 이전까지는 전문가가 수작업으로 코드를 점검하며 취약점을 찾아냈지만, AI는 사람의 눈으로 찾기 어려운 '제로데이(Zero-day)' 취약점까지 발견할 수 있습니다.

또한 AI Cyber Challenge 프로그램에서는 AI를 통해 사이버 공격 시나리오를 모의 실험하고 방어 전략을 연구합니다. AI가 악성 코드의 공격 기법을 학습하여 비슷한 위협을 사전에 탐지하는 방식으로 운영됩니다. 기존의 보안 시스템은 알려진 공격 패턴에 의존했지만, AI는 새로운 공격 패턴도 스스로 학습하여 유연하게 대응할 수 있습니다.

DARPA의 연구 성과는 미군 네트워크뿐만 아니라 민간 사이버 보안 분야에도 큰 영향을 주고 있습니다. 군사 작전이 점점 디지털화됨에 따라 사이버 공간에서의 안전성은 더욱 중요해지고 있습니다. AI 기반의 보안 시스템은 매초 방대한 로그 데이터를 실시간으로 분석해 위험을 감지하며, 보안 전문가들의 업무 부담을 줄이고 빠른 대응을 가능케 합니다.

그러나 완벽하지 않은 시스템의 오탐(False Positive)과 같은 문제를 해결하기 위한 지속적인 연구가 필요합니다. DARPA는 방대한 데이터를 이용하여 반복적인 알고리즘 테스트와 시뮬레이션을 진행하며 시스템을 개선하고 있습니다. 장기적으로는 AI가 해킹 시도를 즉시 탐지하고 자동 차단한 뒤 공격 방식을 역추적하는 단계까지 발전할 것으로 기대됩니다.

앞으로는 AI를 이용한 사이버 공격도 예상되기 때문에 'AI 대 AI'의 대결 구도가 형성될 가능성도 있습니다. 따라서 DARPA의 AI 기반 사이버 보안 연구는 더욱 중요해지고, 빠르게 발전해야 합니다. 이러한 연구 성과는 군사 및 민간 네트워크의 보안을 유지하고, 보다 안전한 사이버 환경을 구축하는 데 중요한 역할을 담당하게 될 것입니다.

궁극적으로 DARPA의 AI 기반 사이버 보안 프로그램은 디지털 시대의 안보에 핵심적으로 기여할 것으로 평가됩니다.

### 4.4 미국 육군의 AI 기반 의료 지원[*]

미국 육군은 전쟁터와 같은 극한 상황에서도 효율적이고 정확한 의료 서비스를 제공하기 위해 AI 기술을 도입하고 있습니다. AI는 환자의 상태를 신속히 분석하여 응급 치료가 필요한 부상자부터 우선적으로 치료받도록 지원합니다. 예를 들어, AI가 부상자의 의료 데이터를 즉각 분석해 출혈 정도나 장기 손상 여부 등을 빠르게 평가하여 생존율을 높이는 데 기여합니다.

또한 AI는 환자의 과거 병력과 알레르기 정보를 바탕으로 약물 처방 시 부작용을 미리 예측할 수 있습니다. 의료 인력과 물자가 제한된 전장에서 꼭 필요한 곳에 효율적으로 투입할 수 있도록 돕습니다. AI 기반 의료 시스템은 의료 장비와 의약품의 재고 현황을 실시간으로 관리하여 보급

---

[*] https://www.armyupress.army.mil/Journals/Military-Review/English-Edition-Ar-chives/May-June-2024/MJ-24-Army-Medicine-AI/

결정의 효율성을 높입니다.

현장에 전문 의료진이 부족할 때는 원격 의료(telemedicine) 기술과 AI 분석 결과를 활용해 신속한 전문의의 판단을 지원합니다. AI는 X-ray 나 CT 영상과 같은 의료 영상을 빠르게 분석하여 정확한 진단을 돕습니다. 부상자의 상태 변화와 후송 시점을 예측해 신속한 이동 결정을 돕는 기능도 갖추고 있습니다.

미국 육군은 휴대용 기기나 태블릿 형태의 인터페이스를 통해 현장의 의료진이 쉽게 AI 도움을 받을 수 있도록 시스템을 구축하고 있습니다. 인터넷이 불안정한 환경에서도 작동 가능한 오프라인 모드를 제공하여 실제 작전 환경에서도 실용적입니다.

AI 기술은 의료 훈련에도 활용되어 군의관과 간호사들이 다양한 의료 상황에 대비할 수 있도록 시뮬레이션 환경을 제공합니다. AI가 생성한 가상의 환자 데이터를 활용해 실시간 피드백을 받으며 최적의 처치를 연습할 수 있습니다. 이와 같은 데이터 축적을 통해 AI 모델은 점점 더 정확한 진단과 처방을 제공할 수 있게 됩니다.

의료는 인간 생명을 다루는 분야이기 때문에 최종 결정권은 전문가에게 있지만, AI가 제공하는 신속하고 정확한 정보 분석은 큰 도움이 됩니다. 궁극적으로 AI 기반 의료 지원 시스템은 전장뿐 아니라 재난 구호, 민간 의료 분야에서도 폭넓게 활용될 것으로 기대됩니다.

## 4.5 군사 드론의 AI 활용

군사 드론은 이미 정찰, 감시, 타격 등 다양한 임무를 수행해 왔지만, AI를 도입함으로써 더욱 높은 자율성과 정확도를 갖추게 되었습니다. AI 알고리즘은 드론이 촬영한 영상이나 센서 데이터를 분석해, 적의 이동 경로나 시설물을 자동으로 식별합니다. 이렇게 분석된 정보는 지휘본부에 실시간으로 전송되어, 정찰 효율을 극대화합니다. 드론에 탑재된 AI는 지형지물을 파악해 충돌을 피하고, 최적의 비행 경로를 계산하여 에너지를 절약할 수 있게 합니다.

전통적으로는 조종사가 원격으로 일일이 드론을 조종해야 했으나, AI 덕분에 자율 주행이나 반자율 모드가 가능해졌습니다. 드론 부대가 한꺼번에 대규모 작전을 수행할 때, 적은 인력으로도 효과적인 운영을 할 수 있다는 의미입니다. 또한 AI는 목표물 식별 과정에서도 중요한 역할을 하여, 적 차량이나 위협 요소를 빠르고 정확하게 구분해 냅니다. 드론이 적 전차와 민간 차량을 혼동하는 상황을 최대한 줄여, 민간 피해를 줄이는 데 도움을 줍니다.

드론을 이용해 특정 지역을 계속 감시하면, AI가 변화를 포착해 '이상 활동'이 있는지 경보를 보내주기도 합니다. 야간이나 악천후 상황에서도 적외선 센서, 열화상 카메라 데이터를 AI로 분석해 활용할 수 있어, 24시간 작전이 가능해졌습니다. AI 기반 드론은 보안 면에서도 중요합니다. 적이 GPS 신호를 교란해도, 자율비행 알고리즘으로 어느 정도 경로를 유지할 수 있기 때문입니다. 더 나아가, 드론 여러 대가 서로 정보를 교환하며, 집단으로 적을 포위하거나 동시에 공격하는 전술도 연구되고 있습니다.

다만 드론에 탑재되는 AI가 완벽하진 않으므로, 잘못된 식별이나 오작동을 방지하기 위한 안전장치가 필수입니다. 미국 등 여러 국가는 드론에 탑재될 수 있는 무기의 자율 작동 범위를 어디까지 허용할지, 윤리적인 논의를 하고 있습니다. 예를 들어 AI가 자동으로 타격을 결정하도록 맡길 것인지, 최종 승인만 인간이 할 것인지에 대한 논쟁이 있습니다.

군사 드론은 적의 방공망, 전자전 등에 취약할 수 있으므로, AI를 통한 전자전 대응 능력 강화가 중요한 숙제입니다. 미래에는 드론과 전투기가 함께 전투를 수행하면서, 드론이 전방에서 위험 감지를 맡고 전투기는 뒤에서 지원하는 시나리오가 흔해질 것입니다. AI가 이끄는 드론 전력은 위험한 임무에서 인명 손실을 최소화한다는 장점 때문에 군사적으로 계속 각광받고 있습니다.

전쟁뿐 아니라 재난 구조, 환경 모니터링, 국경 감시 등 평화적 목적의 활용도 점차 확대되고 있습니다. 향후 기술 발전에 따라, 군사 드론은 더욱 지능화되어 작전 수행에서 필수 불가결한 자산이 될 것으로 보입니다.

## 4.6 AI 기반 드론 스왐

Airbus Defence & Space는 Quantum Systems와 협력하여 AI 기술을 접목한 드론 스왐(swarm)을 개발하고 있습니다. 드론 스왐은 여러 대의 드론이 마치 벌떼처럼 협력해 정찰과 감시 임무를 수행하는 시스템입니다. AI 기술은 드론 간 충돌을 방지하고 최적의 비행 경로를 자동으로 결정하는 데 핵심적인 역할을 합니다.

과거엔 조종사가 드론을 직접 조작해야 했지만, 드론 스왐 기술은 한 명의 조종사가 여러 대의 드론을 동시에 관리할 수 있게 해 줍니다. 드론들이 정보를 실시간으로 공유하여 하나의 완벽한 상황 인식을 갖추게 되며, 한 대가 적을 발견하면 즉시 다른 드론들이 대응 태세를 갖춥니다. AI가 이러한 협력 과정을 실시간으로 관리하여 작전 효율을 크게 높여줍니다.

드론 스왐은 정찰, 구조 지원, 위험 지역 분석 등 다양한 임무에 활용될 수 있습니다. AI가 자율적으로 작전을 수행할 수 있는 수준으로 발전하면 사람의 개입이 거의 필요 없어질 전망입니다. 다만 보안이나 전자전 공격에 대한 대비책은 계속 개발이 필요한 과제로 남아 있습니다. 장기적으로 드론 스왐 기술은 군사 작전뿐 아니라 국경 감시나 자연재해 구조와 같은 다양한 분야에서 중요한 역할을 담당할 것입니다.

## 4.7 AI 기반 무인 잠수정(UUV)

무인 잠수정(UUV)은 바닷속을 자율적으로 탐사하고, 작전을 수행하도록 설계된 로봇 잠수정입니다. AI를 도입함으로써, 사람이 직접 제어하기 어려운 깊은 해역이나 위험 지역에서도 임무 수행이 가능해졌습니다. 기뢰를 탐지하고 제거하거나, 적 잠수함의 움직임을 추적하는 데 활용됩니다. 잠수정 내부에 장착된 센서들은 수심, 수온, 해저 지형, 음향 신호 등을 끊임없이 수집합니다. AI는 이 방대한 데이터를 실시간으로 분석하여, 잠수정이 충돌을 피하고 최적의 경로를 선택하도록 합니다.

해저 지형은 지상보다 훨씬 복잡하고, GPS 신호가 도달하지 않는 경우가 많아 자율 항법 기술이 필수입니다. 딥러닝 모델은 음파 탐지(소나) 결과를 바탕으로, 장애물이나 잠재적 위협을 판별해 잠수정이 대처할 수 있게 도와줍니다. 이를 통해 수중에서 음향 신호만으로 '눈을 뜨듯이' 주변 환경을 인식하게 되는 셈입니다. 또, 무인 잠수정은 여러 대가 협력하여 광범위한 해역을 동시에 탐색할 수도 있습니다. 이 경우, 각 잠수정이 얻은 정보를 AI를 통해 공유·종합함으로써 수색 효율을 높이는 스왐 작전도 가능해집니다. 군사적으로는 적 잠수함이나 해저 기반 시설(케이블, 파이프라인 등)을 감시하는 데 유용합니다. 전통적으로는 잠수함 승조원이 일일이 확인해야 했던 위험 요소를, 이제는 AI가 1차로 걸러주어 인력 부담을 크게 줄여줍니다.

또한, 인명 피해 위험이 높은 임무에 무인 잠수정을 투입할 수 있어 군의 생존성을 높입니다.적이 기뢰를 설치한 구역을 탐색하거나, 화생방 물질이 유출된 해역을 조사할 때도 무인 잠수정이 앞장설 수 있습니다. AI가 탑재된 무인 잠수정은 체내 배터리나 연료를 효율적으로 관리하여, 장시간 잠항하면서 임무를 수행합니다. 일부 모델은 필요에 따라 수면으로 떠올라 태양광 패널로 배터리를 충전하는 기능도 갖출 전망입니다. 해저 상황은 예측 불가능한 요소가 많기에, AI가 적응형으로 운용 계획을 조정하는 능력이 중요합니다. DARPA나 해군 연구소 등에서는 무인 잠수정의 자율 능력 향상을 위해 시뮬레이션과 실해역 테스트를 끊임없이 진행하고 있습니다.

향후에는 해저 자원 개발, 해양 연구 등 군사 이외 분야에서도 AI 기반 무인 잠수정이 폭넓게 활용될 것으로 보입니다. 결국, AI 기술이 결합된 무인 잠수정은 해양 작전의 패러다임을 바꾸며, 미래 바다에서 중요한 역할을 담당할 것입니다.

# 제8장
# 미국 국무부의 AI 기반 외교정보 분석

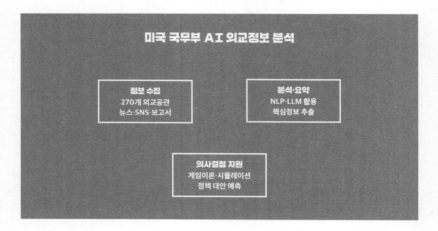

인공지능 기술은 외교와 국제협력 분야에서도 중요한 역할을 하고 있습니다. 전 세계적으로 발생하는 복잡한 외교 문제와 다양한 언어로 작성된 방대한 문서를 분석하고, 국제 여론을 신속하게 파악하며, 위기 상황을 미리 예측하는 데 인공지능이 큰 도움을 주고 있습니다.

미국 국무부는 매일 전 세계 약 270개의 외교 공관에서 엄청난 양의 보고서와 정보를 받고 있습니다. 이 방대한 정보를 빠른 시간내에 모두 분석하기는 불가능했습니다. 국제 관계가 점점 복잡해지고 외교적 결정을 빠르게 내려야 하는 상황이 많아지면서, 효율적인 정보 처리와 분석이 중요해졌습니다. 이러한 배경에서 미국 국무부는 '디지털 외교 이니셔티브(Digital Diplomacy Initiative)'를 시작하고, 인공지능을 활용한 외교 정보 분석 시스템을 개발 중에 있습니다.

외교정보분석 시스템은 크게 세 가지 주요 기능을 가지고 있습니다.

첫째, 정보 수집 및 분류 기능입니다. 이 시스템은 외교 공관에서 보내는 보고서뿐만 아니라 뉴스 기사, 소셜 미디어 글, 학술 논문, 각국 정부 발표 등 다양한 출처의 정보를 자동으로 수집합니다. 자연어 처리(NLP) 기술을 이용해 이 정보들을 주제별, 국가별, 중요도별로 분류합니다. 예를 들어, 중동 지역의 평화 협상 관련 정보, 무역 분쟁 관련 정보, 인권 문제 관련 정보 등으로 분류합니다.

둘째, 정보 분석 및 요약 기능입니다. 이 시스템은 수집된 정보를 분석하여 주요 사건, 경향, 위험 요소 등을 파악합니다. 대규모 언어 모델(LLM)을 활용해 외교 문서를 자동으로 요약하고, 중요한 정보를 추출합니다. 이를 통해 외교관들이 방대한 문서를 모두 읽지 않고도 핵심 내용을 빠르게 파악할 수 있게 합니다.

셋째, 의사결정 지원 기능입니다. 이 시스템은 과거 유사한 외교적 상황과 그 결과에 대한 데이터를 기반으로 현재 상황에 대한 다양한 외교적 대응책과 그 잠재적 결과를 예측하여 제시합니다. 게임 이론, 시뮬레이션 기법을 활용해 다양한 외교적 선택지의 가능한 결과를 분석합니다. 러시아와 우크라이나 국경 지역의 군사 활동, 양국 지도자의 발언, 국제 사회의 반응 등 다양한 정보를 실시간으로 수집하고 분석함을 통해 러시아의 침공 가능성이 높아지고 있다는 조기 경보를 제공했으며, 미국이 여러 동맹국과 함께 외교적 대응을 준비하는 데 중요한 시간을 벌어주었습니다.

다른 사례는 무역 협상 지원입니다. 특정 국가와의 무역 협상에 앞서 해당 국가의 경제 상황, 주요 무역 관심사, 과거 협상 전략 등을 분석하여 제공합니다. 미국 협상단이 상대국의 입장을 더 잘 이해하고, 효과적인 협상 전략을 수립하는 데 도움을 주었습니다.

시스템 도입으로,

- 정보 처리 시간 약 60% 단축

- 외교 관련 중요 사건에 대한 조기 감지 능력이 향상

- 외교관들이 전략적 분석과 정책 개발에 더 많은 시간 할애 가능

- 다양한 지역과 주제에 대한 종합적인 이해가 향상

시스템은 여러 과제에 직면할 것입니다.

첫째, 외교 정책은 정확한 정보에 기반해야 하므로, 인공지능이 제공하는 정보와 분석의 정확성은 매우 중요합니다. 인공지능은 여러 정보를 모아 종합해 수집하고 기초 분석을 제공하지만, 최종 해석과 결정은 경험 많은 외교관들이 내릴 것입니다. AI 시스템의 분석 결과를 정기적으로 전문가들이 검토하고 피드백을 제공하는 과정을 통해 시스템의 정확성을 향상시킵니다.

둘째, 데이터 보안과 기밀 유지 문제가 있습니다. 시스템을 외부 네트워크와 완전히 분리된 폐쇄망에서 운영하고, 다단계 인증 시스템과 강력한 암호화 기술이 필요합니다.

셋째, 다양한 언어와 문화적 맥락 이해의 문제가 있습니다. 전 세계 다양한 국가의 정보를 분석하기 위해서는 여러 언어와 문화적 맥락을 이해할 수 있어야 합니다. 각 지역과 문화의 특성을 고려한 분석, 그리고 지역 전문가들의 지식을 AI 시스템에 지속적으로 반영하여 문화적 뉘앙스도 파악해야 합니다.

# 제9장
# 재정 및 세무 행정 분야

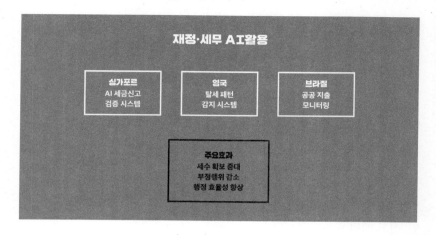

재정과 세무 행정은 국가 운영의 기반이 되는 중요한 영역입니다. 정부가 제대로 된 세금을 거두고 효율적으로 예산을 사용하는 것은 모든 공공 서비스의 근간이 됩니다. 이 분야에 인공지능을 도입하면 세금 징수의 정확성을 높이고, 탈세를 줄이며, 더 효율적인 재정 정책을 만들 수 있습니다. 이번 장에서는 세계 여러 나라에서 재정 및 세무 행정에 인공지능을 활용한 대표적인 사례들을 살펴보겠습니다.

## 1. 싱가포르 세무청의 AI 기반 세금 신고 검증

싱가포르는 작은 국가지만 매우 효율적인 행정 시스템으로 유명합니다. 싱가포르 국세청(IRAS, Inland Revenue Authority of Singapore)은 인공지능을 활용한 세금 신고 검증 시스템을 개발하기 시작했습니다. 기존에는 세무 공무원들이 많은 세금 신고서를 일일이 검토해야 했고, 이 과정에서 시간이 많이 소요되었으며 일부 부정확한 신고는 놓치기도 했습니다. 또한 정직한 납세자들도 복잡한 세금 규정 때문에 실수로 잘못된 정보를 제출하는 경우가 있었습니다. IRAS는 이러한 문제를 해결하기 위해 AI 기술을 도입하여 세금 신고의 정확성을 높이고, 세무 직원들의 업무 부담을 줄이며, 납세자들에게 더 나은 서비스를 제공하고자 했습니다.

싱가포르의 AI 기반 세금 신고 검증 시스템은 크게 세 가지 핵심 기능을 가지고 있습니다.

첫째, 이상 탐지(Anomaly Detection) 기능입니다. 이 시스템은 과거의 세금 신고 데이터와 현재 제출된 신고 내용을 비교하여 이상한 패턴이나 불일치를 찾아냅니다. 예를 들어, 소득 대비 비정상적으로 높은 공제 신청이나 갑작스러운 소득 변화 등을 감지할 수 있습니다. 이를 위해 머신러닝 알고리즘이 수백만 건의 과거 세금 신고 데이터를 학습하여 '정상적인' 신고 패턴을 파악합니다.

둘째, 자동 분류(Automatic Classification) 기능입니다. AI 시스템은 제출된 세금 신고서를 위험도에 따라 자동으로 분류합니다. 고위험군은 세무 공무원의 상세 검토가 필요한 경우, 중위험군은 일부 항목만 검토가 필요한 경우, 저위험군은 추가 검토 없이 처리 가능한 경우로 나누어집니다. 이를 통해 한정된 인력을 효율적으로 배분할 수 있습니다.

셋째, 실시간 피드백 기능입니다. 납세자가 온라인으로 세금을 신고할 때 AI 시스템이 실시간으로 입력 내용을 검토하고 잠재적인 오류나 누락을 즉시 알려줍니다. 예를 들어, "지난해와 비교하여 자녀 교육비 공제 항목이 누락되었습니다, 확인이 필요합니다."와 같은 안내를 제공합니다.

다양한 데이터 소스를 활용합니다. 과거 세금 신고 이력, 은행 거래 데이터, 부동산 거래 기록, 기업 회계 정보 등을 통합하여 분석합니다. 그리고 자연어 처리(NLP) 기술을 활용하여 첨부된 문서나 설명 내용을 이해하고 분석합니다.

싱가포르 세무청의 AI 시스템 도입 이후 여러 긍정적인 변화가 나타났습니다.

첫째, 세무 공무원의 업무 효율성이 크게 향상되었습니다. 한 명의 세무 공무원이 하루에 약 30건의 세금 신고를 검토할 수 있었지만, AI 시스템 도입 후에는 100건 이상을 처리할 수 있게 되었습니다. 시스템이 저위험 사례를 자동으로 처리하고, 공무원은 더 복잡하고 중요한 사례에 집중할 수 있게 되었습니다.

둘째, 세금 신고의 정확성이 향상되었습니다. AI 시스템의 실시간 피드백 덕분에 납세자들은 신고 과정에서 오류를 즉시 수정할 수 있게 되었습니다. 잘못된 신고로 인한 추가 처리 비용이 약 25% 감소했습니다.

셋째, 세수 증가 효과가 있었습니다. 더 정확한 세금 신고와 누락된 세금의 효과적인 발견으로 연간 세수가 약 2억 싱가포르 달러(약 1,800억 원) 증가했습니다. 고소득자와 기업의 복잡한 탈세 시도를 더 효과적으로 적발할 수 있게 되었습니다.

넷째, 납세자 만족도가 향상되었습니다. 실시간 피드백과 개인화된 안내 덕분에 많은 납세자들이 세금 신고 과정이 더 쉽고 투명해졌다고 평가했습니다. 2022년 조사에 따르면 납세자 만족도가 AI 시스템 도입 전 72%에서 도입 후 85%로 상승했습니다.

싱가포르 세무청은 더 발전된 AI 기술을 도입할 계획입니다. 2023년부터는 대규모 언어 모델(LLM)을 활용하여 납세자와의 대화형 상담 서비스를 제공하기 시작했으며, 블록체인 기술과 AI를 결합하여 실시간 거래 분석 및 세금 징수 시스템을 개발 중입니다.

## 2. 영국 국세청의 탈세 패턴 감지

영국 국세청(HMRC, Her Majesty's Revenue and Customs)은 매년 수백억 파운드의 '조세 격차'(세금으로 거두어야 할 금액과 실제로 거둔 금액의 차이)를 줄이기 위해 노력하고 있습니다. 2019년 HMRC는 이 문제를 해결하기 위한 방안으로 'Connect'라는 첨단 AI 기반 탈세 감지 시스템을 본격적으로 확대 도입했습니다.

이 시스템의 주요 목적은 세 가지였습니다. 첫째, 복잡하고 정교한 탈세 수법을 효과적으로 찾아내는 것입니다. 둘째, 한정된 조사 인력을 가장 의심스러운 사례에 집중하는 것입니다. 셋째, 선제적 탈세 예방 체계를 구축하는 것입니다.

'Connect' 시스템은 영국에서 가장 큰 규모의 데이터 분석 플랫폼 중 하나로, 다양한 AI 기술이 적용되어 있습니다.

영국 세무당국의 Connect 시스템은 세금 신고 데이터(VAT, 자가 평가, 지방세), 영국 및 해외 60개국의 은행 거래 정보, Visa와 Mastercard 같은 신용/직불 카드 사용 내역, 토지 등기소의 부동산 거래 기록, DVLA의 자동차 등록 정보, 해외 자산 정보, 공개 소셜 미디어 계정의 활동, eBay나 Airbnb 같은 온라인 마켓플레이스 판매 기록, Companies House의 회사 정보, 전자 상거래 사이트, 암호화폐 거래소, 공유 경제 플랫폼, 신용 평가 기관, 저축, 연금, 투자 기록 등 30개 이상의 다양한 데이터 소스를 통합하여 분석합니다. HMRC는 이 시스템을 통해 550억 건 이상의 납세자 데이터를 보유하고 있으며, 이를 활용하여 세금 신고 내용과 실제 경제 활동 간의 불일치를 효과적으로 식별하고 세금 회피나 탈세 가능성이 있는 사례를 탐지합니다.

'Connect'의 핵심 기능은 네트워크 분석과 패턴 인식입니다. 이 시스템은 개인이나 기업 간의 복잡한 관계를 시각화하고 분석하여 숨겨진 연결고리를 찾아냅니다. 예를 들어, 여러 겹의 법인을 통해 소득을 숨기는 경우나 가족 구성원을 통한 자산 분산 등을 감지할 수 있습니다.

Connect 시스템은 네트워크 분석을 통해 개인이나 기업 간의 복잡한 관계를 시각화하고 분석하여 여러 겹의 법인을 통한 소득 은닉이나 가족 구성원을 통한 자산 분산 같은 숨겨진 연결고리 확인이 가능합니다.

패턴 인식 기능은 AI 알고리즘이 '정상적인' 재무 활동 패턴을 학습하고, 신고된 소득에 비해 비정상적으로 높은 생활 수준과 같이 이와 다른 이상 패턴이 발견되면 자동으로 플래그를 지정합니다. 예측 분석 기능은 과거 탈세 사례의 패턴을 학습하여 유사한 패턴을 보이는 새로운 사례를 사전에 식별함으로써 잠재적 탈세 위험이 높은 개인이나 기업을 예측하고 집중 관리할 수 있게 합니다. 주목할 만한 것은 자연어 처리 기술(NLP, Natural Language Processing)을 활용한 문서 분석 기능입니다. 자연어 처리 기능은 신고서, 이메일, 계약서 등 다양한 문서를 자동으로 분석하여 불일치나 의심스러운 내용을 효율적으로 찾아냅니다.

'Connect' 시스템의 도입 이후 영국 국세청은 다양한 성과를 거두었습니다.

첫째, 탈세 적발률이 크게 향상되었습니다. 2020년 기준으로 'Connect' 시스템을 통한 탈세 조사의 성공률은 약 88%로, 이전의 수동 방식 조사 성공률 65%보다 크게 향상되었습니다.

둘째, 추가 세수 확보 효과가 있었습니다. 2019년부터 2022년까지 'Connect' 시스템을 통해 적발된 탈세로 약 37억 파운드(약 6조 원)의 추가 세수가 확보되었습니다.

셋째, 조사 효율성이 향상되었습니다. AI 시스템이 고위험 사례를 정확하게 식별함으로써 조사관들은 더 적은 시간과 자원으로 더 많은 탈세 사례를 처리할 수 있게 되었습니다. 평균 조사 시간이 약 30% 단축되었습니다.

넷째, 예방 효과가 있었습니다. 국세청의 첨단 탈세 감지 능력이 알려지면서 잠재적 탈세자들에게 강력한 억제 효과가 발생했습니다. 2021년 조사에 따르면 납세자의 약 67%가 강화된 탈세 감지 시스템 때문에 탈세를 시도하지 않게 되었다고 응답했습니다.

다섯째, 국제 탈세에 대한 대응 능력이 강화되었습니다. 해외 조세 피난처를 활용한 복잡한 탈세 구조를 효과적으로 파악할 수 있게 되었습니다. 2021년에는 파나마 페이퍼스와 같은 국제적 탈세 스캔들 관련자 중 영국 관련 인물 800여 명을 식별하고 조사했습니다.

'Connect' 시스템은 뛰어난 성과에도 불구하고 몇 가지 도전 과제에 직면해 있습니다.

첫째, 프라이버시 및 데이터 보호 이슈가 있습니다. 시스템이 다양한 개인 데이터를 광범위하게 수집하고 분석하기 때문에 개인정보 보호 측면에서 우려가 제기되었습니다. 이에 HMRC는 엄격한 데이터 접근 통제와 독립적인 감독 체계를 도입했습니다.

둘째, 오탐(False Positive) 가능성입니다. 시스템이 때로는 정상적인 활동을 의심스러운 것으로 잘못 판단하여 무고한 납세자들이 불필요한 조사를 받는 경우가 있었습니다. 이를 해결하기 위해 알고리즘의 정확도를 지속적으로 개선하고 있습니다.

셋째, 기술적 대응(Counter-AI) 문제입니다. 일부 정교한 탈세자들은 AI 시스템의 탐지 방식을 연구하여 이를 우회하는 새로운 방법을 개발하는 경우가 있습니다. HMRC는 이에 대응하기 위해 지속적으로 시스템을 업데이트하고 있습니다.

HMRC는 'Connect 2.0'으로 알려진 차세대 시스템을 개발 중입니다. 이 시스템에는 실시간 데이터 분석, 강화된 자연어 처리, 더 정교한 네트워크 분석 기능 등이 포함될 예정입니다. 또한 국제 세무 당국과의 데이터 공유 및 협력을 확대하여 국경을 넘는 탈세에 더 효과적으로 대응할 계획입니다.

## 3. 브라질의 공공 지출 모니터링

브라질 정부는 공공 지출의 투명성과 부정 방지를 위해 혁신적인 '투명성 포털(Transparency Portal)'과 인공지능 기반의 첨단 '공공 지출 관측소' 시스템을 구축하고 있습니다. 이 시스템 구축과 운영은 브라질 연방 감사원(CGU)이 주도하며, 데이터 과학자, 재정 전문가, 감사 전문가 및 IT 전문가들로 구성된 다학제적 전담 팀이 협력하여 시스템의 지속적인 개선과 운영을 담당하고 있습니다.

시스템은 데이터 통합, 이상 탐지, 네트워크 분석, 텍스트 마이닝, 리스크 점수 시스템이라는 다섯 가지 중요한 부분으로 운영됩니다.

데이터 통합은 정부의 모든 계약과 지출 정보를 실시간으로 한 곳에 모아서 저장합니다. 이때 공무원의 인사 정보, 기업의 소유 구조나 정치적 연결성 같은 다양한 자료를 연결하여 계약 과정이 더 투명하도록 돕습니다. 이를 통해 계약에서 부정행위나 불공정한 계약 체결이 일어날 위험을 크게 낮출 수 있습니다.

이상 탐지 알고리즘은 최신 인공지능과 머신 러닝 기술을 이용하여 평소와 다른 거래를 자동으로 찾아냅니다. 예를 들어, 비슷한 계약보다 비용이 지나치게 비싸거나, 짧은 기간 안에 한 기업과 계속해서 작은 계약을 맺는 등 의심스러운 상황을 발견할 수 있습니다

네트워크 분석 기술은 정부의 계약과 공무원, 기업 사이의 복잡한 관계를 그림으로 나타내고 분석해서 부정과 비리를 철저히 조사합니다. 공무원과 특정 회사 간의 직접적이거나 간접적인 관계를 파악하여 이들이 부당한 거래나 영향력을 행사할 가능성을 미리 발견할 수 있게 돕습니다.

텍스트 마이닝 기술은 계약서, 입찰 서류, 송장, 감사 보고서와 같은 다양한 정부 문서 속 내용을 자동으로 분석하여 서로 내용이 맞지 않거나 부적절한 계약 조건을 찾아냅니다. 이 기술 덕분에 실제 이루어진 계약과 서

류상 계약 조건이 다르다는 점을 찾아내고, 이를 표준화된 자료로 바꿔 더욱 정확한 분석이 이루어질 수 있도록 합니다.

리스크 점수 시스템은 여러 위험 요소를 기준으로 모든 거래와 계약에 종합적인 위험 점수를 매겨서 감사 인력이 꼭 확인해야 할 부분을 빠르게 정할 수 있게 합니다. 이를 통해 위험성이 높은 계약이나 거래가 자동으로 선정되어 더욱 자세히 감사받도록 하고, 정부 부처나 사업 단위별로 구체적인 위험 정도를 관리합니다.

기술적으로는 클라우드 환경에서 고성능 데이터 처리 시스템과 실시간 데이터 처리를 위한 스트리밍 방식을 사용하여 시스템의 처리 속도와 확장성을 극대화하였습니다. 또한 사용자 친화적인 화면을 만들어 시민들이 쉽게 접근하고 사용할 수 있도록 하였으며, 정부기관이 사용하는 대시보드와 시민들이 보는 공개 포털을 따로 운영해 효율성을 높였습니다.

매달 90만 명 이상의 시민, 연구자, 언론인, 공무원이 이 시스템을 통해 정부 지출 내역을 모니터링하고 있습니다. 지금까지 이 시스템 덕분에 수십억 헤알(Real, R$)에 달하는 부적절한 지출을 막거나 돌려받는 성과를 얻었습니다. 또한 국제적인 투명성 평가에서 브라질의 위치를 높이는 데에도 기여했으며, 열린 정부 파트너십의 창립 멤버로 다른 나라에도 좋은 본보기가 되고 있습니다. 브라질 정부는 앞으로도 시스템 기능을 계속 발전시키고, 국제적인 협력과 기술 교류를 더욱 활발하게 추진할 계획입니다.

브라질의 공공 지출 관측소(Observatório da Despesa Pública, ODP ; Public Spending Observatory) 시스템은 공공 재정의 투명성을 높이고 시민 참여를 활성화하기 위해 설계된 플랫폼입니다. 본 시스템은 국제적으로 유사한 다른 시스템과 비교했을 때 몇 가지 독특한 특징이 두드러집니다.

미국 USA Spending.gov와의 비교: 브라질의 ODP는 연방 정부 예산 데이터에 대한 접근성을 강조하며 누구나 로그인 없이 쉽게 접근할 수 있는 개방형 구조를 갖추고 있습니다. 이를 통해 월 평균 90만 명이 방문할 정도로 시민의 참여가 활발히 이루어지고 있습니다. 반면 미국의 USA Spending.gov는 연방 정부의 지출 데이터를 구조화해 주며, 예산 항목별, 프로그램별 분석 도구를 중점적으로 제공하고 있습니다. 사용자 인터페이스 측면에서의 우열은 분명히 나타나지 않았으나, 브라질 시스템의 접근성과 시민 참여 유도는 더욱 강조됩니다.

영국 HMRC Connect와의 비교: 영국의 HMRC Connect는 AI를 활용한 데이터 분석을 통해 세금 탈루와 부정행위를 탐지하는 데 특화된 강력한 분석 도구입니다. 은행 기록, 부동산 정보, 소셜 미디어 데이터 등 다양한 소스를 연계해 복잡한 데이터 관계를 분석하는 것이 특징입니다. 이에 비해 브라질의 ODP는 시민의 적극적인 참여를 통한 부정 방지에 초점이 맞추어져 있으며, 시민 감시 기능이 상대적으로 개방적이고 투명합니다. 다만, 데이터의 복잡한 관계를 파악하는 분석 능력은 HMRC Connect에 비해 명확히 입증되지 않았습니다.

한국 디지털 예산회계시스템(dBrain)과의 비교: 한국의 dBrain은 예산 편성부터 결산까지 재정 관리의 전 과정을 통합적으로 지원하며 실시간으로 국고를 관리하고 성과 분석 기능을 강조합니다. 한국 시스템은 프로그램 예산 제도와 발생주의 회계를 결합해 재정 관리를 세밀하게 수행합니다. 반면 브라질의 ODP는 공공 자금의 투명한 추적과 지방 정부의 재정 감시를 주요 목적으로 하는 등 부정 방지와 예산 투명성 강화에 더욱 초점을 맞추고 있습니다.

인도 PFMS(Public Financial Management System)와의 비교: 인도의 PFMS는 중앙정부와 지방정부 간 자금 흐름을 실시간으로 관리하며 수혜자에게 직접 자금을 전달(DBT)하는 기능에 중점을 둡니다. 이를 통해 인도의 정부 프로그램 전반을 지원하고 자금 집행의 투명성을 확보하고 있습니다. 브라질의 ODP는 실시간 예산 데이터 공개를 통해 투명성을 높이는 데 중점을 두었으나, 인도의 PFMS처럼 광범위한 정부 프로그램의 실시간 추적 및 수혜자 관리 기능은 상대적으로 덜 강조됩니다.

# 제10장
## 교통 및 도시 관리 분야

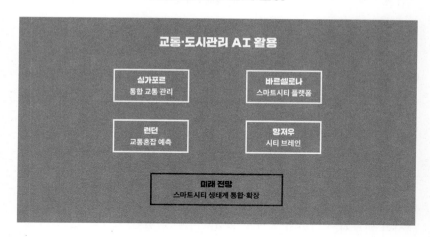

## 1. 싱가포르의 통합 교통 관리

싱가포르는 좁은 국토에 많은 인구가 살고 있어 교통 체증 문제가 심각할 수 있습니다. 이런 문제를 해결하기 위해 싱가포르는 세계에서 가장 앞선 교통 관리 시스템을 구축했습니다. 싱가포르 육상교통청(Land Transport Authority, LTA)이 개발한 '스마트 모빌리티 2030' 계획은 인공지능 기술을 활용해 교통 흐름을 최적화하는 것을 목표로 합니다.

싱가포르의 통합 교통 관리 시스템은 여러 첨단 기술을 한데 모아 활용합니다. 도로 곳곳에 설치된 1만 2,000개 이상의 감지기와 CCTV 카메라가 실시간으로 교통 상황 데이터를 수집*합니다. 이렇게 모인 빅데이터를 인공지능이 분석해 교통 신호를 자동으로 조절하고, 교통 상황을 예측하며, 최적의 대응책을 제시합니다.

---

\* https://www.lta.gov.sg/content/ltagov/en.html

주목할 만한 시스템은 '그린 링크 결정 시스템(GLIDE)'입니다. 이 시스템은 도로의 교통량을 실시간으로 감지해 신호등의 시간을 자동으로 조절합니다. 차량이 많은 방향으로는 녹색 신호 시간을 늘리고, 적은 방향으로는 줄이는 방식으로 교통 흐름을 최적화합니다. 인공지능 알고리즘은 매일의 교통 패턴을 학습해 시간대별, 요일별 최적의 신호 체계를 구축합니다. 이 시스템 덕분에 싱가포르는 교통 신호 대기 시간을 평균 20% 줄이는 성과를 거두었습니다.

또한 싱가포르는 '전자 도로 가격 책정 시스템(Electronic Road Pricing, ERP)'을 운영합니다. 이 시스템은 교통량이 많은 시간대에 특정 구역을 지나는 차량에 자동으로 요금을 부과합니다. 인공지능은 실시간 교통 데이터를 분석해 최적의 요금을 결정합니다. 혼잡한 시간대에는 요금을 올리고, 한적한 시간대에는 내리는 방식으로 교통량을 분산시킵니다. 이 시스템은 출퇴근 시간대의 도심 진입 차량을 약 15% 감소시키는 효과를 가져왔습니다.

대중교통 분야에서도 인공지능이 적극 활용됩니다. '예측적 유지보수 시스템'은 지하철과 버스의 상태를 실시간으로 모니터링하고, 고장이 발생하기 전에 미리 정비가 필요한 부분을 알려줍니다. 센서에서 수집된 데이터를 인공지능이 분석해 이상 징후를 감지하면 자동으로 정비팀에게 알림을 보냅니다. 이 시스템 덕분에 싱가포르 지하철 네트워크의 고장으로 인한 지연 시간이 30% 감소했습니다.

승객들을 위한 서비스도 인공지능으로 개선되었습니다. 'MyTransport SG' 앱은 인공지능을 활용해 개인별 최적의 이동 경로를 추천합니다. 실시간 교통 상황, 개인의 과거 이동 패턴, 날씨 정보 등을 종합적으로 분석해 가장 빠르고 편리한 경로를 제안합니다. 이 앱은 현재 싱가포르 시민의 70% 이상이 사용하고 있으며, 평균 이동 시간을 15% 단축시키는 효과를 가져왔습니다.

싱가포르의 통합 교통 관리 시스템이 가져온 효과는 매우 큽니다. 도심 지역의 교통 체증이 25% 감소했고, 대중교통 이용률은 15% 증가했습니다. 또한 교통사고 발생률도 20% 감소했으며, 대기 오염물질 배출량도 상당히 줄었습니다.

이러한 성공의 핵심은 데이터 통합과 부처 간 협력에 있습니다. 싱가포르는 교통 관련 데이터를 한곳에 모아 관리하는 '통합 교통 데이터 플랫폼'을 구축했습니다. 이 플랫폼에는 교통뿐만 아니라 날씨, 행사 정보, 인구 이동 패턴 등 다양한 데이터가 실시간으로 수집됩니다. 이렇게 모인 데이터는 여러 정부 부처와 민간 기업이 공유하여 다양한 서비스 개발에 활용합니다.

싱가포르의 통합 교통 관리 시스템은 다른 나라에게도 중요한 모델이 되고 있습니다. 도시 공간이 제한된 국가들에게 효율적인 교통 관리의 모범 사례로 평가받고 있습니다. 싱가포르는 이 시스템을 계속 발전시켜 2030년까지 완전 자율주행 대중교통 네트워크 구축을 목표로 하고 있습니다.

## 2. 바르셀로나의 스마트 시티 플랫폼

스페인 바르셀로나는 유럽에서 가장 선도적인 스마트 시티 프로젝트를 운영하고 있습니다. '바르셀로나 디지털 시티(Barcelona Digital City)' 계획은 인공지능을 활용해 도시 서비스를 최적화하고 시민의 삶의 질을 향상시키는 것을 목표로 합니다.

바르셀로나의 스마트 시티 플랫폼은 'Sentilo'라는 오픈소스 센서 및 액추에이터 플랫폼을 기반으로 합니다. 이 플랫폼은 도시 전역에 설치된 1만 개 이상의 센서에서 수집된 데이터를 한곳에 모읍니다. 센서들은 교통량, 대기 질, 소음 수준, 쓰레기통 적재량, 주차 공간 가용성 등 다양한 정보를 실시간으로 수집합니다.

인공지능은 이렇게 수집된 빅데이터를 분석해 도시 서비스를 최적화합니다. 주목할 만한 성과를 보인 분야가 스마트 조명 시스템입니다. 바르셀로나는 도시 전체의 가로등을 LED 램프로 교체하고, 움직임 감지 센서와 연결했습니다. 인공지능이 보행자와 차량의 움직임 패턴을 학습해 필요한 곳에만 밝기를 조절합니다. 늦은 밤에 사람이 없는 곳은 밝기를 줄이고, 사람이 접근하면 자동으로 밝아지는 방식입니다. 이 시스템으로 바르셀로나는 조명 에너지 소비를 30% 절감했으며, 연간 약 370만 유로의 비용을 절약했습니다.

또한 바르셀로나는 스마트 쓰레기 관리 시스템을 운영합니다. 쓰레기통에 설치된 센서가 적재량을 감지해 실시간으로 데이터를 전송합니다. 인공지능 알고리즘은 이 데이터를 분석해 최적의 수거 경로를 계산합니다. 쓰레기가 많이 차 있는 통부터 수거하도록 경로를 조정함으로써 수거트럭의 이동 거리를 줄이고 효율성을 높입니다. 이 시스템은 쓰레기 수거 비용을 20% 절감하고, 관련 교통량과 대기 오염도 크게 줄였습니다.

수자원 관리 분야에서도 인공지능이 큰 역할을 합니다. 바르셀로나의 스마트 급수 시스템은 공원과 녹지의 토양 습도, 기온, 강수량 등을 실시간으로 측정합니다. 인공지능은 이 데이터와 기상 예측 정보를 종합하여 각 구역에 필요한 물의 양을 계산하고 자동으로 급수 일정을 조절합니다. 이 시스템을 통해 바르셀로나는 공공 녹지 관리에 사용되는 물의 양을 25% 절감했으며, 식물의 건강 상태도 개선되었습니다.

시민 참여 측면에서도 바르셀로나의 접근법은 혁신적입니다. 'Decidim Barcelona'라는 디지털 민주주의 플랫폼을 통해 시민들이 도시 계획과 정책 결정에 직접 참여할 수 있습니다. 인공지능은 시민들의 의견을 분석하고 분류하여 도시 관리자들이 주요 관심사와 요구사항을 쉽게 파악할 수 있게 도와줍니다. 이 플랫폼을 통해 제안된 아이디어 중 70% 이상이 실제 정책에 반영되었습니다.

바르셀로나의 스마트 시티 플랫폼이 가져온 효과는 매우 다양합니다. 에너지 소비가 25% 감소했고, 물 사용량은 17% 줄었습니다. 교통 체증은 21% 감소했으며, 대기 질은 15% 개선되었습니다. 또한 디지털 서비스에 대한 시민 만족도는 30% 상승했습니다.

바르셀로나 스마트 시티 프로젝트의 핵심 성공 요인은 데이터의 개방성과 시민 중심 접근법입니다. 바르셀로나는 'Open Data BCN' 포털을 통해 도시 데이터를 공개하고, 민간 기업과 시민들이 이를 활용해 새로운 서비스를 개발할 수 있게 지원합니다. 현재 500개 이상의 데이터 세트가 공개되어 있으며, 이를 활용한 150개 이상의 앱이 개발되었습니다.

또한 바르셀로나는 '기술 주권(technological sovereignty)'이라는 개념을 중요시합니다. 이는 도시가 특정 기업이나 기술에 종속되지 않고, 시민의 이익을 위해 기술을 통제할 수 있어야 한다는 원칙입니다. 이를 위해 바르셀로나는 오픈소스 소프트웨어를 적극 활용하고, 시민들의 데이터 권리를 보호하는 정책을 시행합니다.

바르셀로나의 스마트 시티 모델은 세계 여러 도시에게 영감을 주고 있습니다. 특히 기술적 해결책과 시민 참여를 균형 있게 결합한 접근법은 많은 도시들이 벤치마킹하고 있습니다. 바르셀로나는 앞으로도 인공지능과 데이터를 활용해 더욱 지속가능하고 시민 친화적인 도시를 만들어가는 것을 목표로 하고 있습니다.

### 3. 런던의 AI 기반 교통 혼잡 예측

런던은 세계에서 가장 복잡한 교통 체계를 가진 도시 중 하나입니다. 매일 수백만 명의 사람들이 지하철, 버스, 자동차 등 다양한 교통수단을 이용해 이동합니다. 이러한 복잡한 교통 체계를 효율적으로 관리하기 위해 런던 교통국(Transport for London, TfL)은 인공지능을 활용한 '예측적 교통 관리 시스템'을 도입했습니다.

시스템의 핵심은 방대한 교통 데이터를 실시간으로 수집하고 분석하는 능력에 있습니다. 런던 전역에 설치된 9,500개 이상의 교통 신호등, 1,800개의 CCTV 카메라, 미리 장착된 GPS 장치로 런던의 8,600대 버스, 그리고 오이스터 카드(Oyster Card) 단말기에서 수집되는 데이터가 모두 중앙 시스템으로 전송됩니다. 여기에 소셜 미디어, 날씨 정보, 행사 일정 등의 외부 데이터도 추가됩니다.

인공지능은 이 빅데이터를 분석해 교통 혼잡을 예측하고 대응 방안을 제시합니다. 주목할 만한 것은 '예측적 혼잡 관리(Predictive Congestion Management)' 시스템입니다. 이 시스템은 과거의 교통 패턴, 현재의 교통 상황, 날씨, 행사 정보 등을 종합적으로 분석해 향후 몇 시간 내에 어느 지역에서 혼잡이 발생할지 예측합니다. 정확도는 약 85~90%에 달하며, 이러한 예측을 바탕으로 교통 관리자들은 미리 대응책을 마련할 수 있습니다.

예를 들어, 축구 경기가 끝나는 시간에 비가 올 것으로 예상되면, 시스템은 주변 지역의 교통량 증가와 대중교통 이용 증가를 예측합니다. 이에 따라 해당 지역의 신호등 시간을 조정하고, 추가 버스를 배치하는 등의 대응책을 미리 준비할 수 있습니다. 이 시스템 덕분에 런던은 예측 가능한 혼잡 상황에 대한 대응 시간을 평균 30분에서 2시간 이상 앞당길 수 있게 되었습니다.

런던은 '동적 신호 제어 시스템(SCOOT)'을 운영합니다. 이 시스템은 실시간 교통 데이터를 기반으로 신호등 시간을 자동으로 조절합니다. 인공지능 알고리즘은 도로별 교통량, 대기 차량 수, 보행자 수 등을 분석해 최적의 신호 시간을 계산합니다. 예상치 못한 상황(사고, 도로 공사 등)이 발생했을 때 빠르게 적응하는 능력이 뛰어납니다. 이 시스템은 런던 전체의 교통 지연 시간을 13% 감소시키는 효과를 가져왔습니다.

대중교통 분야에서도 인공지능은 중요한 역할을 합니다. 'iBus' 시스템은 모든 런던 버스의 위치를 실시간으로 추적하고, 인공지능 알고리즘을 통해 도착 시간을 정확하게 예측합니다. 이 시스템은 교통 상황, 날씨, 시간대별 승객 수 등을 고려해 버스 도착 시간을 예측하며, 정확도는 약 87%에 달합니다. 승객들은 모바일 앱을 통해 실시간 도착 정보를 확인할 수 있어 대중교통 이용 편의성이 크게 향상되었습니다.

인상적인 것은 런던의 '교통 사고 예방 시스템'입니다. 이 시스템은 CCTV 영상을 인공지능이 실시간으로 분석해 위험한 상황(차량 고장, 보행자 도로 침입 등)을 감지합니다. 위험 상황이 감지되면 즉시 관제 센터에 알림이 가고, 필요한 경우 자동으로 안전 조치가 취해집니다. 이 시스템은 도입 후 교통사고 발생률을 17% 감소시키는 성과를 가져왔습니다.

런던의 AI 기반 교통 관리 시스템이 가져온 효과는 매우 큽니다. 교통 혼잡이 전체적으로 18% 감소했고, 대중교통 이용률은 12% 증가했습니다. 또한 대기 오염물질 배출량이 14% 감소했으며, 교통사고 발생률도 크게 줄었습니다.

런던의 시스템이 성공할 수 있었던 핵심 요인은 데이터 통합과 개방성에 있습니다. TfL은 'Unified API'를 통해 모든 교통 데이터를 한곳에서 접근할 수 있게 했습니다. 이 API는 개발자들에게 공개되어 다양한 서비스 개발을 촉진했습니다. 현재 1만 4,000명 이상의 개발자가 TfL 데이터를 활용해 600개 이상의 앱을 개발했으며, 이 앱들은 매일 42%의 런던 시민이 사용하고 있습니다.

런던의 AI 기반 교통 관리 시스템은 다른 대도시에게도 중요한 모델이 되고 있습니다. 기존 인프라를 활용하면서도 인공지능을 통해 효율성을 크게 높인 접근법은 많은 도시들이 참고하고 있습니다. 런던은 앞으로 더 정교한 AI 알고리즘과 5G 네트워크를 활용해 교통 시스템을 더욱 발전시킬 계획입니다.

## 4. 중국 항저우의 '시티 브레인' 프로젝트

중국 항저우는 인구 1,000만 명이 넘는 대도시로, 교통 혼잡과 도시 관리의 복잡성이 큰 과제였습니다. 항저우 시정부는 알리바바 그룹과 협력하여 2016년부터 '시티 브레인(City Brain)' 프로젝트를 시작했습니다. 이 프로젝트는 인공지능과 빅데이터를 활용해 도시의 모든 시스템을 통합적으로 관리하는 것을 목표로 합니다.

항저우 시티 브레인의 핵심은 도시 전역에 설치된 방대한 센서 네트워크입니다. 도시 곳곳에 설치된 50만 개 이상의 CCTV 카메라, 교통 신호등, 환경 센서, 공공시설 센서 등이 실시간으로 데이터를 수집합니다. 이데이터는 매일 약 1,000TB 이상 발생하며, 알리바바의 클라우드 컴퓨팅 플랫폼에서 처리됩니다.

인공지능은 이 빅데이터를 분석해 도시의 여러 시스템을 최적화합니다. 교통 분야에서 큰 성과를 거두었습니다. 시티 브레인은 도시 전체의 교통 흐름을 실시간으로 모니터링하고, 교통 신호를 자동으로 조절합니다. 복잡한 교차로 1,300개 이상에 인공지능 기반 신호 제어 시스템을 도입했는데, 이 시스템은 교통량, 대기 차량 수, 보행자 수 등을 분석해 최적의 신호 시간을 계산합니다. 시간대별, 요일별로 다른 교통 패턴을 학습해 상황에 맞게 대응합니다. 이 시스템 덕분에 항저우의 주요 도로에서 평균 이동 시간이 15.3% 감소했습니다.

시티 브레인은 교통사고나 위급 상황을 신속하게 감지합니다. CCTV 영상을 실시간으로 분석해 사고, 불법 주차, 도로 파손 등의 이상 상황을 자동으로 감지하고 즉시 관련 부서에 알림을 보냅니다. 이전에는 교통사고 신고부터 현장 도착까지 평균 15분이 걸렸지만, 시티 브레인 도입 후에는 3분으로 단축되었습니다. 이는 인명 구조와 교통 정체 해소에 큰 도움이 됩니다.

응급 차량 우선 통행 시스템도 주목할 만합니다. 구급차나 소방차가 출동할 때, 시티 브레인은 실시간으로 최적의 경로를 계산하고, 그 경로상의 모든 신호등을 자동으로 제어하여 녹색불을 보장합니다. 이 시스템은 응급 차량의 목적지 도착 시간을 평균 50% 단축시켰습니다.

항저우의 시티 브레인은 교통뿐만 아니라 다양한 도시 서비스를 통합 관리합니다. 공공 안전 분야에서는 CCTV 영상을 인공지능이 분석해 범죄 의심 행동이나 위험 상황을 감지합니다. 또한 얼굴 인식 기술을 활용해 실종자 찾기나 범죄자 추적에 활용합니다. 이 시스템은 공공 장소에서의 범죄율을 48% 감소시키는 효과를 가져왔습니다.

환경 관리 분야에서도 시티 브레인이 활용됩니다. 도시 전역에 설치된 대기질, 수질, 소음 센서 등에서 수집된 데이터를 분석해 환경 오염을 모니터링하고, 문제 시 즉각 대응합니다. 대기 오염이 심한 지역을 실시간으로 파악하고, 해당 지역의 교통량을 제한하거나 공장 가동을 조절하는 등의 조치를 취합니다. 이를 통해 도시의 대기 질이 평균 15% 개선되었습니다.

도시 에너지 관리에서도 시티 브레인이 효과를 보이고 있습니다. 공공 건물, 가로등, 교통 신호 등의 에너지 사용량을 실시간으로 모니터링하고, 사용 패턴을 분석해 최적화합니다. 예를 들어, 사람이 적은 시간대나 지역의 가로등 밝기를 자동으로 조절하거나, 건물의 냉난방 시스템을 최적화합니다. 이를 통해 공공 부문의 에너지 소비가 12% 감소했습니다.

시민 서비스 측면에서도 시티 브레인은 큰 변화를 가져왔습니다. '알리페이'와 연동된 모바일 앱을 통해 시민들은 200개 이상의 정부 서비스를 온라인으로 이용할 수 있습니다. 교통 위반 고지서 납부, 병원 예약, 공과금 납부 등을 앱으로 처리할 수 있어 편의성이 크게 향상되었습니다. 또한 인공지능 챗봇이 시민들의 문의에 24시간 응답합니다. 이 서비스는 매월 500만 건 이상의 문의를 처리하며, 시민 만족도는 92%에 달합니다.

항저우 시티 브레인 프로젝트가 가져온 효과는 매우 큽니다. 교통 혼잡이 23% 감소했고, 응급 상황 대응 시간은 평균 49% 단축되었습니다. 또한 공공 서비스 처리 시간이 86% 단축되었으며, 시민 만족도는 30% 이상 상승했습니다.

항저우 시티 브레인의 성공 요인은 공공-민간 협력 모델에 있습니다. 항저우 시정부는 데이터와 인프라를 제공하고, 알리바바는 기술과 플랫폼을 제공합니다. 양측이 긴밀하게 협력하며 혁신적인 솔루션을 개발하고 빠르게 적용할 수 있었습니다. 또한 시정부의 과감한 데이터 개방 정책도 중요한 역할을 했습니다.

항저우의 시티 브레인 모델은 중국 내 다른 도시들로 빠르게 확산되고 있습니다. 2024년 중국 산업정보부(工业和信息化部, MIIT) 자료 기준으로, 중국의 40개 이상 도시가 유사한 시스템을 도입했거나 도입을 계획하고 있습니다. 수저우, 마카오, 쿤밍 등의 도시는 이미 자체적인 시티 브레인 프로젝트를 시작했습니다.

항저우는 앞으로 시티 브레인의 기능을 더욱 확장할 계획입니다. 산업 생산, 도시 계획, 재난 관리 등의 분야로 적용 범위를 넓히고, 인공지능의 자율적 의사결정 능력을 강화하는 것을 목표로 합니다. 궁극적으로는 도시의 모든 시스템이 하나의 지능형 네트워크로 연결되어, 실시간으로 상황을 인식하고 대응하는 '자율 도시(Autonomous City)'를 구현하고자 합니다.

항저우의 시티 브레인은 인공지능을 활용한 도시 관리의 가능성을 보여주는 대표적인 사례입니다. 그러나 동시에 개인정보 보호와 감시 사회에 대한 우려도 제기되고 있습니다. 항저우 시정부는 이러한 우려를 해소하기 위해 데이터 수집과 사용에 관한 명확한 규정을 마련하고, 시민들에게 투명하게 정보를 공개하는 노력을 기울이고 있습니다. 이러한 균형 잡힌 접근법은 인공지능 기반 도시 관리 시스템의 지속 가능한 발전을 위한 중요한 요소입니다.

## 5. 교통 및 도시 관리의 미래 전망

지금까지 살펴본 다섯 가지 사례는 인공지능이 교통과 도시 관리를 얼마나 편리하게 만들 수 있는지 보여줍니다. 여기서 중요한 성공 포인트와 앞으로의 방향을 알 수 있습니다.

여러 데이터를 한곳에 모으고 개방하는 것이 매우 중요합니다. 싱가포르, 런던, 항저우 등에서 보았듯이, 다양한 데이터를 함께 분석할 때 인공지능의 효과가 가장 커집니다. 데이터를 누구나 사용할 수 있도록 개방하면, 민간 기업들도 더 창의적인 서비스를 만들 수 있습니다.

여러 부서가 힘을 합치는 협력이 꼭 필요합니다. 도시의 문제는 서로 연결되어 있어서 한 부서만으로 해결하기 어렵습니다. 바르셀로나와 항저우처럼 부서 간에 데이터를 나누고 협력하면 더욱 좋은 결과를 얻을 수 있습니다.

정부와 기업의 협력도 중요합니다. 두바이와 항저우에서 본 것처럼, 정부와 민간 기업이 각자의 강점을 살려 함께 노력하면 더 빠르고 혁신적인 서비스가 만들어집니다.

시민 중심의 접근이 도시의 지속가능성을 높입니다. 바르셀로나 사례처럼 기술보다는 시민의 실제 필요와 참여를 중심으로 생각할 때, 더 오랫동안 성공할 수 있습니다.

이런 성공 포인트를 생각하면, 앞으로 인공지능을 활용한 교통과 도시 관리는 더욱 똑똑하고 편리해질 것입니다. 도시 전체를 가상 공간에 만들고 시뮬레이션하는 '디지털 트윈' 기술이 더 많이 쓰일 것입니다. 인공지능은 미래의 문제를 예측해서 사전에 해결할 수 있는 능력도 더 좋아질 것입니다.

하지만 기술이 발전하면서 개인정보 보호나 알고리즘 편향성, 디지털 격차 같은 문제를 신중하게 해결해야 합니다. 모든 시민이 인공지능의 혜택을 골고루 받을 수 있도록 포용적인 방법을 찾아야 합니다.

결국 인공지능은 우리 도시를 더 편리하고 효율적이며 지속가능하게 만들어 줄 것입니다. 하지만 이런 변화의 중심에는 언제나 '시민의 삶을 더 좋게 만드는 것'이 가장 중요한 목표라는 점을 꼭 기억해야 합니다.

# 제11장
# 의료 및 공중보건 분야

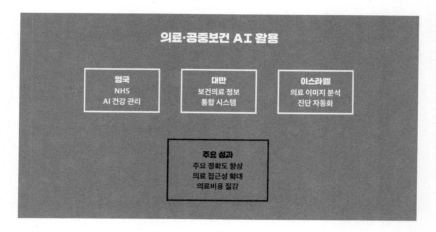

의료와 공중보건 분야는 인공지능 기술이 가장 활발하게 활용되고 있는 영역 중 하나입니다. 방대한 의료 데이터를 기반으로 한 인공지능 시스템은 질병 진단, 치료 계획 수립, 환자 케어 최적화, 의료 자원 배분, 그리고 감염병 예측 및 대응 등 다양한 영역에서 혁신적인 변화를 가져오고 있습니다. 공공 의료체계를 갖춘 많은 국가들은 이러한 인공지능 기술을 적극적으로 도입하여 의료 서비스의 질을 높이고, 비용은 줄이며, 의료 접근성을 개선하기 위해 노력하고 있습니다. 이번 장에서는 영국, 대만, 이스라엘 등 주요 국가들의 공공 의료 및 보건 분야에서 인공지능을 활용한 혁신 사례를 살펴보겠습니다.

## 1. 영국 NHS

영국 국가보건서비스(NHS, National Health Service)는 세계에서 가장 큰 공공 의료 체계 중 하나로, 약 6,700만 명의 인구에게 의료 서비스를 제공하고 있습니다. 그러나 인구 고령화, 만성질환 증가, 의료 인력 부족, 예산 압박 등의 문제로 인해 서비스 제공에 어려움을 겪고 있었습니다. 문제를 해결하기 위해 NHS는 2019년 'NHS 장기 계획(NHS Long Term Plan)'을 발표하고, 인공지능을 활용한 의료 혁신을 주요 전략으로 삼았습니다.

NHS 디지털(NHS Digital)과 NHSX(현재는 NHS England로 통합)는 인공지능 도입을 위한 핵심 조직으로, 데이터 표준화, 보안 체계 구축, 윤리적 가이드라인 개발 등의 기반 작업을 진행했습니다. 또한 NHS AI Lab을 설립하여 연간 1억 4,000만 파운드(약 2,300억 원)의 예산으로 AI 혁신 프로젝트를 지원하고 있습니다.

NHS AI 진단 지원 시스템: NHS의 대표적인 AI 시스템으로는 딥마인드 헬스(DeepMind Health)와 협력하여 개발한 안과 질환 진단 시스템이 있습니다. 이 시스템은 망막 스캔 이미지를 분석하여 당뇨성 망막병증, 황반변성, 녹내장 등 50여 가지 안과 질환을 진단하는 데 도움을 줍니다. 임상 실험에서 이 AI 시스템은 전문 안과 의사들의 진단 정확도와 비슷한 94.5%의 정확도를 보여주었으며, 긴급한 치료가 필요한 사례를 식별하는 데 뛰어난 성능을 보였습니다.

NHS는 흉부 X-레이 분석 AI 시스템을 도입하여 폐암, 폐렴, 결핵, 기흉(공기가슴증) 등의 질환을 조기에 발견하는 데 활용하고 있습니다. 이 시스템은 방사선과 전문의의 업무를 완전히 대체하는 것이 아니라, 우선적으로 검토해야 할 영상을 분류하고 이상 징후를 표시해 전문의의 진단 효율성을 높이는 데 중점을 두고 있습니다.

NHS 111 온라인 AI 트리아지 시스템: NHS는 '111 온라인' 서비스에 AI 기술을 접목하여 환자의 증상을 평가하고 적절한 의료 서비스를 안내하는 트리아지(중증도 분류) 시스템을 운영하고 있습니다. 이 시스템은 환자가 입력한 증상과 병력을 AI 알고리즘으로 분석하여 응급실 방문,

GP(일반의) 예약, 약국 이용, 자가 치료 등 가장 적합한 조치를 추천합니다.

코로나19 팬데믹 기간 동안에는 이 시스템에 코로나 증상 평가 기능을 추가하여 하루 평균 약 3만 건의 증상 검사를 처리했습니다. 이를 통해 불필요한 병원 방문을 줄이고 의료 자원을 효율적으로 활용하는 데 큰 도움이 되었습니다.

환자 케어 최적화 시스템: NHS 트러스트(병원 운영 조직)들은 AI를 활용하여 환자 케어 과정을 최적화하고 있습니다. 예를 들어, 임페리얼 칼리지 헬스 케어 NHS 트러스트는 환자의 상태 변화를 모니터링하고 악화 위험을 예측하는 'SEND' 시스템을 도입했습니다. 이 시스템은 환자의 활력 징후, 검사 결과, 투약 기록 등을 실시간으로 분석하여 상태가 악화될 위험이 있는 환자를 미리 식별하고, 의료진에게 알림을 보내 조기 개입이 가능하도록 합니다.

NHS 디지털은 병원 입원과 재입원을 예측하는 AI 모델을 개발하여 자원 계획 및 배분에 활용하고 있습니다. 이 모델은 과거 입원 기록, 인구 통계 데이터, 계절적 요인 등을 분석하여 특정 기간에 예상되는 입원 환자 수를 예측하고, 이에 따라 의료진과 병상을 효율적으로 배치할 수 있게 합니다.

NHS의 AI 시스템 도입은 다양한 긍정적인 성과를 가져왔습니다. 진단 지원 시스템은 의료 이미지 분석 시간을 평균 70% 단축시켰으며, 오케스트라(Aidence의 Veye Chest)와 같은 AI 솔루션은 폐 결절 검출 정확도를 23% 향상시켰습니다. 또한 NHS 111 온라인 AI 트리아지 시스템은 불필요한 응급실 방문을 약 20% 감소시켜 연간 약 2억 파운드(약 3,300억 원)의 비용 절감 효과를 가져왔습니다.

환자 케어 최적화 시스템의 경우, 급성 신손상 조기 경고 시스템은 발견 시간을 평균 24시간 단축시켰으며, 이로 인해 입원 기간이 평균 3.1일

감소하고 사망률이 7.3% 낮아지는 효과가 있었습니다.

NHS가 AI를 도입할 때 여러 어려움이 있었습니다. 먼저, 의료 데이터의 질과 통합에 문제가 있었습니다. NHS는 여러 가지 서로 다른 시스템에서 데이터를 관리했기 때문에 AI 학습에 필요한 좋은 데이터를 얻기 어려웠습니다. 이를 극복하기 위해 NHS 디지털은 '데이터 연구 개발 프로그램'을 통해 데이터를 표준화하고 품질을 높이는 체계를 만들었습니다.

두 번째는 개인정보 보호와 신뢰성 문제였습니다. NHS는 'Five Safes(다섯 가지 안전)'라는 방법을 도입해 데이터를 더 안전하게 보호하고, AI 사용에 대한 윤리적인 지침을 마련해 시스템을 믿고 사용할 수 있도록 했습니다. 또한 AI 시스템이 사회에 어떤 영향을 미칠지 평가하는 '알고리즘 영향 평가 제도'를 도입했습니다.

마지막은 의료진이 AI를 받아들이기 어렵다는 점이었습니다. NHS는 '디지털 아카데미'를 만들어 의료진에게 AI와 디지털 기술 사용법을 교육했습니다. 그리고 의료진이 직접 AI 시스템 개발 과정에 참여하도록 해서 현장에서 쉽게 사용할 수 있도록 했습니다.

NHS는 앞으로 더 많은 분야에 AI를 적용할 계획입니다. 정신 건강 분야에서는 AI를 이용해 질병을 빨리 발견하고 초기에 대응하는 시스템을 개발하고 있습니다. 만성 질환을 관리하기 위한 예측 모델과 환자에게 맞춘 치료 방법을 추천하는 시스템도 준비 중입니다. 또한 지역별 의료 불평등 문제를 해결하기 위해 원격 의료에 AI를 적극적으로 활용하려고 합니다.

NHS의 사례는 공공 의료에서 AI를 잘 활용하면 의료 서비스의 질을 높이고 비용도 줄일 수 있다는 좋은 예입니다. 데이터 관리 방법, 윤리적 원칙, 의료진의 참여 등 체계적인 접근을 통해 AI 도입의 어려움을 극복한 점이 인상적입니다.

## 2. 대만의 보건의료 정보 통합

대만은 1995년부터 단일 보험자 방식의 국민건강보험(NHI)을 운영하며 인구의 99.9%에게 의료보험을 제공하고 있습니다. 단일 보험자 방식(Single-payer system)은 민간 보험회사가 아닌 정부가 의료 비용을 지불하는 체계를 말합니다. 이러한 시스템을 바탕으로 대만은 전 국민의 의료 데이터를 효과적으로 수집하고 관리할 수 있는 인프라를 갖추고 있었습니다.

대만 정부는 '디지털 국가 혁신 경제 발전 방안(DIGI+)'의 일환으로 의료 분야 AI 혁신을 추진 과제로 선정했습니다. 국민건강보험서(NHIA)와 질병관리서(CDC)는 '스마트 헬스 케어 이니셔티브'를 통해 AI 기반 의료 정보 통합 및 분석 시스템 구축을 본격적으로 추진했습니다.

대만의 접근 방식은 정부 주도하에 산·학·연이 협력하는 모델로, 국립대만대학, 타이베이 의과대학 등 주요 대학과 연구기관, 그리고 AI 기술기업들이 참여했습니다. 정부는 데이터 인프라와 규제 프레임워크를 제공하고, 연구기관은 알고리즘을 개발하며, 기업은 이를 실용적인 솔루션으로 구현하는 역할 분담이 이루어졌습니다.

대만의 대표적인 인공지능(AI) 시스템인 메디클라우드(MediCloud)는 국민건강보험에서 모은 엄청난 양의 의료 정보를 분석하는 플랫폼입니다. 매년 수억 건의 데이터를 분석해 의료 자원을 효율적으로 관리하고, 질병의 특징을 파악하며, 정책 결정을 돕습니다.

메디클라우드의 핵심은 '분석 엔진'입니다. 딥러닝과 자연어 처리를 이용해 환자의 진료 기록, 약물 처방, 검사 결과, 의료 영상 등 다양한 데이터를 분석합니다. 메디클라우드는 대만 사람들의 특성에 맞는 질병 예측 모델과 의료 자원 수요를 예측을 제공하여 병원과 의료진이 더 나은 결정을 내릴 수 있도록 돕습니다. 환자의 과거 진료 기록과 현재 상태, 비슷한 환자의 사례를 분석하여 정확한 진단과 적절한 치료법을 제안합니다. 약물 상호간의 부작용이나 중복 처방, 부작용 위험을 발견하여 의료 사고를 예방하는 역할도 합니다.

대만의 질병관리서(CDC)는 인공지능(AI)을 활용한 전염병 감시 및 대응 시스템을 운영하고 있습니다. 이 시스템은 병원 진료 정보, 약국 판매 기록, 소셜미디어, 뉴스 기사 같은 다양한 데이터를 실시간으로 분석하여 전염병을 빨리 발견하고, 확산될 가능성을 예측합니다. 2003년 사스(SARS)가 유행한 이후 만들어졌으며, 지속적으로 발전해 왔습니다. 코로나19 팬데믹 초기에 대만이 성공적으로 대응할 수 있었던 중요한 이유 중 하나입니다.

이 AI 시스템은 해외여행 정보와 대만에 들어오는 사람들의 정보를 분석해 위험 지역에서 온 사람들을 빠르게 확인합니다. 만약 의심 증상이 보고되면, 접촉한 사람들을 자동으로 찾아내 관리할 수 있도록 합니다. AI 알고리즘을 이용해 의약품 수요를 파악하고, 필요한 물품을 효율적으로 배분하도록 도와줍니다. 덕분에 대만은 코로나19 초기 단계부터 마스크와 같은 필수 의료용품을 효과적으로 공급하고 관리할 수 있었습니다.

스마트 헬스 케어 ID 시스템: 대만은 AI 기반 '스마트 헬스 케어 ID' 시스템을 통해 의료 정보의 연속성과 접근성을 높였습니다. 이 시스템은 국민 개개인에게 고유한 헬스 케어 ID를 부여하고, 이를 통해 다양한 의료기관에서 생성된 데이터를 안전하게 통합하고 접근할 수 있게 합니다. 환자는 모바일 앱을 통해 자신의 건강 기록에 언제든지 접근할 수 있으며, 데이터 공유 권한을 세밀하게 설정할 수 있습니다. 이 시스템은 특히 만성질환자와 여러 의료기관을 방문하는 복합질환자들에게 큰 혜택을 주고 있습니다. 의료진은 환자의 전체 의료 이력을 쉽게 파악할 수 있어 더 정확한 진단과 치료가 가능해졌으며, 중복 검사와 처방이 줄어들었습니다.

대만의 AI 기반 의료 정보 통합 및 분석 시스템은 다양한 성과를 거두었습니다. 메디클라우드 시스템은 의료비 지출을 연간 약 3억 달러(약 3,600억 원) 절감하는 효과를 가져왔으며, 중복 검사와 처방이 약 20% 감소했습니다. 의료 과오와 부작용도 15% 이상 줄어들어 환자 안전이 크게 향상되었습니다.

대만의 의료 시스템은 국제적으로도 주목받고 있습니다. 대만의 모델을 저·중소득 국가들이 참고할 수 있는 효율적인 의료 정보화 사례로 평가되고 있으며, 태국, 베트남, 말레이시아 등 여러 국가들이 대만의 시스템을 벤치마킹하고 있습니다.

대만의 시스템 구축 과정에서 데이터 표준화와 품질 관리의 어려움이 있었습니다. 초기에는 의료기관마다 서로 다른 형식과 코드를 사용하여 데이터 통합에 어려움이 있었습니다. 이를 해결하기 위해 대만 정부는 '국가 의료 데이터 표준화 위원회'를 설립하고, 국제 표준(SNOMED CT, LOINC, ICD-10 등)을 도입하여 데이터 호환성을 높였습니다.

### 3. 이스라엘의 의료 이미지 분석 및 진단 자동화

이스라엘은 첨단 의료 기술과 디지털 헬스 케어 분야에서 세계적으로 주목받는 국가입니다. 의료 AI 분야에서는 혁신적인 스타트업들과 강력한 연구 기반을 바탕으로 빠르게 발전하고 있습니다. 이스라엘 정부는 2018년 '디지털 헬스 국가 이니셔티브'를 발표하고, 5년간 10억 셰켈(약 3,500억 원)을 투자하여 AI 기반 의료 시스템 개발을 지원했습니다.

이스라엘의 의료 시스템은 4개의 주요 건강관리기구(Health Maintenance Organization, HMO)가 인구의 대부분에게 의료 서비스를 제공하는 구조입니다. 이들 HMO는 각자 독립적인 디지털 의료 시스템을 운영하고 있었지만, 정부의 주도로 2019년부터 '국가 의료 데이터 이니셔티브(NMDI)'를 통해 데이터 공유와 AI 개발 협력을 시작했습니다.

의료 이미지 분석 분야는 이스라엘이 가장 강점을 보이는 영역으로, 웨이즈만 과학연구소, 테크니온, 텔아비브 대학 등 주요 연구기관과 의료 AI 전문 기업들이 협력하여 다양한 진단 지원 시스템을 개발했습니다. 이스라엘 보건부는 이러한 시스템의 임상 검증과 도입을 적극 지원하고, 규제 샌드박스를 통해 혁신적인 기술의 실제 적용을 촉진했습니다.

### 3.1 주요 AI 시스템 및 기능

#### 1) 다중 모달리티 의료 이미지 분석 시스템

대표적인 AI 시스템은 클랄릿 건강관리기구(이스라엘 최대 HMO)와 AI 기업 아이닥스(Aidoc)가 공동 개발한 다중 모달리티 의료 이미지 분석 시스템입니다. 이 시스템은 X-레이, CT, MRI, 초음파 등 다양한 의료 영상을 분석하여 이상 징후를 감지하고 진단을 지원합니다.

시스템의 핵심은 딥러닝 기반 컴퓨터 비전 알고리즘으로, 수백만 장의 의료 영상으로 학습되어 뇌출혈, 폐색전증, 척추 골절, 폐 결절 등 응급 상황이나 중요한 발견을 자동으로 식별합니다. 영상의 우선순위를 정하는 '트리아지' 기능이 있어, 응급 상황이 의심되는 영상을 방사선과 의사에게 먼저 보여주어 진단 시간을 단축합니다.

이 시스템은 단순히 이상을 감지하는 것을 넘어 종합적인 분석을 제공합니다. 예를 들어, 암 환자의 경우 종양의 크기, 위치, 특성을 자동으로 측정하고 이전 검사와 비교하여 변화를 추적합니다. 또한 자연어 처리 기술을 활용하여 방사선 보고서를 자동으로 작성하는 기능도 포함되어 있습니다.

#### 2) 디지털 병리학 분석 시스템

이스라엘의 또 다른 주요 AI 시스템은 미리엄 메디컬 센터(이스라엘 최대 공립병원 중 하나)와 Ibex Medical Analytics이 공동 개발한 디지털 병리학 분석 시스템입니다. 이 시스템은 디지털화된 병리 슬라이드를 분석하여 암 및 기타 질병의 진단을 지원합니다.

시스템은 전립선암, 유방암, 대장암 등 주요 암 유형의 진단에 중점을 두고 있으며, 병리 슬라이드에서 암세포를 자동으로 감지하고 분류하는 기능을 제공합니다. 또한 글리슨 점수(전립선암 등급), 종양 침윤도, 림프절 전이 등 주요 진단 지표를 계산하는 데 도움을 줍니다.

이 시스템은 '이중 확인' 모델로 운영되어, 병리의사의 진단과 AI 분석 결과를 비교하여 불일치가 있는 경우 추가 검토를 제안합니다. 이를 통해 인간 병리의사의 오진을 줄이고, 진단의 일관성과 정확성을 높이는 데 기여하고 있습니다.

### 3.2 성과 및 영향

이스라엘의 의료 이미지 분석 및 진단 자동화 시스템은 다양한 성과를 거두었습니다. 다중 모달리티 의료 이미지 분석 시스템의 경우, 임상 연구에서 급성 뇌출혈 감지의 민감도가 95%, 특이도가 94%로 높은 정확도를 보였으며, 진단 시간을 평균 60% 단축시켰습니다. 이로 인해 뇌출혈 환자의 치료 시작 시간이 평균 30분 단축되었고, 이는 환자 예후 개선에 크게 기여했습니다.

디지털 병리학 분석 시스템은 병리의사의 진단 효율성을 65% 향상시켰으며, 두 번째 의견 검토가 필요한 사례를 37% 감소시켰습니다. 희귀 암이나 복잡한 사례에서 진단 정확도 향상 효과가 두드러졌습니다.

경제적 측면에서도 이러한 AI 시스템은 큰 효과를 가져왔습니다. 이스라엘 보건부의 분석에 따르면, AI 진단 지원 시스템 도입으로 인한 의료비 절감 효과는 연간 약 6억 셰켈(약 2,100억 원)에 달하는 것으로 추정되었습니다. 또한 진단 지연으로 인한 합병증과 중증화 감소로 환자의 삶의 질이 향상되고 노동 생산성 손실이 줄어드는 간접적인 경제 효과도 상당한 것으로 평가되었습니다.

이스라엘의 의료 AI 시스템은 국제적으로도 주목받아 30개 이상의 국가에 수출되고 있으며, 세계보건기구(WHO)는 저자원 환경에서도 활용 가능한 비용 효율적인 진단 솔루션으로 이스라엘의 모델을 권장하고 있습니다. 방사선과 전문의가 부족한 개발도상국에서는 이스라엘의 시스템이 의료 격차를 줄이는 데 크게 기여하고 있습니다.

이스라엘의 의료 AI 시스템 개발 및 도입 과정에서도 여러 도전과제가 있었습니다. 첫째, 임상적 검증과 규제 승인의 어려움이 있었습니다. AI 의료 기기에 대한 명확한 규제 프레임워크가 초기에는 부재했습니다. 이스라엘 보건부는 '디지털 헬스 혁신 부서'를 신설하고, AI 의료 기기에 대한 별도의 신속 승인 트랙을 마련했습니다. 또한 '실사용 증거(Real-World Evidence)' 기반의 검증 방법론을 개발하여 임상 환경에서의 성능과 안전성을 평가했습니다.

둘째, 의료진의 수용성 문제가 있었습니다. 일부 의사들은 AI 시스템을 자신의 전문성에 대한 위협으로 인식하거나, 기술에 대한 신뢰 부족으로 사용을 꺼렸습니다. 이스라엘 의사협회와 보건부는 '디지털 의학 교육 프로그램'을 공동으로 개발하여 의료진에게 AI 활용 교육을 제공했습니다. 또한 의사들이 시스템 개발 초기 단계부터 참여하도록 하여 실제 임상 필요에 맞는 솔루션을 개발했습니다.

이스라엘은 의료 AI 시스템을 더욱 발전시킬 계획입니다. 2024년부터는 '통합 의료 AI 플랫폼' 구축을 추진하고 있으며, 이를 통해 다양한 AI 솔루션들이 서로 연계되어 작동하는 생태계를 만들고자 합니다. 여러 의료 영역의 데이터를 통합 분석하여 종합적인 진단과 치료 계획을 지원하는 '멀티모달 AI 시스템' 개발에 중점을 두고 있습니다.

또한 예측 의학과 정밀 의학 영역으로 AI 적용을 확대하고 있습니다. 유전체 데이터, 임상 데이터, 생활습관 데이터, 의료 영상 등을 통합 분석하여 개인별 질병 위험을예측하고 맞춤형 예방 및 치료 전략을 제시하는 시스템을 개발 중입니다. 이스라엘의 다양한 인종적 배경을 가진 인구는 정밀 의학 연구에 중요한 자원으로 활용되고 있습니다.

이스라엘의 사례는 첨단 AI 기술과 의료 전문성의 효과적인 결합을 보여주는 모범 사례입니다. 정부, 학계, 의료기관, 기업 간의 긴밀한 협력과 개방적인 혁신 생태계가 성공의 핵심 요소였습니다. 또한 기술 개발뿐만 아니라 임상 검증, 규제 프레임워크, 교육 및 인력 개발을 포괄하는 종합적인 접근 방식이 효과적이었습니다. 이러한 접근 방식은 의료 AI를 도입하고자 하는 다른 국가들에게 중요한 시사점을 제공합니다.

# 제12장
## 교육 분야

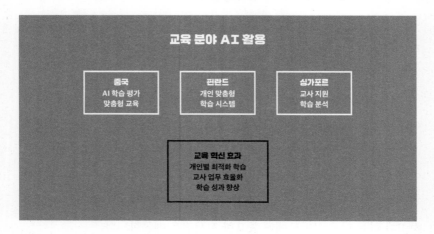

### 1. 중국의 AI 기반 학습 평가 및 맞춤형 교육

중국은 현재 교육 분야에서 인공지능(AI) 기술을 적극적으로 활용하고 있습니다. 중국 정부는 2030년까지 초등학교부터 고등학교까지의 모든 학교에 AI 교육을 보급하는 것을 목표로 하고 있습니다. 이는 미래 사회에 필요한 인재를 양성하기 위한 중요한 전략입니다.

중국 교육부는 학생들의 발달 단계에 맞는 AI 교육과정을 체계적으로 마련했습니다. 초등학교 저학년 학생들에게는 AI에 대한 기본적인 이해와 흥미를 유발하는 내용을 가르칩니다. 예를 들어, 간단한 로봇 프로그래밍이나 AI 관련 동화를 통해 기술에 친숙해지도록 합니다. 중학생들에게는 더 심화된 내용으로 코딩과 AI의 기본 원리를 배우게 됩니다. 고등학생들은 실제 AI 프로젝트를 수행하며 문제 해결 능력을 키우는 단계로 나아갑니다.

AI 기반 교육 시스템의 가장 큰 특징은 개인 맞춤형 교육입니다. 이 시스템은 학생 개개인의 학습 성향과 수준을 분석합니다. 각 학생이 문제를 풀거나 학습 활동을 할 때, AI는 그 데이터를 수집하고 분석합니다. 예를 들어, 한 학생이 수학의 특정 개념에서 어려움을 겪는다면, AI는 이를 파악하고 그 학생에게 맞는 추가 설명이나 연습 문제를 제공합니다.

AI는 학생들의 학습 패턴도 파악합니다. 어떤 시간대에 집중력이 높은지, 어떤 유형의 자료에 더 잘 반응하는지 등을 분석합니다. 이런 정보를 바탕으로 각 학생에게 최적화된 학습 계획을 세워줍니다. 시각적 자료를 통해 잘 배우는 학생에게는 더 많은 그래픽과 동영상을 제공하고, 텍스트를 통해 잘 이해하는 학생에게는 읽기 자료를 더 많이 제공하는 식입니다.

AI는 가상 튜터링 기능을 통해 학생들에게 개인 교사와 같은 지원을 제공합니다. 학생이 공부하는 동안 질문이 있으면 즉시 AI 튜터에게 물어볼 수 있고, 실시간으로 답변을 받을 수 있습니다. 이러한 즉각적인 피드백은 학생들이 개념을 더 잘 이해하고 기억하는 데 도움이 됩니다.

중국은 'AI+X' 융합 인재 프로그램을 통해 AI와 다른 전공 분야를 결합한 교육을 추진하고 있습니다. 이 프로그램은 AI 기술을 의학, 법률, 경제, 예술 등 다양한 분야와 접목시키는 것을 목표로 합니다. 전국 47개의 일류 대학에서 매년 약 50만 명의 학생들이 이 프로그램에 참여하고 있습니다. 학생들은 자신의 전공 지식과 AI 기술을 함께 배우며, 두 영역을 창의적으로 결합할 수 있는 역량을 키웁니다.

칭화대학교와 같은 중국의 유수 대학들도 AI 인재 양성에 적극적입니다. 칭화대학교는 중국의 대표적인 기술 기업인 바이두와 협력하여 AI 교육 프로그램을 운영하고 있습니다. 이러한 산학 협력은 이론과 실무를 모두 갖춘 인재를 양성하는 데 큰 도움이 됩니다. 학생들은 대학에서 이론적 지식을 배우고, 기업에서 실제 프로젝트를 통해 경험을 쌓습니다.

2024년 11월, 중국 교육부는 중소학교 인공지능 교육 강화에 관한 통지를 발표했습니다. 이 통지는 2030년까지 모든 중소학교에 AI 교육을 기본적으로 보급한다는 목표를 명확히 했습니다. 이는 단순히 기술 교육만을 의미하는 것이 아니라, AI를 활용한 교육 방식의 혁신도 포함합니다. 학생들은 AI에 대해 배울 뿐만 아니라, AI를 통해 더 효과적으로 다른 과목들을 배우게 됩니다.

전국인민대표대회 대표이자 AI 기업 커다쉰페이의 회장인 류칭펑은 AI 교육의 성공을 위해서는 다양한 주체들의 협력이 필요하다고 강조했습니다. 교육 행정 부서, 학교, 기업, 교사, 학생, 학부모가 모두 함께 노력해야 한다는 것입니다. 예를 들어, 기업은 최신 기술을 제공하고, 학교는 교육 환경을 개선하며, 교사는 새로운 교수법을 익히는 식으로 각자의 역할을 해야 합니다.

AI 기반 교육 시스템은 교사의 역할도 변화시키고 있습니다. 교사들은 더 이상 모든 학생에게 동일한 내용을 가르치는 전달자가 아니라, 개별 학생의 학습 여정을 안내하는 조력자가 됩니다. AI가 기본적인 설명과 평가를 담당하면, 교사는 학생들의 창의력과 비판적 사고력을 키우는 데 더 집중할 수 있습니다.

중국의 AI 기반 학습 평가 및 맞춤형 교육 시스템은 각 학생의 개성과 필요에 맞는 교육을 제공하는 혁신적인 접근 방식입니다. AI 기술은 학생들의 학습 데이터를 분석하여 개인화된 학습 경험을 만들어내고, 실시간 피드백을 통해 학습 효과를 높입니다. 중국은 이러한 시스템을 통해 미래 사회에 필요한 창의적이고 문제 해결 능력이 뛰어난 인재를 양성하고자 합니다.

## 2. 핀란드의 개인 맞춤형 학습

핀란드는 세계적으로 교육 혁신의 선두주자로 알려져 있으며, 최근에는 AI 기술을 활용하여 개인 맞춤형 학습 경로 설계 시스템을 구축하고 있습니다. 이 시스템은 핀란드의 교육 철학인 '모든 아이는 특별하다'는 신념을 AI 기술로 구현한 것입니다. 핀란드 정부는 2019년 '인공지능 프로그램'을 통해 교육 분야의 AI 활용을 국가 전략으로 채택했습니다.

핀란드는 세계적으로 교육 시스템이 우수하기로 유명한 나라입니다. 개인 맞춤형 학습 경로 설계 시스템을 통해 학생 개개인에게 알맞은 교육을 제공하고 있습니다. 이 시스템은 학생의 강점, 필요, 그리고 흥미에 맞춰 교육을 설계하는 방식입니다.

핀란드의 교사 페카 페우라(Pekka Peura)는 학생들을 위한 개인화 학습 경로(Personalized Learning Paths)를 개발했습니다. 이 학습 경로는 학생들에게 구체적이고 시각화된 목표 목록을 제공합니다. 예를 들어, 수학 과목에서는 학생이 배워야 할 개념과 풀어야 할 문제 유형들이 명확하게 제시됩니다. 이렇게 목표가 명확하면 학생들은 자신이 어디까지 왔고, 앞으로 무엇을 해야 하는지 쉽게 파악할 수 있습니다.

이 시스템에서는 자기 평가와 동료 검토가 중요한 역할을 합니다. 학생들은 자신의 학습 상태를 스스로 평가하고, 친구들과 함께 서로의 작업을 검토합니다. 이런 과정을 통해 학생들은 자신의 기술을 되돌아보고, 자율성을 키우며, 학습에 대한 주인의식을 갖게 됩니다. 교사는 지시자가 아닌 조력자로서 학생들의 학습 여정을 안내합니다.

핀란드의 교육 시스템에서 인공지능(AI)은 중요한 역할을 하고 있습니다. Claned Group이라는 회사는 AI와 핀란드의 교육 전문 지식, 그리고 데이터 분석을 결합하여 개인화된 온라인 학습 플랫폼을 제공합니다. 이 플랫폼은 학생의 학습 데이터를 수집하고 분석하여 개인별 맞춤형 학습 경험을 만들어 냅니다.

AI는 학생이 어떤 내용을 어려워하는지, 어떤 학습 방식이 효과적인지를 파악합니다. 예를 들어, 어떤 학생은 시각적 자료를 통해 더 잘 배우고, 다른 학생은 실습을 통해 더 잘 배울 수 있습니다. AI는 이러한 패턴을 인식하고 각 학생에게 가장 적합한 학습 자료와 방법을 추천합니다. 또한 학생의 진도와 성취도를 실시간으로 모니터링하여 필요한 순간에 적절한 도움을 제공합니다.

핀란드는 디지털 시대의 변화에 맞춰 교육 시스템을 지속적으로 개선하고 있습니다. 인공지능을 활용하여 교육과 학습을 향상시키는 방법을 적극적으로 모색하고 있습니다. AI는 개인화된 학습 경험을 제공할 뿐만 아니라 교사들의 행정 업무도 줄여주어 더 많은 시간을 학생 지도에 할애할 수 있게 합니다.

또한 핀란드는 AI를 통해 청소년을 위한 사회적 지원도 강화하고 있습니다. 학습 어려움이나 정서적 문제를 조기에 발견하고 대응하는 시스템을 구축하고 있습니다. 예를 들어, AI 기반 도구는 학생의 참여도나 성적 변화 패턴을 분석하여 잠재적 문제를 예측할 수 있습니다. 이를 통해 학생이 심각한 어려움에 처하기 전에 적절한 지원을 제공할 수 있습니다.

핀란드의 교육 철학 중 하나는 "No Dead Ends(막다른 길이 없음)."입니다. 이 철학은 학생들이 사전에 결정된 제한 없이 다양한 학습 경로를 탐색할 수 있도록 장려합니다. 즉, 한 번 선택한 진로가 영원히 고정되는 것이 아니라, 언제든지 새로운 방향으로 나아갈 수 있는 유연성을 제공합니다.

이러한 철학은 새로운 국가 교육과정에도 반영되어 있습니다. 핀란드의 새 교육과정은 학습 방법, 문화적 역량, 정보통신기술(ICT) 역량과 같은 교차 교육 역량을 강조합니다. 학생들은 단순히 지식을 암기하는 것이 아니라, 정보를 찾고, 분석하고, 활용하는 능력을 키웁니다. 디지털 도구를 효과적으로 사용하는 방법도 배우며, 다양한 문화와 관점을 이해하고 존중하는 태도를 기릅니다.

핀란드의 맞춤형 학습 경로 설계 시스템은 학생들이 자신의 속도와 방식으로 배울 수 있게 해 줍니다. 이는 학생들의 학습 동기를 높이고, 자기 주도적 학습 능력을 발달시킵니다. 또한 각자의 강점을 살리고 약점을 보완할 수 있는 기회를 제공하여 모든 학생이 잠재력을 최대한 발휘할 수 있도록 돕습니다.

결론적으로, 핀란드의 개인 맞춤형 학습 경로 설계 시스템은 학생 중심의 교육을 실현하는 좋은 사례입니다. AI와 데이터 분석을 활용하여 각 학생에게 최적화된 학습 경험을 제공하고, 유연한 교육 경로를 통해 모든 학생이 성공할 수 있는 기회를 만들어 줍니다. 이러한 접근 방식은 급변하는 디지털 시대에 필요한 역량을 갖춘 인재를 양성하는 데 큰 도움이 됩니다.

### 3. 싱가포르의 교사 지원 및 학습 분석

싱가포르는 교육 분야에서 첨단 기술을 적극적으로 활용하고 있습니다. 교사 지원과 학습 분석을 위한 다양한 플랫폼을 개발하여 교육의 질을 높이고 있습니다.

싱가포르 교육부(MOE)는 학습 분석 대시보드(Learning Analytics Dashboard, LAD)를 운영하고 있습니다. 이 플랫폼은 학생들의 학습 패턴과 참여도를 자세히 분석합니다. 교사들은 이 정보를 통해 각 학생의 강점과 약점을 파악할 수 있습니다. 예를 들어, 어떤 학생이 수학에서 분수 개념을 어려워한다면 이를 쉽게 확인할 수 있습니다. 이렇게 수집된 데이터를 바탕으로 교사들은 학생 개개인에게 맞는 교육 방법을 설계할 수 있습니다.

학생 학습 공간(Singapore Student Learning Space, SLS)은 교사들을 위한 온라인 플랫폼입니다. 이 플랫폼을 통해 교사들은 다양한 학습 자료를 제공합니다. 학생들은 자신의 속도와 수준에 맞게 공부할 수 있습니다.

SLS는 단순한 자료 제공을 넘어 온라인 수업 시스템까지 갖추고 있습니다. 이를 통해 학생들은 자기주도적 학습을 할 수 있는 환경을 제공받습니다.

교사들은 인공지능(AI) 학습 플랫폼을 활용하여 학생들의 학습 상황을 실시간으로 확인합니다.

학생이 문제를 풀거나 과제를 제출하면 즉시 분석이 이루어집니다. 이러한 즉각적인 피드백은 교사가 신속하게 대응할 수 있게 해 줍니다. 또한 학생 성취도 분석 도구를 통해 장기적인 학습 성과도 추적합니다. 이런 도구들을 활용해 교사들은 각 학생에게 가장 적합한 학습 콘텐츠를 제공할 수 있습니다.

싱가포르 국립 교육원(NIE)은 이러한 디지털 환경에 맞춰 교사 교육을 재설계하고 있습니다. 교사들이 새로운 기술을 효과적으로 활용할 수 있도록 지식과 기술을 강화하는 프로그램을 운영합니다. 예를 들어, 데이터 분석 능력이나 디지털 도구 활용법 등을 배울 수 있습니다. 이를 통해 교사들은 변화하는 교육 환경에 잘 적응할 수 있게 됩니다.

싱가포르 정부는 에듀테크(교육기술)를 '제2의 핀테크' 산업으로 인식하고 있습니다. 핀테크가 금융 산업을 혁신했듯이, 에듀테크는 교육 분야를 혁신할 것으로 기대됩니다. 이에 따라 정부는 에듀테크 기업들에 대한 적극적인 지원책을 펼치고 있습니다. 창업 지원, 연구 개발 자금 제공 등 다양한 방식으로 에듀테크 산업의 성장을 돕고 있습니다.

싱가포르는 ICT(정보통신기술) 인프라 마스터 플랜을 통해 학교 간 연계성도 강화하고 있습니다. 모든 학교가 고속 인터넷으로 연결되어 자원을 공유할 수 있게 합니다. 또한 글로벌 학습 자료 종합 포털인 Edumal 2.0을 구축하여 다양한 교육 자료에 쉽게 접근할 수 있도록 하고 있습니다. 이러한 인프라 강화 정책은 에듀테크 산업 발전의 기반이 됩니다.

결론적으로, 싱가포르는 교육과 기술의 융합을 통해 학생들에게 더 나은 학습 경험을 제공하고 있습니다. 학습 분석 플랫폼과 온라인 학습 시스템은 개인화된 교육을 가능하게 합니다. 교사들은 이러한 도구들을 활용해 더 효과적으로 가르칠 수 있습니다. 싱가포르 정부의 지속적인 지원과 인프라 투자는 이러한 혁신적인 교육 시스템의 발전을 뒷받침하고 있습니다. 이처럼 싱가포르는 기술을 활용한 교육 혁신의 모범 사례가 되고 있습니다.

# 제13장
# 환경 및 재난 관리 분야

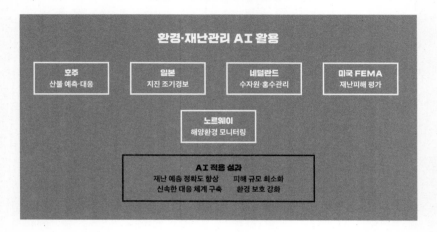

## 1. 호주의 산불 예측 및 대응 최적화

호주는 매년 심각한 산불 위험에 직면하고 있는 나라입니다. 건조한 기후와 넓은 산림 지역으로 인해 대규모 산불이 자주 발생합니다. 이러한 산불은 자연환경뿐만 아니라 인간의 생명과 재산에도 큰 피해를 줍니다. 이에 호주는 산불에 효과적으로 대응하기 위해 다양한 예측 및 대응 시스템을 개발하고 운영하고 있습니다.

CopperTree Analytics Australia라는 기업은 실내 공기 질 관리를 위한 혁신적인 시스템을 개발했습니다. 이 시스템은 Bushfire Response System(BFRS)이라고 불리며, 실시간으로 대기 질 데이터를 수집하고 분석합니다. 산불이 발생하면 공기 중에 유해한 입자와 가스가 증가하게 됩니다. BFRS는 이러한 변화를 감지하고, 건물의 냉난방 환기 시스템(HVAC)을 자동으로 조절합니다. 예를 들어, 외부 공기 질이 나쁘다면 시스템은 외부 공기 유입을 줄이고 내부 공기를 정화하는 방식으로 작동합니다. 산불 발생 시에도 건물 내부의 공기 질을 안전하게 유지할 수 있습니다.

호주는 또 산불 위험을 예측하는 시스템을 개발했습니다. 이 시스템은 온도와 강우량 같은 기상 데이터를 수집하고 분석합니다. 그리고 이 데이터를 바탕으로 특정 지역에서 산불이 발생할 가능성과 그 심각성을 예측합니다. 예를 들어, 오랜 기간 비가 내리지 않고 기온이 높은 지역은 산불 위험이 높다고 판단할 수 있습니다. 이러한 예측 정보는 정부와 소방당국에게 제공되어 산불 예방과 대응 계획을 세우는 데 도움이 됩니다.

호주는 2019~2020년에 발생한 Black Summer 산불을 계기로 산불 관련 시스템에 대한 투자를 크게 늘리고 있습니다. Black Summer 산불은 호주 역사상 가장 큰 산불 중 하나로, 약 1,860만 헥타르의 산림이 소실되었고 수십억 마리의 동물이 사망했습니다. 이러한 대규모 피해를 경험한 후, 호주 정부는 산불을 더 빠르게 감지하고 효과적으로 진압할 수 있는 시스템 개발에 많은 자원을 투입하고 있습니다.

인공지능(AI)은 호주의 산불 예측 및 대응 시스템에서 중요한 역할을 합니다. AI 기술은 방대한 양의 데이터를 빠르게 분석하고 패턴을 찾아내는 데 뛰어납니다. 산불 관련 시스템에서 AI는 다양한 데이터 소스(위성 이미지, 기상 데이터, 지형 정보 등)를 통합하여 산불 위험을 더 정확하게 예측합니다. 예를 들어, AI는 과거 산불 발생 패턴, 현재 기상 조건, 식생 상태 등을 종합적으로 분석하여 특정 지역의 산불 위험도를 계산할 수 있습니다.

또한 AI는 산불 감지에도 활용됩니다. 위성 이미지나 드론으로 촬영한 영상을 AI가 분석하여 산불의 징후를 조기에 발견할 수 있습니다. 이는 산불이 대형화되기 전에 빠르게 대응할 수 있게 해 줍니다. 산불이 발생한 후에는 AI가 산불의 확산 경로와 속도를 예측하여 소방 자원을 효과적으로 배치하는 데 도움을 줍니다.

BFRS와 같은 시스템에서도 AI는 중요한 역할을 합니다. AI 알고리즘은 실시간 대기질 데이터를 분석하여 정상 범위를 벗어나는 변화를 감지하고, 이에 따라 HVAC 시스템을 최적화합니다. 또한 AI는 과거 데이터를 학습하여 산불 발생 시 대기질 변화 패턴을 이해하고, 이를 바탕으로 더 효과적인 대응 전략을 수립할 수 있습니다.

호주는 인공지능 외에도 IoT(사물인터넷) 기술을 산불 대응에 활용하고 있습니다. 산림 지역에 설치된 다양한 센서들이 온도, 습도, 연기 농도 등의 데이터를 실시간으로 수집하고, 이 정보를 중앙 시스템으로 전송합니다. 이러한 데이터 네트워크는 산불을 조기에 감지하고 신속하게 대응하는 데 큰 도움이 됩니다.

또한 호주는 지역 사회와 협력하여 산불 예방 및 대응 능력을 강화하고 있습니다. 주민들에게 산불 위험 정보를 제공하고, 대피 계획을 세우도록 교육하며, 산불 발생 시 빠르게 알림을 보내는 시스템을 구축하고 있습니다. 이러한 지역 사회 참여는 산불로 인한 인명 피해를 줄이는 데 중요한 역할을 합니다.

결론적으로, 호주는 산불로부터 국민과 자연환경을 보호하기 위해 다양한 기술과 시스템을 개발하고 있습니다. CopperTree Analytics Australia의 BFRS, Rick McRae 교수의 예측 시스템, 그리고 Black Summer 산불 이후 개발된 새로운 시스템들은 모두 산불 위험을 줄이고 피해를 최소화하는 데 기여하고 있습니다. AI와 IoT 같은 첨단 기술의 활용은 산불 예측과 대응의 정확성과 효율성을 크게 향상시키고 있습니다.

## 2. 일본의 지진 조기 경보 및 재난 대응

일본은 세계에서 가장 발달된 지진 조기 경보 시스템을 보유한 국가로, 최근 인공지능 기술을 도입하여 그 성능을 획기적으로 개선하였습니다. '지진조기경보 2.0'이라 불리는 이 시스템은 일본 기상청(JMA)과 방재과학기술연구소(NIED)가 공동으로 개발한 것으로, 전국에 설치된 4,000개 이상의 지진계 네트워크에서 수집되는 데이터를 AI가 실시간으로 분석합니다.

이 시스템의 핵심은 P파(초기 지진파)를 감지하는 즉시 AI 알고리즘이 지진의 규모, 진원지, 예상 진도를 계산하여 본진(S파)이 도달하기 전에 경보를 발령하는 것입니다. 일반적으로 P파와 더 강력한 S파 사이에는 수초에서 수십 초의 시간차가 있는데, AI는 이 짧은 시간 안에 복잡한 계산을 수행하여 정확한 경보를 발령합니다.

전통적인 시스템과 비교할 때, AI 기반 시스템은 경보 발령 시간을 평균 3초에서 1초 이내로 단축했으며, 지진 규모와 위치 예측의 정확도도 30% 이상 향상시켰습니다. 시스템이 지진을 감지하면 자동으로 전국의 모바일 기기, TV, 라디오에 경보를 전송하며, 철도, 공장, 엘리베이터 등 주요 인프라는 자동 정지 프로토콜이 작동합니다. 이 시스템이 과거 지진 데이터를 학습하여 특정 지역의 지질학적 특성에 맞게 예측 모델을 최적화한다는 것입니다. 시스템은 지진 발생 후에도 계속해서 작동하여 여진 패턴을 분석하고, 추가 위험을 예측하며, 지역별 피해 상황을 AI 영상 분석을 통해 신속하게 평가합니다.

드론과 위성 이미지를 활용한 AI 피해 평가 시스템은 재난 발생 직후 접근이 어려운 지역의 피해 상황을 분석하여 구조 및 복구 자원의 우선 배치를 결정하는 데 핵심적인 역할을 합니다. 일본 정부는 이 시스템과 연계된 'AI 재난 대응 의사결정 지원 시스템'도 운영하고 있는데, 이는 교통 상황, 인구 분포, 대피소 위치 등을 고려하여 최적의 대피 경로와 자원 배치 계획을 실시간으로 생성합니다. 2021년 후쿠시마 해역에서 발생한 규모 7.3의 지진 당시, 이 시스템은 도쿄에 지진이 도달하기 30초 전에 정확한 경보를 발령하여 철도 시스템의 신속한 감속과 안전한 정지에 기여했습니다.

일본은 또한 SNS 데이터를 분석하는 AI 시스템을 통합하여 시민들의 실시간 상황 보고와 필요사항을 파악하고, 이를 재난 대응에 반영하고 있습니다. 최근에는 딥러닝 기술을 활용하여 해저 지진계의 미세한 신호 변화까지 분석함으로써 쓰나미 조기 경보 시스템의 정확도도 크게 향상시켰습니다. 이 시스템은 현재 다양한 재난 상황에 대비한 시뮬레이션 훈련에도 활용되고 있으며, 가상 지진 시나리오를 생성하여 대응 기관과 시민들이 실제와 유사한 조건에서 훈련할 수 있도록 지원합니다. 일본의 이 혁신적인 시스템은 지진 빈발 국가인 칠레, 멕시코, 터키 등에 기술 이전되어 글로벌 재난 대응 역량 강화에 기여하고 있습니다.

### 3. 네덜란드의 수자원 관리 및 홍수 방지

네덜란드는 국토의 26%가 해수면보다 낮아 수세기 동안 홍수와 싸워온 국가로, 최근 인공지능을 활용한 첨단 수자원 관리 시스템 'Digital Delta'를 개발하여 운영하고 있습니다.

이 시스템은 네덜란드 수자원관리청(Rijkswaterstaat)과 IBM, 델프트 공과대학이 공동으로 개발한 AI 기반 솔루션으로, 전국에 걸친 1만 5,000km의 제방, 3,700개의 펌프장, 수천 개의 수문과 댐에서 수집되는 실시간 데이터를 통합적으로 분석합니다. 시스템의 핵심은 날씨 데이터, 조류 정보, 강수량, 하천 수위, 토양 상태 등 다양한 출처의 데이터를 AI 알고리즘이 분석하여 수일에서 수주 전에 홍수 위험을 예측하는 것입니다. 이 시스템은 기후변화로 인한 극단적 기상 현상을 고려한 예측 모델을 사용하여, 전통적인 수문학적 모델로는 예측하기 어려운 이례적인 홍수 패턴까지 분석할 수 있습니다.

AI는 또한 수문, 펌프, 저수지 등 수자원 인프라의 최적 운영 계획을 수립하는데, 예상 강수량, 조수 패턴, 하천 상태 등을 고려하여 홍수 위험을 최소화하는 방식으로 인프라를 자동 제어합니다.

이 시스템의 또 다른 혁신적인 측면은 '디지털 트윈' 기술을 활용하여 네덜란드 전체 수자원 시스템의 가상 모델을 구축했다는 점인데, 이 가상 모델에서 다양한 시나리오를 시뮬레이션하여 최적의 대응 전략을 수립합니다. 네덜란드 정부는 이 시스템을 통해 홍수 대응 시간을 72시간에서 최대 5일로 연장했으며, 이는 대피 계획 수립과 인프라 보호에 결정적인 시간을 확보하는 데 기여했습니다. 2021년 7월 유럽 전역에 심각한 홍수가 발생했을 때, 네덜란드는 이 시스템의 조기 경보와 최적화된 수자원 관리 덕분에 인접 국가들보다 피해를 크게 줄일 수 있었습니다.

시스템은 또한 평상시 수자원 관리에도 큰 역할을 하는데, 날씨 예측과 물 사용량 분석을 통해 농업용수, 산업용수, 생활용수의 최적 분배 계획을 수립합니다. 네덜란드는 이 과정에서 시민 참여형 모니터링 시스템도 구축했는데, 시민들이 모바일 앱을 통해 지역 수위나 제방 상태 등을 보고하면 AI가 이를 공식 모니터링 데이터와 통합하여 더 정확한 상황 인식을 가능하게 합니다.

최근에는 AI 기반 제방 모니터링 시스템을 추가하여, 센서와 드론에서 수집된 데이터를 분석해 제방의 취약점을 사전에 감지하고 유지보수가 필요한 지점을 정확히 식별합니다. 시스템은 기후변화 시나리오를 반영한 장기 수자원 계획 수립에도 활용되는데, AI가 다양한 기후변화 모델을 분석하여 향후 50~100년간의 수자원 관리 전략을 제안합니다.

네덜란드는 이 시스템을 통해 연간 약 7,000만 유로의 홍수 피해 비용을 절감하고 있으며, 수자원 관리 효율성 향상으로 물 사용량도 15% 감소시켰습니다. 이 혁신적인 시스템은 홍수 위험에 처한 방글라데시, 베트남, 인도네시아 등 여러 국가에 기술 이전되어 글로벌 기후 적응 역량 강화에 기여하고 있습니다.

## 4. 미국 FEMA의 재난 피해 평가 및 복구 지원

미국 연방재난관리청(FEMA)은 인공지능을 활용한 'DART(Disaster Assessment and Response Tool)' 시스템을 개발하여 재난 피해 평가와 복구 지원 과정을 혁신적으로 개선하고 있습니다.

이 시스템은 FEMA와 국토안보부 과학기술국, 마이크로소프트가 공동으로 개발한 AI 기반 솔루션으로, 재난 발생 직후부터 장기적인 복구 과정까지 전체 재난 관리 주기를 지원합니다. DART의 핵심 기능 중 하나는 위성 이미지, 드론 촬영 영상, 소셜 미디어 게시물, 911 신고 데이터 등 다양한 출처의 정보를 AI가 실시간으로 수집하고 분석하여 피해 상황을 신속하게 평가하는 것입니다. 컴퓨터 비전 기술을 활용하여 재난 전후의 위성 및 항공 이미지를 비교 분석함으로써, 도로, 교량, 건물 등 주요 인프라의 피해 상태를 자동으로 식별하고 심각도를 평가합니다.

이 시스템은 피해 평가 결과를 실시간으로 지도에 시각화하여 의사결정자들에게 제공하며, 피해가 가장 심각한 지역부터 우선적으로 자원을 배치할 수 있도록 지원합니다. DART는 또한 머신 러닝 알고리즘을 활용하여 재난 발생 직후 필요한 구호 물자(식수, 식품, 의약품, 임시 주거 시설 등)의 종류와 양을 예측하고, 이를 효율적으로 배분하기 위한 최적의 물류 계획을 수립합니다.

시스템의 또 다른 혁신적인 기능은 자연어 처리 기술을 활용한 재난 지원금 신청 처리 자동화인데, AI가 피해자들이 제출한 지원금 신청서를 분석하여 적격성을 평가하고, 심사 우선순위를 결정하며, 처리 과정을 가속화합니다.

2021년 허리케인 아이다 당시 DART 시스템은 피해 지역의 75%를 재난 발생 24시간 내에 평가하여, 전통적인 방식보다 3배 빠른 초기 대응을 가능하게 했습니다.

시스템은 또한 역사적 재난 데이터를 학습하여 특정 지역, 인구 집단, 인프라 유형이 가진 취약성을 식별하고, 이를 바탕으로 맞춤형 복구 계획과 미래 재난에 대한 회복력 강화 전략을 제안합니다.

FEMA는 이 과정에서 소외된 커뮤니티를 위한 특별 모듈을 개발했는데, 이는 사회경제적 취약성 지표와 재난 피해 데이터를 결합하여 재난이 다양한 커뮤니티에 미치는 불균등한 영향을 분석하고, 복구 자원이 공정하게 분배되도록 지원합니다.

DART는 재난 이후 장기적인 복구 과정에서도 중요한 역할을 하는데, AI가 복구 프로젝트의 진행 상황을 모니터링하고, 지연이나 문제가 발생할 가능성이 있는 영역을 예측하여 선제적 개입을 가능하게 합니다.

최근에는 기후변화 모델과 연계하여 향후 발생 가능한 재난의 빈도와 강도를 예측하고, 이에 기반한 장기적인 재난 저감 전략을 수립하는 기능이 추가되었습니다. 시스템은 또한 과거 재난의 경제적 영향을 분석하여 비용 효율적인 재난 대비 투자 전략을 제안하는데, 분석 결과 재난 대비에 투자된 1달러가 미래 재난 피해 비용 6달러를 절약하는 효과가 있음을 입증했습니다. DART 시스템은 현재 카리브해 국가들과 태평양 도서국들에게도 기술 이전되어, 기후변화로 인해 증가하는 재난 위험에 대응하는 국제적인 역량 강화에 기여하고 있습니다.

### 5. 노르웨이의 해양 환경 모니터링

노르웨이는 세계 최고 수준의 해양 환경 모니터링 시스템인 'OceanAI'를 개발하여 광활한 해양 영토의 환경을 효과적으로 관리하고 보전하고 있습니다. 이 시스템은 노르웨이 환경청, 해양연구소, 그리고 스타트업 기업 OceanMind가 공동으로 개발한 AI 기반 솔루션으로, 세계에서 두 번째로 긴 해안선과 방대한 배타적 경제수역(EEZ)을 가진 노르웨이의 해양 관리 역량을 크게 향상시켰습니다.

OceanAI는 위성 이미지, 해양 부표, 자율 수중 드론, 선박 데이터, 해양 관측소 등 다양한 출처에서 수집된 방대한 데이터를 AI 알고리즘이 실시간으로 분석하여 해양 환경의 변화를 정밀하게 감지합니다. 시스템의 핵심 기능 중 하나는 불법 어업 활동을 감시하는 것으로, 위성에서 수집한 선박 움직임 데이터(AIS)를 AI가 분석하여 의심스러운 패턴을 보이는 선박을 자동으로 식별하고 추적합니다.

주목할 만한 점은 AI가 선박의 움직임 패턴, 속도 변화, 어업 허가 정보를 종합적으로 분석하여 불법 어업 가능성이 높은 선박에 점수를 매기고, 우선 감시 대상을 선정한다는 것입니다. 해양 오염 모니터링도 이 시스템의 중요한 기능인데, AI는 위성 이미지에서 기름 유출이나 폐수 방류와 같은 해양 오염을 자동으로 감지하고, 오염원을 추적하며, 확산 경로를 예측합니다. OceanAI는 또한 해양 생태계 건강 상태를 모니터링하고 평가하는데, 수온, 염도, 산소 농도, 산성도 등의 데이터와 함께 플랑크톤 분포, 어류 이동 패턴, 해양 포유류 출현 등의 생물학적 지표를 AI가 분석하여 생태계 변화를 조기에 감지합니다. 시스템은 이런 데이터를 바탕으로 '해양 건강 지수'를 개발하여 노르웨이 해역의 상태를 종합적으로 평가하고, 보전 우선순위가 높은 지역을 식별합니다.

2022년 노르웨이 북부 해역에서 발생한 대규모 적조 현상을 이 시스템이 48시간 일찍 예측하여 연어 양식장 피해를 80% 줄일 수 있었습니다. 시스템의 또 다른 혁신적인 측면은 해양 생물다양성 모니터링으로, 수중 카메라와 환경 DNA(eDNA) 분석 데이터를 AI가 처리하여 특정 해역의 종 구성과 풍부도를 자동으로 평가합니다. 최근에는 기후변화가 노르웨이 해양 생태계에 미치는 영향을 예측하는 기능이 추가되어, 해수면 온도 상승, 해양 산성화, 해류 변화 등이 주요 해양 종과 서식지에 미치는 영향을 시뮬레이션합니다. 이 과정에서 노르웨이는 전통적인 사미족 어부들의 지식을 AI 시스템에 통합하여, 수세기에 걸쳐 축적된 지역 해양 생태계에 대한 이해를 현대 기술과 결합했습니다.

OceanAI는 해양 보호구역(MPA) 설계와 관리에도 크게 기여하는데, AI가 생물다양성 핫스팟, 중요 서식지, 생태적 연결성 등을 분석하여 보호 효과를 최대화할 수 있는 최적의 보호구역 네트워크를 제안합니다. 시스템은 또한 지속 가능한. 어업 관리를 지원하여, 어종별 자원량을 정확히 평가하고 과학적 증거에 기반한 어획량 할당을 가능하게 함으로써 노르웨이 어업의 지속가능성을 크게 향상시켰습니다.

노르웨이는 이 시스템을 통해 불법 어업을 35% 감소시키고, 해양 보호구역 내 생물다양성을 20% 증가시키는 성과를 달성했으며, 현재 이 기술을 아이슬란드, 덴마크, 캐나다 등 다른 북극권 국가들과 공유하여 북극해 전체의 환경 보전에 기여하고 있습니다.

# 제14장
## 농업 및 식품 안전 분야

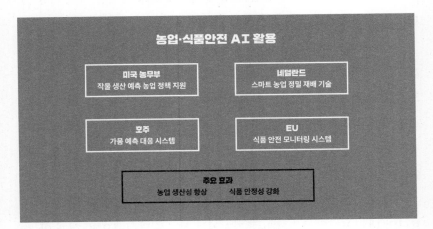

## 1. 미국 농무부의 작물 생산 예측 및 농업 정책 지원

미국 농무부(USDA)는 크롭스케이프라는 시스템을 운영하고 있습니다. 이 시스템은 미국 전역의 농작물 재배 현황을 지도로 보여줍니다. 정책을 결정하는 사람들에게 중요한 정보를 제공합니다.

크롭스케이프는 미국 농무부의 국가농업통계청(NASS)에서 만들었습니다. 이 시스템은 웹에서 사용할 수 있는 대화형 지도입니다. 사용자는 지도를 보고, 원하는 정보를 찾을 수 있습니다. 크롭스케이프는 미국 본토에서 재배되는 주요 작물들의 연간 현황을 보여줍니다. 이 시스템은 농지에 대한 시간별 데이터를 제공합니다. 이 데이터를 통해 토지 이용이 어떻게 변하는지 볼 수 있습니다. 농작물 재배 패턴을 분석하고 농업 생산성을 평가하는 데도 도움이 됩니다.

미국 농무부는 인공지능(AI)을 활용해 각 지역에 맞는 최적의 작물과 재배 방법을 추천하는 서비스도 운영합니다. 이 서비스는 토양 유형, 기후 조건, 시장 수요 등 여러 요소를 함께 고려합니다.

토양 특성, 기후 데이터, 시장 동향을 분석합니다. 이를 통해 농부들이 가장 적합한 작물을 선택하고 생산성을 높일 수 있도록 돕습니다. 예를 들어, AI 시스템은 특정 토양이 어떤 작물 재배에 적합한지 알려줍니다. 또한, 기후 조건에 따라 작물이 어떻게 자랄지 예측하는 모델을 만듭니다. 시장 수요 변화에 따라 어떤 작물을 선택해야 할지도 제안합니다. 미국 농무부의 AI 시스템은 농산물 가격 변동도 예측합니다. 이 예측은 시장을 안정시키는 정책을 만드는 데 중요합니다. 또한, 수출입 정책과 식량 안보 전략을 세우는 데도 큰 도움이 됩니다.

미국 농무부는 AI를 활용해 농산물 시장의 수요와 공급 변화를 예측합니다. 가격을 안정시키기 위해 언제 정부가 개입해야 할지 결정합니다. 또한, 농산물을 얼마나 수출하고 수입할지 전략을 세웁니다. AI 시스템은 과거 가격 데이터, 생산량, 날씨 조건, 국제 시장 동향 등 다양한 정보를 분석합니다. 이를 바탕으로 미래의 가격 변동을 예측합니다. 이 예측을 통해 농산물 재고를 어떻게 관리할지, 수출입 물량을 어떻게 조절할지, 농가를 어떻게 지원할지 정책을 만듭니다.

결론적으로, 미국 농무부는 AI 기술을 활용해 농업 분야에서 많은 혁신을 추진하고 있습니다. 크롭스케이프로 농작물 재배 현황을 시각화하고, 지역별로 최적의 작물을 추천하며, 농산물 가격 변동을 예측합니다. 이러한 노력은 미국 농업의 경쟁력을 높이고 식량 안보를 강화하는 데 중요한 역할을 합니다.

미국 농무부는 기후 변화가 장기적으로 농업에 미치는 영향을 연구하고 있습니다. 이 연구 결과는 미래 농업 정책 방향을 설정하는 데 중요한 자료로 활용됩니다. 농무부의 AI 시스템은 농업 분야 일자리 변화와 노동력 수요를 예측하여 관련 교육 및 지원 프로그램을 개발하는 데도 활용됩니다. 또한 소비자의 식품 소비 패턴을 분석하여 농부들이 시장 수요에 맞게 생산 계획을 세울 수 있도록 돕습니다. 이 시스템은 농업 무역 정책을 수립하는 데도 중요한 역할을 합니다.

미국 농무부는 대학, 연구소와 협력하여 AI 시스템을 지속적으로 개선하고 있으며, 중소 농가들도 쉽게 접근할 수 있도록 사용자 친화적인 인터페이스를 개발했습니다. 결과적으로 이 시스템은 미국 농업의 지속가능성과 경쟁력을 높이는 데 크게 기여하고 있습니다.

## 2. 네덜란드의 스마트 농업

네덜란드 정부는 인공지능을 활용한 스마트 농업 기술을 보급하고 농업자원을 최적화하는 프로그램을 실시하고 있습니다. 이 프로그램은 '푸드밸리(Food Valley)' 프로젝트의 일환으로, 네덜란드를 세계 최고의 농업기술 혁신 국가로 발전시키는 것을 목표로 합니다. 네덜란드는 국토 면적이 작은 나라임에도 불구하고 세계 2위의 농산물 수출국이 될 수 있었던 비결은 첨단 농업 기술 때문입니다.

AI 기반 '프리시전 파밍(Precision Farming)' 시스템은 센서, 드론, 위성 데이터를 활용하여 작물별로 필요한 물, 비료, 농약의 정확한 양을 계산합니다. 이를 통해 자원 사용을 최소화하면서도 생산량을 극대화할 수 있습니다.

'디지털 트윈(Digital Twin)' 기술은 실제 농장의 디지털 복제본을 만들어 다양한 시나리오를 시뮬레이션하고 최적의 농업 방식을 찾아냅니다.

네덜란드의 'AI for Agriculture' 프로그램은 중소 농가들에게 AI 기술을 무료로 제공하고 사용법을 교육합니다. 이 프로그램을 통해 현재까지 약 5,000개의 농가가 AI 기술을 도입했습니다. '스마트 그린하우스(Smart Greenhouse)' 시스템은 온실 내부의 온도, 습도, 이산화탄소 농도, 조명 등을 AI가 자동으로 조절하여 최적의 재배 환경을 유지합니다.

이 시스템을 도입한 농가는 물 사용량을 평균 60% 줄이면서도 생산량은 30% 증가시켰습니다.

네덜란드의 AI 기반 '푸드 체인 정보 시스템(Food Chain Information System)'은 농산물의 생산부터 소비자에게 전달되기까지의 모든 과정을 추적합니다. 이 시스템은 식품 안전성을 높이고 식품 낭비를 줄이는 데 기여합니다.

'AI 기반 작물 육종 가속화(AI-Accelerated Crop Breeding)' 프로그램은 인공지능을 활용하여 전통적인 방식보다 10배 빠르게 새로운 작물 품종을 개발합니다. 이를 통해 기후 변화에 더 잘 적응하고 영양가가 높은 품종이 개발되고 있습니다.

'농업 로봇공학(Agricultural Robotics)' 이니셔티브는 AI 기반 로봇을 활용하여 파종, 잡초 제거, 수확 등의 농작업을 자동화합니다. 이를 통해 노동력 부족 문제를 해결하고 생산성을 높였습니다.

네덜란드의 '농업 혁신 미션(Agricultural Innovation Mission)'은 대학, 기업, 정부가 협력하여 AI 농업 기술을 개발하고 보급합니다. 이 미션을 통해 개발된 기술들은 물 사용량을 평균 40%, 비료 사용량을 30% 줄이면서도 생산성은 25% 높이는 성과를 이루었습니다. 또한 네덜란드는 AI 기술을 개발도상국에 전수하는 '글로벌 농업 지식(Global Agricultural Knowledge)' 프로그램을 운영하고 있습니다. 네덜란드의 스마트 농업 기술은 세계 식량 안보에 기여하는 중요한 사례로 평가받고 있습니다.

### 3. 호주의 가뭄 예측 및 대응

호주 정부는 인공지능을 활용하여 가뭄을 예측하고 효과적으로 대응하는 시스템을 개발했습니다. 호주는 세계에서 가장 건조한 대륙 중 하나로, 가뭄이 농업과 국가 경제에 미치는 영향이 매우 큽니다. 이러한 문제를 해결하기 위해 호주 정부는 AI 기반 가뭄 예측 시스템을 구축했습니다. 이 시스템은 인공위성 이미지, 기상 관측소 데이터, 역사적 기후 패턴, 지하수 수준 등 다양한 데이터를 수집하여 분석합니다. AI 알고리즘은 이 데이터를 바탕으로 최대 6개월 전에 가뭄을 예측할 수 있어 농부들이 대비할 시간을 확보할 수 있게 되었습니다. '디지털 토양 매핑(Digital Soil Mapping)' 기술은 AI를 활용하여 토양의 수분 함량, 영양소 수준, 염분 등을 정밀하게 분석하고 지도로 시각화합니다. 이 정보는 농부들이 토양 조건에 맞는 작물을 선택하고 관개 계획을 세우는 데 중요한 자료로 활용됩니다.

'스마트 관개 시스템(Smart Irrigation System)'은 AI를 활용하여 작물별 최적의 관개 일정과 물 사용량을 계산합니다. 이 시스템은 기상 예보, 토양 수분, 작물 생육 단계 등을 고려하여 자동으로 관개를 제어합니다. AI 기반 '열파 조기 경보 시스템(Heatwave Early Warning System)'을 구축하여 극단적인 더위가 농작물과 가축에 미치는 영향을 최소화하려 노력하고 있습니다. 이 시스템 도입 이후 호주의 농업 생산성은 가뭄 기간에도 이전보다 15% 높은 수준을 유지할 수 있게 되었습니다. 호주의 가뭄 예측 및 대응 시스템은 기후 변화에 대응하는 농업의 지속가능성을 높이는 모범 사례로 평가받고 있습니다.

### 4. EU의 식품 안전 모니터링

유럽연합(EU)은 인공지능을 활용하여 식품 안전을 모니터링하고 위험을 관리하는 시스템을 구축했습니다.

시스템은 'EU 식품 안전 스마트 모니터링(EU Food Safety Smart Monitoring)' 프로그램의 일환으로 운영되며, 27개 회원국 전체의 식품 안전 데이터를 통합적으로 관리합니다. AI 알고리즘은 식품 검사 결과, 소비자 불만 신고, 질병 감시 데이터, 소셜 미디어 정보 등을 분석하여 잠재적인 식품 안전 위험을 조기에 감지합니다.

'유럽 식품 사기 감지 시스템(European Food Fraud Detection System)'은 AI를 활용하여 가격, 수량, 원산지 등의 데이터에서 패턴을 분석하여 식품 사기 가능성이 높은 제품을 식별합니다. 시스템은 올리브오일, 꿀, 생선 등 사기가 흔한 식품 카테고리에 효과적입니다.

EU의 'IoT 기반 식품 공급망 추적 시스템(IoT-based Food Supply Chain Tracing System)'은 농장부터 식탁까지 식품의 이동 경로를 실시간으로 추적합니다. AI는 이 데이터를 분석하여 공급망에서 발생할 수 있는 오염, 변질, 위조 등의 문제를 감지합니다.

'식품 영양 및 알레르기 정보 시스템(Food Nutrition and Allergy Information System)'은 AI를 활용하여 식품의 영양 성분과 알레르기 유발 물질을 분석하고, 소비자에게 개인 맞춤형 정보를 제공합니다. 이 시스템은 28개 언어로 서비스를 제공하여 EU 전역의 소비자가 이용할 수 있습니다.

EU의 '식품 위험 평가 AI 플랫폼(Food Risk Assessment AI Platform)'은 새로운 식품 첨가물, 포장 재료, 생산 방법 등의 안전성을 평가하는 데 인공지능을 활용합니다. 이 플랫폼은 과학 문헌, 독성학 데이터, 임상 연구 결과 등을 종합적으로 분석하여 평가합니다. '농약 잔류물 모니터링 시스템(Pesticide Residue Monitoring System)'은 AI를 활용하여 유럽 전역의 식품에서 농약 잔류물 검출 패턴을 분석합니다. 이 시스템은 위험도가 높은 식품과 원산지를 식별하여 집중적인 검사가 필요한 대상을 선정합니다.

EU의 '식품 라벨링 검증 AI(Food Labeling Verification AI)'는 식품 라벨의 정확성을 자동으로 검증합니다. 이 AI는 영양 정보, 원산지, 유기농 인증 등이 실제 제품과 일치하는지 확인하여 소비자 신뢰를 높입니다.

'식품 안전 비상 대응 시스템(Food Safety Emergency Response System)'은 식품 안전 위기 상황이 발생했을 때 AI를 활용하여 최적의 대응 방안을 신속하게 결정합니다. 이 시스템은 오염된 식품의 유통 범위를 예측하고, 효과적인 리콜 전략을 수립하며, 공중 보건 영향을 평가합니다.

EU의 '미래 식품 위험 예측 시스템(Future Food Risk Forecasting System)'은 기후 변화, 국제 무역 패턴, 소비자 행동 변화 등의 데이터를 분석하여 향후 5~10년 내에 발생할 수 있는 새로운 식품 안전 위험을 예측합니다. 이 시스템은 정책 입안자들이 미래 위험에 선제적으로 대응할 수 있도록 도와줍니다. EU의 식품 안전 모니터링 및 위험 관리 시스템은 세계적으로 가장 선진적인 식품 안전 인프라로 평가받고 있으며, 다른 국가나 지역에 모범 사례로 활용되고 있습니다.

# 제15장
# 노동 및 사회복지 분야

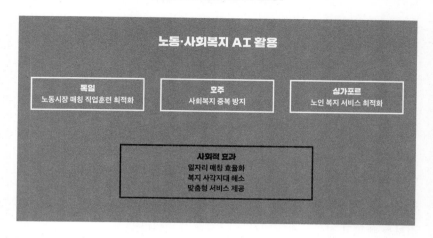

## 1. 독일의 노동시장 매칭 및 직업훈련 최적화

독일 연방노동청(Bundesagentur für Arbeit, BA)은 오랜 시간 동안 구직자와 일자리를 연결해주는 역할을 해 왔습니다. 이 기관은 VerBIS라는 시스템을 통해 구직자의 경력, 자격, 관심 분야 등을 기록하고, 이를 바탕으로 알맞은 일자리를 소개해 왔습니다. VerBIS는 노동청 직원들이 상담에 사용하는 내부 시스템이며, 많은 구직자 데이터를 모으고 분석할 수 있는 기반이 됩니다.

최근 연방노동청은 이 VerBIS 시스템에 인공지능(AI) 기술을 도입해 자동으로 직업을 추천하는 기능을 시험적으로 운영하고 있습니다. 이 기능은 예전 상담 자료와 일자리 연결 데이터를 AI가 스스로 학습해서, 구직자에게 잘 맞는 직업을 추천해 주는 방식입니다. 예를 들어, 비슷한 조건의 사람들이 어떤 직업에 잘 적응했는지를 참고해, 비슷한 유형의 구직자에게 그 직업을 제안할 수 있습니다. 이렇게 하면 사람의 직관에만 의존하지 않고, 더 빠르고 과학적인 방법으로 일자리를 찾을 수 있습니다.

하지만 이런 시스템이 제대로 작동하려면 많은 정보를 자유롭게 쓸 수 있어야 합니다. 현재는 개인정보 보호법 때문에, 노동청이 가지고 있는 데이터를 AI가 쉽게 활용할 수 없습니다. 예를 들어, 민감한 정보는 법적으로 목적이 정해진 상황에서만 사용할 수 있기 때문에, AI 학습용으로 사용하려면 별도의 법적 허가나 제도가 필요합니다.

이와 함께, 연방노동청은 ADEST라는 다른 AI 프로젝트도 운영하고 있습니다. 이 시스템은 이메일이나 웹사이트 등으로 들어온 여러 형태의 구인 광고를 자동으로 분석해서 표준화된 형태로 정리해 줍니다. 특정 단어나 표현이 들어간 문장을 AI가 읽고, 그것이 '기간제 일자리'임을 인식해 자동으로 분류합니다. 이 기능은 담당 직원의 수고를 줄이고, 일자리 정보를 빠르고 정확하게 정리하는 데 도움이 됩니다.

독일 연방노동청은 www.jobcenter.digital 포털을 통해 SGB II에 따른 Einstiegsgeld(시작 자금) 신청 시 머신 러닝을 사용합니다. 온라인으로 제출된 Arbeitsverträge(고용 계약)의 내용이 추출되고 문서 분류가 수행됩니다. 이를 통해 Jobcenter 직원은 문서를 사전 선택하고 제출된 모든 문서를 자세히 검토할 필요성을 줄일 수 있습니다. 독일 연방노동청은 KI를 사용하여 매년 약 15만 건의 Kindergeldbewilligungen(자녀 수당 승인)에 대한 Studienbescheinigungen(학업 증명서)을 확인하고 사기 시도를 감지합니다. 독일 연방노동청은 서비스 센터 직원의 업무 부담을 줄이기 위해 Voice-Bot을 테스트하고 있으며, AI 기반 음성 인식은 Ärztlichen Dienst(의료 서비스) 및 Berufspsychologischen Service(직업 심리 서비스)와 같은 독일 연방노동청의 전문 서비스에 상당한 편의를 제공할 수 있습니다.

이외에도 노동청은 자격증 진위 여부를 자동으로 판별하거나, 아동수당 신청서의 내용 중 필요한 정보를 AI가 찾아주는 기능, 이메일 내용을 분류해 담당자에게 전달하는 기능 등을 도입하고 있습니다. 다만, 대화형 AI(챗봇)는 아직 도입하지 않았습니다. 잘못된 정보가 전달될 수 있는 위험이 있어서 좀 더 기술이 안정될 때까지는 조심스럽게 접근하고 있습니다.

정리하자면, 독일 연방노동청은 AI를 활용해 구직자와 일자리를 더 잘 연결하려는 노력을 하고 있습니다. VerBIS 시스템에 AI 기능을 접목해 보다 정교한 추천이 가능하게 하고 있으며, ADEST 시스템으로는 복잡한 구인 정보를 정리하고 있습니다. 이러한 기술은 사람의 업무를 줄이고, 더 많은 사람에게 더 정확한 일자리 정보를 제공하는 데 큰 도움이 됩니다.

그러나 개인정보 보호 문제, 법적 제약, 기술 개발에 필요한 투자 등 아직 해결해야 할 과제도 많습니다. 이런 문제들을 잘 풀어나간다면, AI는 앞으로 독일 노동시장에서 매우 중요한 도구가 될 것입니다. AI가 사람을 대체하는 것이 아니라, 사람을 도와주는 방식으로 잘 활용될 수 있도록 사회 전체가 함께 준비해야 합니다.

## 2. 호주의 사회복지 중복 방지

### 2.1 Centrelink의 AI 활용 사례

호주의 복지기관인 Centrelink는 AI를 사용해 복지금 사기를 막고, 효율적으로 관리하고 있습니다. AI는 복지금을 신청할 때 사기 가능성이 높은 사례를 찾아냅니다. 다른 사람의 신원을 몰래 이용해 돈을 받는 '신원 도용'이나 코로나19 지원금을 허위로 신청하는 사례를 탐지할 수 있습니다. AI가 이런 사례를 찾아 직원들에게 알려주면, 직원들은 이를 조사합니다.

Centrelink는 AI를 사용할 때, AI가 직접 결정을 내리지 않고 직원의 판단을 돕는 용도로만 활용합니다. 호주 정부는 AI를 사용할 때 투명성과 책임을 지키기 위한 규칙을 만들고 있습니다. 그러나 시민단체와 전문가들은 AI의 결정 과정이 투명하게 공개되어야 하고, 편향된 판단이나 잘못된 결정이 없도록 철저한 관리가 필요하다고 주장합니다.

## 2.2 Robodebt 시스템과 문제점

호주 정부는 과거에 Robodebt라는 AI 기반 시스템을 만들어 정부의 복지 데이터와 세금 데이터를 비교해 복지금을 너무 많이 받은 사람들을 자동으로 찾아냈습니다. 하지만 일부 오류가 있었습니다. 실제 소득이 매주 일정하지 않은 임시직이나 비정규직 근로자의 현실과 맞지 않았습니다. 이러한 잘못된 방식 때문에 수십만 명의 사람들이 억울하게 잘못된 반환 통지서를 받았습니다. 이 사건으로 호주 정부는 소송에서 패소했고, 많은 피해자에게 보상금을 지급해야 했습니다. 법원은 Robodebt 시스템이 '불법적이고 비윤리적'이었다고 결론지었습니다.

Robodebt 사례를 통해 AI가 잘못된 데이터를 사용하거나 잘못 설계되면 시민들에게 큰 피해를 줄 수 있다는 사실이 밝혀졌습니다. 복지 수급자의 현실을 제대로 반영하지 않은 채 AI가 자동으로 결정을 내리면 심각한 문제가 발생할 수 있습니다. 이러한 문제를 해결하기 위해, 호주 정부는 AI를 사용할 때 위험성을 평가하고 관리하는 규칙을 만들었습니다. 또한, AI 시스템을 투명하게 운영하기 위해 시민들에게 AI 사용 목적과 방법, 관리 방식을 공개하고 있습니다. 호주 정부의 실패 사례는 AI 기술이 효율적인 업무 처리를 돕는 장점도 있지만, 윤리적이고 책임감 있게 사용하지 않으면 많은 시민이 피해를 볼 수 있음을 보여줍니다. 따라서 AI를 신중하고 투명하게 사용하고, 지속적으로 관리하는 것이 중요합니다.

## 3. 싱가포르의 노인 복지 서비스 최적화

싱가포르 정부는 보건부(MOH) 주도로 Healthier SG 프로그램과 연계된 다양한 AI 기반 노인 돌봄 솔루션을 적극적으로 운영하고 있습니다. IoT 센서와 AI 예측 알고리즘을 활용한 Smart Elderly Alert System 은 실시간으로 노인의 건강 상태를 모니터링하고 응급 상황에 신속하게 대응할 수 있는 시스템으로 널리 활용되고 있습니다.

싱가포르 주택개발청(HDB)은 노인들의 안전을 위해 가정 내 낙상 감지 및 알림 시스템을 적극적으로 개발하고 있습니다. 2023년부터는 mmWave 센서 기반의 비접촉식 낙상 감지 시스템이 HDB 임대 아파트에 설치되어 독거노인을 효과적으로 지원하고 있습니다. 이 시스템은 94%라는 높은 정확도로 낙상을 감지하며, 카메라를 사용하지 않아 사생활 침해 없이 안전하게 노인의 활동을 모니터링할 수 있다는 큰 장점이 있습니다. 낙상이 감지되면 즉시 지정된 가족이나 긴급 서비스에 알림이 전송되어 신속한 도움을 제공합니다.

AI 챗봇을 활용하여 노인의 사회적 고립을 줄이고 정신 건강을 지원하는 프로그램이 다양한 지역사회 센터에서 활발히 시행되고 있습니다. 이러한 챗봇은 노인과의 자연스러운 대화를 통해 인지 활동을 촉진하고 중요한 건강 정보를 쉽게 제공하며, 고도화된 음성 인식 기술을 통해 디지털 기기 사용에 익숙하지 않은 노인들도 쉽게 이용할 수 있도록 사용 편의성을 크게 높였습니다. 또한 이 AI 챗봇은 노인의 말투나 대화 내용을 분석하여 우울증이나 인지 기능 저하와 같은 초기 징후를 감지하고 적절한 전문가의 개입을 유도할 수 있습니다.

가족 돌봄 제공자들을 위한 종합적인 모바일 앱도 개발되어 노인의 상태를 원격으로 실시간 모니터링하고, 복잡한 돌봄 일정을 효율적으로 조정하며, 필요할 때 전문가의 조언을 즉시 받을 수 있습니다. 이 앱에 탑재된 AI 시스템은 돌봄 제공자의 활동 패턴과 스트레스 지표를 분석하여 돌봄 제공자의 부담 수준을 정확히 파악하고, 개인화된 추가 지원 서비스나

휴식 옵션을 적시에 추천하여 돌봄 제공자의 소진을 효과적으로 예방합니다. 이를 통해 지속 가능한 돌봄 환경을 조성하고 가족 기반 돌봄의 질을 향상시키고 있습니다.

Smart Nation Sensor Platform은 지역별 노인 활동 데이터를 종합적으로 통합 분석하여 각 지역과 개인에게 최적화된 맞춤형 서비스를 효율적으로 제공하고 있습니다. 2025년 현재는 고도화된 AI 매칭 알고리즘을 통해 비슷한 관심사나 건강 상태를 가진 노인들을 지능적으로 연결하고, 지역 자원봉사자, 다양한 서비스 제공자, 주변 의료기관 등과 체계적으로 연계하는 서비스가 전국적으로 확대 운영되고 있습니다. 이 플랫폼은 노인들의 사회적 연결망을 강화하고 지역사회 참여를 증진시켜 전반적인 삶의 질을 향상시키는 데 중요한 역할을 하고 있습니다.

싱가포르 정부는 2019년 국가 AI 전략(NAIS)을 공식적으로 발표하고, 의료 분야를 AI 중점 도입 분야로 전략적으로 선정했습니다. 2020년에는 정부 인공지능 준비지수에서 세계 6위를 기록하는 등 AI 도입에 적극적이고 지속적인 투자를 하고 있습니다. 2030년에는 싱가포르 인구의 25%가 65세 이상이 될 것으로 구체적으로 예상됨에 따라, AI 기술을 활용한 고령자 돌봄 시스템 구축에 대한 관심과 투자가 더욱 확대될 것으로 전망됩니다. 주목할 만한 점은 2020년을 기준으로 의료 분야 AI 예산이 NAIS 수립 이후 240%나 대폭 증가했다는 사실입니다. 이는 싱가포르 정부가 고령화 사회에 대응하기 위한 AI 기술 도입에 얼마나 심혈을 기울이고 있는지 명확하게 보여줍니다.

싱가포르는 스마트 시니어 도시 프로젝트를 통해 다양한 측면에서 노인 친화적 환경을 조성하고 있습니다. 구체적으로는 IoT 기반의 스마트 주거 시설 확대, 교통약자를 배려한 노인 친화적인 대중교통 시스템 강화, 고령자 접근성이 높은 스마트 공공시설 확충 등을 종합적으로 추진하고 있습니다. 또한 AI 및 IoT 기반 헬스 케어 시스템을 통해 노인의 건강을 체계적이고 예방적으로 관리하며, 디지털 소외를 줄이기 위한 노인 맞춤형 디지털 교육 프로그램 확대, 세대 간 교류를 촉진하는 커뮤니티 센터 운영, 노인의 경제적 자립을 지원하는 실버 경제 활성화 등 사회적 참여를 다각도로 장려하고 있습니다.

싱가포르는 빠르게 진행되는 고령화 사회에 적극적이고 혁신적으로 대응하기 위해 최첨단 AI 기술을 활용한 다양한 스마트 솔루션을 지속적으로 개발하고 도입하고 있습니다. Healthier SG 프로그램과 체계적으로 연계된 AI 기반 노인 돌봄 시스템들이 실제로 성공적으로 운영되고 있으며, 앞으로도 지속적인 투자와 기술 개발을 통해 고령자들의 신체적, 정신적 건강을 증진하고 전반적인 삶의 질을 향상시키기 위한 노력을 계속해서 이어갈 것으로 예상됩니다. 이러한 싱가포르의 접근 방식은 고령화에 대비하는 국가들에게 중요한 모델이 되고 있습니다.

# 제16장
## 문화, 관광 및 체육 분야

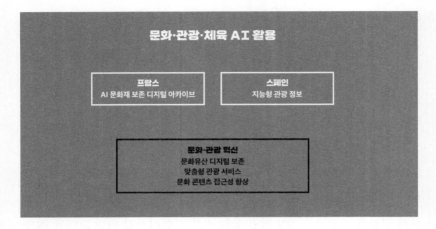

### 1. 프랑스의 AI 기반 문화재 보존 및 디지털 아카이브

프랑스는 오랜 역사와 문화유산을 가진 나라로, 이를 보존하고 관리하는 데 인공지능 기술을 적극적으로 활용하고 있습니다. 프랑스 문화부는 2019년부터 '디지털 문화유산 이니셔티브(Initiative Patrimoine Numérique)'를 통해 AI 기술을 문화재 보존에 도입하기 시작했습니다.

AI 기술은 또한 문화재 복원 작업에도 큰 도움을 주고 있습니다. 2019년 화재로 심각한 피해를 입은 노트르담 대성당 복원 과정에서, AI는 수천 장의 과거 사진과 3D 스캔 데이터를 분석하여 정확한 복원 계획을 세우는 데 활용되었습니다. AI 알고리즘은 손상된 부분의 원래 모습을 추정하고, 필요한 자재와 공법을 제안하여 역사적 정확성을 높였습니다.

'디지털 루브르(Digital Louvre)' 프로젝트는 AI를 활용해 어디서나 프랑스 문화유산을 경험할 수 있게 합니다. 초고해상도 디지털 이미지와 AI 기반 가상 투어를 통해, 실제 방문이 어려운 사람들도 프랑스의 문화유산을 생생하게 감상할 수 있습니다. 코로나19 팬데믹 기간에는 이 서비스 이용자가 500% 이상 증가했으며, 학교 교육에도 널리 활용되었습니다.

프랑스의 문화재 보존 AI 프로젝트는 다른 유럽 국가들과의 협력도 활발히 진행하고 있습니다. 'Europeana AI' 이니셔티브를 통해 이탈리아, 스페인, 독일 등과 기술 및 데이터를 공유하며, 유럽 전체의 문화유산 보존을 위한 공동 표준을 만들어가고 있습니다. 이러한 국제 협력은 문화재 보존 AI 기술의 발전 속도를 더욱 높이고 있습니다.

## 2. 스페인의 지능형 관광 정보

스페인은 세계적인 관광 대국으로서 매년 8,000만 명 이상의 관광객이 방문합니다. 코로나19 이전인 2019년에는 관광 산업이 GDP의 12.4%를 차지할 정도로 국가 경제의 중요한 축을 담당했습니다. 이러한 관광 산업의 경쟁력을 유지하고 발전시키기 위해 스페인 정부는 2018년부터 '스마트 관광 목적지(Smart Tourism Destination Strategy)' 전략을 적극적으로 추진하고 있습니다.

바르셀로나는 'Barcelona Smart City' 프로젝트의 일환으로 AI 기반 관광 관리 시스템(Barcelona's AI-Based Tourism Management System)을 도입했습니다. 이 시스템은 도시 내 수백 개의 센서, 모바일 데이터, SNS 데이터 등을 실시간으로 수집하여 관광객 흐름을 분석합니다. 이를 통해 특정 관광지의 혼잡도를 예측하고, 지역별 방문 시간을 최적화하여 관광객들에게 추천합니다. 예를 들어, 가우디의 성가족성당이 혼잡할 것으로 예측되면, 다른 시간대 방문이나 대체 관광지를 자동으로 추천합니다.

'스페인 여행 도우미(Spain Travel Assistant)' 앱은 AI 기반 개인 맞춤형 여행 플래너 역할을 합니다. 이 앱은 관광객의 취향, 방문 기간, 예산, 이동 수단 등을 고려하여 최적의 여행 일정을 제안합니다. 음식, 예술, 역사, 자연 등 개인의 관심사에 따라 코스를 세분화하고, 날씨 예측과 지역 축제 일정까지 반영하여 여행 만족도를 높입니다. 2022년 기준으로 이 앱은 15개 언어를 지원하며, 다운로드 수가 500만 건을 넘었습니다.

'스페인 음식 AI(Spanish Cuisine AI)'는 외국인 관광객들에게 지역별 전통 음식을 소개하고 맞춤형 식당을 추천합니다. 이 서비스는 관광객의 식이 제한(채식, 알레르기 등), 예산, 선호하는 맛 등을 고려하여 적합한 식당을 찾아줍니다. 또한 메뉴판 번역, 현지 음식 문화 설명, 인기 메뉴 추천 등의 기능을 제공하여 언어 장벽 없이 스페인 음식을 즐길 수 있도록 돕습니다.

세비야는 'AI 관광 흐름 관리(Seville's Tourism Flow Management)' 시스템을 도입하여 도시 내 관광객 분산을 유도합니다. 이 시스템은 실시간 데이터 분석을 통해 알람브라 궁전, 스페인 광장 등 인기 관광지의 혼잡도를 예측하고, 지역별 방문객 할당량을 조정합니다. 성수기에는 시간대별 입장객 수를 세밀하게 조절하여 과도한 혼잡과 문화재 훼손을 방지합니다. 이 시스템 도입 후 주요 관광지의 방문객 만족도가 23% 상승했습니다.

'스페인 문화 통역사(Spanish Culture Interpreter)'는 AI 기반 증강현실(AR) 가이드 서비스입니다. 관광객이 스마트폰 카메라로 건물이나 예술작품을 비추면, AI가 실시간으로 해당 대상을 인식하고 관련 역사와 문화적 맥락을 제공합니다. 단순한 정보 제공을 넘어, 그 장소에서 있었던 역사적 사건을 AR로 재현하거나, 건축물의 과거 모습을 시각화하여 보여주는 기능도 있습니다. 이 서비스는 현재 8개 언어를 지원합니다.

발렌시아의 'AI 관광 안전 시스템(Valencia's AI Tourism Safety System)'은 관광객의 안전을 위해 도시 전역에 설치된 CCTV와 센서 데이터를 분석합니다. 이 시스템은 잠재적 위험 상황(범죄, 사고 등)을 감지하고,

필요한 경우 즉시 경찰이나 응급 서비스에 알립니다. 또한 관광객들에게 특정 지역의 안전 상태를 실시간으로 알려주고, 야간 이동 시 더 안전한 경로를 추천합니다. 이 시스템 도입 이후 관광 관련 범죄가 28% 감소했습니다.

'스페인 지속가능 관광 AI'는 환경 영향을 최소화하는 관광 방법을 추천합니다. 이 AI는 방문객의 탄소 발자국을 계산하고, 대중교통 이용, 지역 생산 음식 소비, 친환경 호텔 선택 등을 통해 환경 부담을 줄이는 방법을 제안합니다. 또한 지역 경제에 더 많은 혜택을 줄 수 있는 소규모 가족 운영 비즈니스와 지역 문화 이벤트를 우선적으로 추천합니다. 유럽연합은 이 프로젝트를 지속 가능한 관광의 모범 사례로 인정했습니다.

스페인 관광청은 'AI 관광 예측 시스템'을 활용하여 국가와 지역별 관광 트렌드를 분석하고 마케팅 전략을 최적화합니다. 이 시스템은 항공 예약 데이터, 검색 엔진 쿼리, 소셜 미디어 분석, 경제 지표 등을 종합하여 미래 관광 패턴을 예측합니다. 코로나19 이후에는 건강 관련 데이터도 포함하여 안전한 관광 재개를 위한 전략 수립에 활용했습니다. 이 예측 모델의 정확도는 약 85%로, 효율적인 예산 배분과 마케팅 타겟팅에 큰 도움이 되고 있습니다.

# 제3부

# 인공지능 행정의
# 이론적 배경

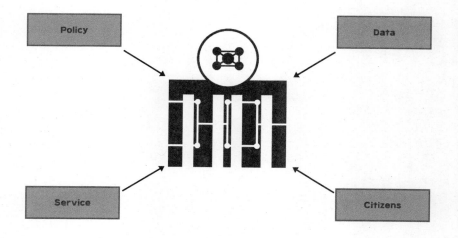

# 제17장
# 인공지능 행정의 개념과 발전과정

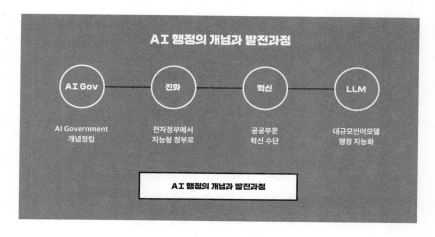

## 1. 인공지능 정부(AI Government)의 개념

인공지능 정부(AI Government)는 인공지능 기술을 적극 활용하여 새로운 시대의 희망을 만들어가는 혁신적인 정부 형태를 의미합니다. 기존의 공무원이 수행하던 복잡한 업무들을 인공지능이 스스로 학습하고 판단하여 처리하거나 효율적으로 지원하는 진일보한 시스템입니다. 단순한 전산화나 프로그램 활용을 넘어, 데이터의 깊은 이해와 분석을 통해 행정 업무 전반에 창의적이고 지능적으로 접근합니다.

OECD는 '공공부문 AI'를 "공공 가치의 증진과 서비스 품질 개선을 위해 정부 기관이 적극적으로 활용하는 AI 시스템"으로 정의합니다. 인공지능 정부의 핵심 특징은 다음과 같습니다. 첫째, 데이터에 기반한 신속하고 정확한 의사결정으로 행정의 신뢰도를 높입니다. 둘째, 미래를 예측하는 선제적 행정을 통해 사회적 문제에 대응하여 시민의 삶의 질을 향상시킵니다. 셋째, 모든 시민 개개인에게 맞춤형 공공 서비스를 제공하여 보다 따뜻하고 세심한 행정을 구현합니다.

## 2. 전자정부에서 지능형 정부로의 진화

전자정부에서 지능형 정부로의 발전 과정은 마치 새로운 미래로 나아가는 희망찬 여정과 같습니다. 초기 '전자정부(e-Government)' 단계에서는 종이 문서를 디지털화하고 인터넷을 통해 정보를 개방하는 데 집중하며 디지털 혁명의 기초를 마련했습니다. 이어진 '디지털 정부(Digital Government)' 단계에서는 데이터 중심의 혁신과 시민의 적극적인 참여가 이루어졌습니다. 한국의 '정부24', 미국의 'data.gov' 등이 이 시기에 탄생하여 국민 중심의 행정을 확산시켰습니다. 현재는 '지능형 정부(Intelligent Government)' 또는 'AI 정부' 단계로 도약하고 있으며, AI 기술이 주도하는 예측적 행정과 개인 맞춤형 서비스가 실현되는 시대를 맞이했습니다. 자동으로 시민의 질문에 응답하는 챗봇 서비스, 범죄나 재난 발생을 예측하여 예방하는 스마트 시스템, 그리고 개개인의 특성을 반영한 맞춤형 복지 서비스 추천은 모두 국민들이 꿈꾸던 희망찬 미래의 출발점이 되고 있습니다.

## 3. 공공부문 혁신의 핵심 수단으로서의 인공지능

인공지능(AI)의 공공부문 혁신 효과는 크게 세 가지로 나누어 살펴볼 수 있습니다. 우선 AI는 반복적이고 시간이 많이 소요되는 행정 업무를 자동화하여 업무 효율성을 높이고, 공무원들이 더욱 가치 있고 창의적인 업무에 집중할 수 있도록 도와줍니다. 또한, AI는 방대한 데이터를 정밀하게 분석하여 인간이 발견하기 어려운 중요한 패턴과 관계를 찾아내 의사결정의 품질과 신뢰도를 크게 향상시킵니다. 이와 함께 AI는 개인의 다양한 상황과 요구를 깊이 이해하여 맞춤형 서비스를 제공함으로써 시민의 만족도를 높이고 더 나은 삶을 위한 행정 서비스를 실현합니다.

이러한 효과를 통해 AI는 정부와 공공기관의 혁신을 촉진하는 희망의

열쇠로 자리 잡고 있으며, 세계 각국은 더욱 활발하게 AI 기반 혁신을 추진하고 있습니다.

싱가포르 정부의 사례를 살펴보면, 자연어 처리 기술을 활용한 'Ask Jamie' AI 챗봇을 도입하여 이미 80개 이상의 정부 웹사이트와 9개의 인트라넷 사이트에서 1,500만 개 이상의 시민 질문에 답변하면서 콜 센터의 업무 부담을 최대 50%까지 줄였습니다. 또한 싱가포르는 GovTech를 중심으로 모든 정부 챗봇을 대규모 언어 모델(LLM) 기반 엔진으로 전환하는 새로운 프로젝트를 통해 AI 챗봇의 가능성을 한층 더 확장하고 있습니다.

### 4. 대규모 언어 모델(LLM)과 행정 지능화

최근 가장 주목받고 있는 대규모 언어 모델(LLM)은 미래 행정의 진보와 발전에 핵심적인 기술로 부상하고 있습니다.

ChatGPT와 같은 LLM은 사람의 언어를 자연스럽게 이해하고 창의적으로 생성하는 능력을 통해 행정 업무에 새로운 가능성을 열어가고 있습니다. LLM 기반 챗봇은 복잡한 행정 절차를 누구나 쉽게 이해할 수 있도록 돕고, 시민 개개인의 상황에 맞춘 친절하고 세심한 안내를 제공합니다. 또한 법률 문서나 정책 보고서, 민원 자료와 같은 방대한 행정 문서를 신속하게 분석하고 요약하여 공무원들이 더 가치 있는 업무에 집중할 수 있도록 합니다.

물론 LLM 기술의 행정적 활용 과정에서 정확성과 신뢰성, 개인정보 보호, 책임성 등의 과제가 존재하지만, 이 기술의 잠재력은 분명하며 앞으로 더욱 발전된 모습으로 우리의 행정을 미래로 이끌 것입니다. AI와 LLM 기술이 만들어 갈 새로운 행정 환경은 희망차고 진보적인 미래로 나아가는 첫걸음이 될 것입니다.

# 제18장
## 공공부문 인공지능 도입의 유형과 모델

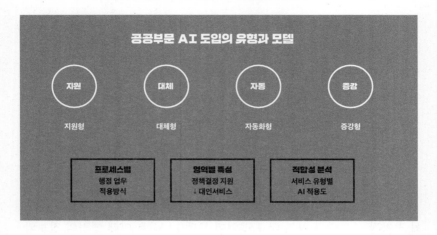

## 1. 지원형, 대체형, 자동화형, 증강형

정부와 공공기관에서 인공지능(AI)을 활용하는 방식은 인공지능이 행정 업무에 얼마나 깊이 개입하는지에 따라 크게 네 가지 모델로 나눌 수 있습니다.

첫 번째는 지원형(Assistive) 모델로, 공무원의 업무를 보조하는 방식입니다. 이 모델에서는 공무원이 최종적인 결정권을 갖고 있으며, AI는 정보 제공과 자료 정리 같은 보조 역할을 수행합니다. 예를 들어 민원을 처리할 때 AI가 관련 법규나 과거 사례를 제공하여 공무원의 업무를 지원할 수 있습니다. 지원형 모델은 공무원의 업무 부담을 줄이고 효율성을 높이는 데 큰 장점이 있습니다.

두 번째는 대체형(Replacement) 모델로, 특정 업무나 직무 자체를 AI가 완전히 대체하는 방식입니다. 이 모델은 반복적이고 단순한 업무를 AI가 직접 처리하여 인력을 줄이는 데 중점을 둡니다. 세금 신고서 접수 및 처리, 단순 민원 응대, 데이터 입력 등의 업무가 이 모델의 대표적인 사례입니다. 대체형 모델은 업무 처리의 속도와 효율성을 크게 높일 수 있지만, 일자리 감소와 오류 발생 시 책임 소재가 불분명하다는 문제점이 있습니다.

세 번째는 자동화형(Automation) 모델로, 업무의 과정 전체를 AI가 자동으로 처리하는 방식입니다. 정해진 규칙과 절차에 따라 업무 프로세스를 처음부터 끝까지 AI가 자동 수행하며, 예외적인 상황에서만 사람이 개입하게 됩니다. 대표적인 예시로는 세금 환급 처리, 복지 혜택 자격 심사, 여권 발급 심사 등의 행정 절차가 있습니다. 자동화형 모델은 빠르고 일관된 업무 처리가 가능하지만, 예외적이고 복잡한 상황에 대한 대응이 어렵다는 단점이 있습니다.

대체형 모델과 자동화형 모델의 핵심적인 차이점은, 대체형은 특정 업무나 직무 자체를 AI가 완전히 대신하는 것이라면, 자동화형은 업무 프로세스를 AI가 자동으로 처리하는 방식이라는 점입니다. 즉, 대체형은 "누가 업무를 수행하는가"에 초점을 맞추는 반면, 자동화형은 "어떻게 업무가 진행되는가"에 초점을 둡니다.

네 번째는 증강형(Augmentation) 모델로, AI와 사람이 상호보완적으로 협력하는 방식입니다. 이 모델에서는 AI가 데이터 분석과 패턴 인식을 담당하고, 사람은 창의적 판단과 윤리적 결정을 맡아 함께 업무를 수행합니다. 예를 들어 정책 입안 과정에서 AI가 다양한 데이터를 분석하여 여러 정책 옵션을 제시하면, 공무원이 이를 바탕으로 최종 정책을 결정하는 방식입니다. 증강형 모델은 AI와 인간의 장점을 결합하여 최상의 결과를 도출할 수 있지만, 명확한 역할 분담과 협업 시스템 구축이 어렵다는 과제를 안고 있습니다.

이 네 가지 모델 중 어떤 것이 가장 좋은지는 일률적으로 말할 수 없습니다. 업무의 성격, 중요도, 복잡성 등에 따라 적합한 모델이 달라집니다.

많은 경우 하나의 행정 체계 내에서도 업무에 따라 다양한 모델이 혼합되어 사용됩니다. 예를 들어, 단순 민원 응대는 대체형으로, 정책 결정은 증강형으로 운영하는 식입니다.

## 2. 행정 프로세스별 인공지능 적용 방식

행정 업무는 크게 계획 수립, 실행, 평가의 세 단계로 나눌 수 있으며, 각 단계별로 인공지능의 적용 방식이 다릅니다.

계획 수립 단계에서는 인공지능이 데이터 분석과 예측을 통해 정책 방향 설정을 지원합니다. 과거 데이터와 현재 상황을 분석하여 미래 트렌드를 예측하고, 이를 바탕으로 정책 대안을 제시합니다. 예를 들어, 교통 데이터를 분석하여 앞으로의 교통량을 예측하고 도로 확장이나 대중교통 노선 신설 등의 정책 방향을 제안할 수 있습니다. 이 단계에서는 주로 지원형이나 증강형 모델이 활용됩니다.

실행 단계에서는 인공지능이 행정 업무 처리와 서비스 제공을 담당합니다. 정책이 결정되면 이를 실행하는 과정에서 많은 행정 업무가 발생하는데, AI가 이를 자동화하고 효율화합니다. 예를 들어, 복지 정책이 결정되면 AI가 수혜자 선정, 지원금 계산, 지급 관리 등의 업무를 처리할 수 있습니다. 또한 시민들에게 서비스를 제공하는 과정에서도 AI 챗봇이나 자동 응답 시스템 등이 활용됩니다. 이 단계에서는 주로 자동화형이나 대체형 모델이 활용됩니다.

평가 단계에서는 인공지능이 정책 효과를 분석하고 개선점을 도출합니다. 정책 실행 결과와 관련된 다양한 데이터를 수집하고 분석하여 정책이 원래 목표를 달성했는지, 예상치 못한 부작용은 없었는지 등을 평가합니다. 예를 들어, 청년 일자리 지원 정책을 시행한 후 AI가 취업률, 고용 유지율, 임금 변화 등의 데이터를 분석하여 정책 효과를 평가할 수 있습니다. 이 단계에서는 주로 지원형이나 증강형 모델이 활용됩니다.

행정 프로세스별 AI 적용은 서로 연결되어 순환적인 체계를 이룹니다. 평가 결과는 다시 새로운 계획 수립의 기초가 되고, 이는 다시 실행으로 이어집니다. 이 순환 과정에서 AI는 각 단계를 연결하고 일관성을 유지하는 데 중요한 역할을 합니다. 예를 들어, 정책 평가 단계에서 수집된 데이터와 분석 결과는 다음 계획 수립 단계의 중요한 자료가 됩니다.

### 3. 정책결정 지원부터 대민서비스까지 영역별 특성

인공지능(AI)은 정부 활동의 다양한 분야에서 활용되며, 각 분야마다 역할과 특징이 다릅니다.

정책결정 지원 분야에서 AI는 복잡한 사회 문제를 이해하고 분석하는 데 도움을 줍니다. 다양한 데이터를 모아서 분석한 뒤 정책 담당자들에게 객관적인 정보와 예측 결과를 제공합니다. 예를 들어, 코로나19 정책을 결정할 때 AI는 바이러스 확산 예측, 경제적 영향 분석, 의료 자원 수요 예측 등을 통해 정책 수립에 필요한 정보를 제공합니다. 이 분야에서 AI는 결정을 대신 내리지는 않지만, 더 나은 결정을 할 수 있도록 다양한 각도에서 문제를 분석합니다.

행정 업무 처리 분야에서 AI는 내부 업무를 자동화하고 효율적으로 처리하도록 돕습니다. 공무원이 반복적으로 처리하는 공문서 작성, 예산 관리, 인사 관리, 법률 문서 검토 등의 업무를 AI가 지원하거나 대신 수행합니다. 예를 들어, AI가 회의록을 자동으로 작성하거나 법률 문서를 검토해 문제점을 찾아내고, 예산 사용 현황을 분석해 낭비를 줄이는 역할을 할 수 있습니다. 이 분야에서 AI는 반복적이고 규칙적인 업무를 맡아서, 공무원이 더 창의적이고 중요한 일에 집중할 수 있게 해 줍니다.

규제 및 감독 분야에서 AI는 법규 준수를 감시하고 위험 요소를 신속하게 찾아냅니다. 많은 양의 데이터를 실시간으로 분석해서 이상 징후나 위법 행위를 찾아 예방할 수 있도록 돕습니다. 예를 들어, 금융 거래 데이터를 분석해 자금 세탁이 의심되는 사례를 찾거나, 식품 안전 검사 데이터를 분석해 위험 식품을 빠르게 파악합니다. 이 분야에서 AI는 방대한 데이터를 빠르게 처리해 위험을 막을 수 있도록 지원합니다.

대민서비스 분야에서 AI는 시민들에게 직접적인 도움을 제공합니다. 언제든지 이용 가능한 챗봇 서비스로 시민들의 궁금증을 해결하고, 개인에게 맞는 정보를 제공하며, 복잡한 행정 절차를 쉽게 안내합니다. 예를 들어, AI 챗봇이 세금 신고 방법을 알려주거나, 시민 개인에게 맞는 복지 서비스를 추천하거나, 민원 신청 절차를 간단히 설명하는 역할을 합니다. 이 분야에서 AI는 시민들이 정부 서비스를 쉽고 편리하게 이용할 수 있도록 도와주는 역할을 합니다.

AI를 효과적으로 활용하려면 각 분야의 특성에 맞는 전략이 필요합니다. 정책결정 지원 분야에서는 AI 분석 결과를 무조건 신뢰하기보다 다양한 관점에서 추가 검토가 필요합니다. 행정 업무 처리 분야에서는 업무 절차를 다시 설계하고 직원들의 역할을 조정해야 합니다. 규제 및 감독 분야에서는 AI 알고리즘의 투명성과 공정성을 반드시 확보해야 합니다. 대민서비스 분야에서는 디지털 취약 계층도 쉽게 이용할 수 있도록 포용적으로 설계하는 것이 중요합니다.

### 4. 행정 서비스 유형에 따른 인공지능 적용 적합성 분석

모든 행정 서비스에 인공지능을 똑같이 적용할 수는 없습니다. 서비스의 성격과 특징에 따라 AI 적용의 적합성과 방식이 달라집니다.

정형적이고 규칙 기반적인 서비스는 AI 적용에 매우 적합합니다. 명확한 규칙과 절차가 있는 서비스는 이를 알고리즘화하여 AI가 처리하기 쉽습니다. 여권 발급, 자동차 등록, 각종 증명서 발급 등의 서비스는 정해진 요건과 절차가 있어 AI가 자동으로 처리할 수 있습니다. 이런 서비스에서는 대체형이나 자동화형 모델이 효과적으로 적용될 수 있으며, 처리 시간 단축과 일관된 서비스 제공이라는 장점이 있습니다.

반면, 복잡하고 맥락 의존적인 서비스는 AI 적용에 주의가 필요합니다. 개별 상황과 맥락에 따라 유연한 판단이 필요한 서비스는 AI만으로 처리하기 어렵습니다. 복잡한 민원 해결, 갈등 중재, 사회 복지 상담 등의 서비스는 업무처리 이외에 인간의 공감 능력과 상황 판단력이 중요합니다. 이런 서비스에서는 지원형이나 증강형 모델이 적합하며, AI는 정보 제공이나 기초 분석 역할을 담당하고 최종 판단은 사람이 하는 것이 바람직합니다. 정보 제공 이상의 공감과 섬세한 이해가 필요하기 때문입니다. AI가 처리하면 빠르고 효율적일 수 있지만, 상처받은 사람들에게 필요한 위로와 공감은 결국 인간만이 전달할 수 있습니다.

고위험 의사결정이 필요한 서비스도 AI 적용에 신중해야 합니다. 고위험 의사결정이 포함된 서비스의 AI 도입에 있어서는 더 많은 신중함이 요구됩니다. 범죄자 처벌, 난민 지위 인정, 아동 보호 결정과 같은 업무는 한 번의 실수로도 누군가의 삶을 돌이킬 수 없이 바꿔버릴 수 있습니다. 기계적 판단에 의존하기에는 윤리적 책임이 큽니다. 인간의 판단이 가지는 주관성도 문제지만, AI가 초래할 수 있는 오류의 위험성도 간과할 수 없습니다. 따라서 인간과 AI가 서로의 결점을 보완하며 공존하는 방식을 찾는 것이 중요합니다.

서비스 대상의 디지털 역량도 고려해야 합니다. 디지털 기기 사용에 익숙하지 않은 노인, 장애인 등은 AI 기반 서비스 이용에 어려움을 겪을 수 있습니다. AI 서비스와 함께 전통적인 대면 서비스를 병행하거나, 쉽고 직관적인 인터페이스 설계가 필요합니다. 복지 혜택 신청 시 AI 챗봇과 전화 상담, 대면 상담 등 다양한 채널을 제공하는 것이 바람직합니다.

이처럼 행정 서비스 유형에 따라 인공지능 적용 방식을 달리해야 합니다. 이러한 고민 끝에, 모든 행정 서비스를 무조건 AI로 대체하기보다 각 서비스의 특성과 시민의 필요를 깊이 이해하고, AI와 인간의 적절한 균형을 찾는 것이 바람직합니다. 기술이 인간성을 대체하는 것이 아니라, 기술과 인간성이 함께 어우러질 때 진정으로 효율적이고 따뜻한 행정 서비스가 가능합니다. 결국 우리가 가야 할 길은 기술의 완벽한 적용보다는 인간적 공감과 윤리를 잃지 않는 신중하고 지혜로운 기술 활용입니다.

# 제19장
# 인공지능 행정의 거버넌스와 법적 프레임워크

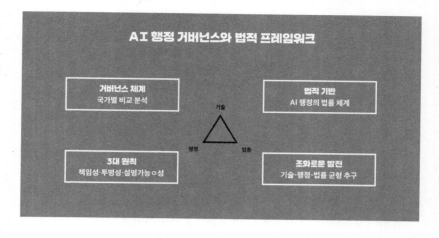

## 1. 국가별 AI 거버넌스 체계 비교 분석

인공지능(AI)을 정부와 공공부문에 도입할 때는 관리하고 감독하는 체계가 필요합니다. 이것을 'AI 거버넌스'라고 부릅니다. 세계 각국은 자국의 상황과 특성에 맞게 다양한 AI 거버넌스 체계를 구축하고 있습니다.

미국의 AI 거버넌스는 분산형 구조를 가지고 있습니다. 백악관 과학기술정책실(OSTP)이 전체적인 방향을 제시하지만, 각 연방기관이 자율적으로 AI 도입을 추진합니다. 2023년 바이든 대통령의 'AI 안전 및 혁신을 위한 행정명령'으로 국가 AI 이니셔티브 사무국(NAIIO)이 설립되어 조정 역할을 하고 있습니다. 민간 주도의 혁신을 중시하면서도 안전과 윤리를 위한 최소한의 규제 체계를 구축하는 접근법을 취합니다.2025년 1월 트럼프 대통령의 취임 이후, 미국의 AI 거버넌스 체계는 새로운 방향으로 전환되었습니다. 트럼프 행정부는 바이든 정부의 AI 정책을 대폭 수정하고, "미국의 AI 리더십 강화를 위한 장벽 제거"라는 제목의 새로운 행정명령(행정명령 14179)을 발표했습니다. 이 새로운 정책은 규제 완화와 민간

부문의 혁신 촉진에 더 중점을 두고 있습니다. 거버넌스 구조에도 변화가 있어, 백악관에 "AI 및 암호화폐 차르" 직책이 신설되었고, 과학기술 보좌관, AI 및 암호화폐 차르, 국가안보보좌관이 주도하는 AI 액션 플랜이 개발되었습니다. 정책 초점도 AI의 안전성, 윤리, 책임성에서 경제 성장과 국가 경쟁력 강화로 이동했습니다.

이러한 변화들은 미국의 AI 거버넌스가 행정부의 정책 방향에 따라 유동적으로 변화함을 보여줍니다. 접근법에는 차이가 있지만, 두 행정부 모두 미국의 AI 분야 리더십 유지를 공통 목표로 삼고 있습니다. AI 거버넌스가 기술적 측면뿐만 아니라 정치적, 경제적 요소에도 영향을 받는 복합적인 영역임을 보여줍니다.

유럽연합(EU)은 중앙집중형 구조로 AI 거버넌스를 추진합니다. EU 집행위원회가 AI Act를 통해 통일된 규제 프레임워크를 제시합니다. AI 시스템을 위험도에 따라 분류하고, 고위험 AI에 대해서는 엄격한 요구사항을 적용합니다. 유럽 AI 위원회를 설립하여 회원국 간 협력과 일관된 적용을 촉진합니다. EU는 '신뢰할 수 있는 AI'를 강조하며, 기본권 보호와 윤리적 원칙을 중심에 둡니다.

싱가포르는 조정형 구조를 가지고 있습니다. 국가 AI 사무국(NAIS)이 중심이 되어 다양한 정부 기관과 민간 부문을 조정합니다. 'National AI Strategy'를 통해 AI 발전의 방향을 제시하고, AI 거버넌스 체계(Model AI Governance Framework)를 개발하여 조직이 AI를 책임 있게 도입할 수 있는 실천적 지침을 제공합니다. 싱가포르는 혁신 촉진과 규제의 균형을 중시하며, 업계 자율 규제와 정부 지침을 결합한 접근법을 취합니다.

한국은 범부처 협력 구조를 구축하고 있습니다. 과학기술정보통신부가 주도하지만, '인공지능 국가전략'을 범부처 차원에서 수립하고 이행합니다. 또한 '인공지능 윤리기준'을 제정하여 AI 개발과 활용의 원칙을 제시합니다. 최근에는 대통령 직속 국가 인공지능위원회, 디지털플랫폼정부위원회를 통해 공공부문 AI 활용을 더욱 강화하고 있습니다. 한국은 AI를 통한 디지털 정부 혁신을 적극 추진하면서, 인간 중심의 AI 원칙을 강조합니다.

국가별 거버넌스 체계를 비교해 보면 첫째, 혁신과 규제 사이의 균형이 국가마다 다릅니다. 미국은 혁신에 더 중점을 두는 반면, EU는 규제와 보호에 더 중점을 둡니다. 둘째, 중앙집중형과 분산형 구조의 차이가 있습니다. EU와 싱가포르는 상대적으로 중앙집중형인 반면, 미국은 분산형 구조입니다. 셋째, 정부와 민간의 역할 분담이 다릅니다. 미국은 민간 주도를 강조하는 반면, 다른 국가들은 정부가 더 적극적인 역할을 수행합니다.

AI 거버넌스 체계는 그 나라의 정치 체계, 행정 문화, 기술 발전 수준, 사회적 가치 등에 영향을 받아 형성됩니다. 따라서 어떤 모델이 절대적으로 우수하다고 말하기는 어렵습니다. 중요한 것은 각 국가가 자국의 상황과 목표에 맞는 거버넌스 체계를 구축하고, 이를 통해 AI의 혜택을 극대화하면서 위험은 최소화하는 것입니다.

## 2. 인공지능 행정의 법적 기반

인공지능을 행정에 활용하기 위해서는 법적 기반이 필요합니다. 각국은 AI 기술의 발전과 활용을 지원하면서도 이로 인한 위험을 관리하기 위한 다양한 법제를 마련하고 있습니다.

유럽연합(EU)은 AI 규제에 적극적입니다. 2023년 채택된 AI Act는 세계 최초의 포괄적인 AI 규제 법안으로, AI 시스템을 위험도에 따라 네 단계(용인할 수 없는 위험, 고위험, 제한된 위험, 최소 위험)로 분류하고 각 단계별로 다른 수준의 규제를 적용합니다. 공공부문의 AI 활용과 관련해서는 고위험 분야에 해당하는 경우가 많아 높은 수준의 규제를 받습니다.

EU는 일반 데이터 보호 규정(GDPR)을 통해 AI 시스템의 개인정보 처리에 대한 엄격한 규제를 적용합니다.

미국은 연방 차원의 포괄적인 AI 법률은 없지만, 행정명령과 부문별 규제를 통해 AI를 관리합니다. 2023년 바이든 대통령의 'AI 안전 및 혁신을 위한 행정명령'은 공공부문 AI 활용의 원칙과 방향을 제시했습니다. 트럼프 행정부는 바이든 정부의 AI 정책을 대폭 수정하고, "미국의 AI 리더십 강화를 위한 장벽 제거"라는 제목의 새로운 행정명령을 발표했습니다. 규제 완화와 민간 부문의 혁신 촉진에 더 중점을 두고 있습니다. 또한 알고리즘 책임성 법안(Algorithmic Accountability Act) 등 다양한 법안이 논의 중입니다. 미국은 AI 혁신을 촉진하면서도 특정 영역(의료, 금융 등)에서는 부문별 규제를 강화하는 접근법을 취합니다.

영국은 '안전하고 책임 있는 AI 활용을 위한 프레임워크'를 마련하여 정부 부처와 공공기관의 AI 활용 지침을 제공합니다. 국가 AI 전략을 통해 혁신 친화적인 규제 환경을 조성하고자 합니다. 영국은 자율규제를 강조하면서도, 고위험 분야에 대해서는 부문별 규제를 강화하는 접근법을 취합니다. 데이터 윤리 혁신 센터(CDEI)를 설립하여 AI의 윤리적 활용에 관한 지침을 개발하고 있습니다.

한국 국회는 2024년 12월 26일에 '인공지능 기본법'을 통과시켰으며, 2026년 1월부터 시행될 예정입니다. 19개의 관련 법안을 통합하여 AI 산업의 체계적인 발전과 잠재적 위험을 예방하는 데 중점을 두고 있습니다. 개인정보 보호법과 전자정부법 등을 개정하여 AI 활용의 법적 기반을 강화하고 있습니다. 법의 주요 내용은 국가 협력 체계의 강화, AI 개발 지원, 안전한 AI 활용을 위한 조치 등을 포함합니다. 국가 AI 위원회와 AI 안전 연구소의 설립을 통해 AI 정책을 종합적으로 추진하며, 연구 및 개발, 학습 데이터, AI 데이터 센터 등을 지원하여 AI 산업을 육성합니다. 고위험

AI에 대한 안전하고 신뢰할 수 있는 기반을 마련하여 AI 기술의 발전과 안전한 활용을 통해 글로벌 AI 경쟁에서 선도적인 위치를 차지하도록 돕고 있습니다.

각국 법제를 비교해 보면, 접근 방식에서 차이가 있습니다. EU는 포괄적이고 사전예방적인 규제를 선호하는 반면, 미국은 부문별 규제와 자율규제를 선호합니다. 각국의 규제 철학과 전통의 차이를 반영합니다. AI 기술이 빠르게 발전하는 만큼, 법제 역시 변화하고 있으나, 국가마다 그 속도는 다릅니다.

인공지능 행정법에는 공통적인 과제가 있습니다. 혁신을 저해하지 않으면서도 안전과 권리를 보호하는 균형이 필요합니다. 발전하는 기술에 대응할 수 있는 유연한 규제 체계가 필요합니다. 국제적 조화와 협력도 중요합니다. AI는 국경을 초월하는 기술이므로, 국가 간 규제의 차이가 너무 크면 글로벌 AI 생태계에 혼란을 초래할 수 있습니다.

### 3. 책임성, 투명성, 설명가능성 확보

인공지능을 행정에 도입할 때 가장 중요한 고려사항은 AI 시스템이 책임 있고, 투명하며, 설명 가능해야 한다는 것입니다. 국민의 신뢰를 얻고 기본권을 보호하기 위한 필수 요건입니다.

책임성(Accountability)이란 AI 시스템이 내린 결정과 행동에 대해 책임질 대상이 분명히 있어야 한다는 원칙입니다. 즉, AI가 결정을 내리더라도 그 결과에 대한 최종 책임은 공무원이나 관련 기관에 있습니다.

책임성을 확보하기 위해서는 다음 세 가지가 필요합니다.

첫째, AI 개발자, 운영자, 사용자의 역할과 책임을 명확히 정해야 합니다.

둘째, AI 시스템 사용 전 위험을 평가하고, 사용 중에도 계속 관리하고 점검해야 합니다.

셋째, AI의 잘못된 결정으로 시민이 피해를 봤을 때, 이를 해결하고 보상받을 수 있는 절차가 있어야 합니다.

캐나다 몬트리올시는 'AI 윤리 위원회'를 설립하여 AI 활용을 감독하고, 문제 발생 시 즉각 대응할 수 있는 체계를 구축했습니다. 영국은 Artificial Intelligence Playbook for the UK Government라는 'AI 사용 가이드라인*'을 제공해 공공부문 AI 활용 시 책임성 확보 방안을 제시합니다.

투명성(Transparency)이란 AI 시스템이 어떻게 작동하고 어떤 방식으로 결정을 내리는지 누구나 알 수 있게 공개해야 한다는 원칙입니다. 이는 국민의 알 권리를 보장하기 위해 꼭 필요합니다.

투명성을 확보하기 위한 방법으로는 다음 세 가지가 있습니다.

첫째, 시민들이 행정 업무에서 AI가 쓰이고 있다는 사실을 알 수 있도록 분명히 안내해야 합니다.

둘째, AI 시스템이 사용하는 데이터의 출처와 품질을 공개하고, 데이터를 어떻게 수집하고 처리했는지 설명해야 합니다.

셋째, AI 시스템이 올바르게 작동하는지 독립된 외부 기관이 직접 검사하고 확인할 수 있어야 합니다.

설명가능성(Explainability)은 AI 시스템의 결정 이유와 근거를 인간이 이해할 수 있게 설명할 수 있어야 한다는 원칙입니다. 행정은 국민의 권리와 의무에 직접적인 영향을 주기 때문에, 결정의 이유를 쉽게 설명할 수 있어야 합니다. 이를 위해 '설명가능한 AI(XAI)' 기술이 필요합니다.

구체적인 방법은 다음과 같습니다.

---

* https://www.gov.uk/government/publications/ai-playbook-for-the-uk-government/artificial-intelligence-playbook-for-the-uk-government-html

첫째, AI가 어떤 과정을 거쳐 결정을 내렸는지 알기 쉽게 보여주는 기술을 활용할 수 있습니다. 예를 들어, 그림이나 차트를 통해 이해를 도울 수 있습니다.

둘째, 기술적이고 어려운 전문 용어가 아니라 일반 시민 누구나 이해할 수 있는 쉬운 언어로 설명해야 합니다.

셋째, AI가 내린 판단을 인간 전문가가 다시 한번 점검하고 필요할 때 보완할 수 있도록 해야 합니다.

프랑스는 EU AI Act에 따라 공공부문 AI 의사결정에 대해 '의미 있는 설명'을 제공할 법적 의무를 부과했습니다. 미국 뉴욕주의 복지 혜택 자격 심사 시스템은 신청자에게 결정 이유와 근거를 이해하기 쉽게 설명하고, 이의 제기 방법도 안내합니다.

책임성, 투명성, 설명가능성은 긴밀하게 연결되어 있습니다. 설명 없이는 투명성이 없고, 투명성 없이는 책임을 물을 수 없습니다. 이 세 원칙을 통합적으로 고려한 체계적인 접근이 필요합니다. 법적 요건 마련, 기술적 해결책 개발, 조직 문화 변화, 시민 참여 확대 등 다차원적인 노력이 요구됩니다.

## 4. 기술-행정-법률 간 조화로운 발전

인공지능 행정의 성공적인 구현을 위해서는 기술, 행정, 법률이 균형 있게 발전하고 조화를 이루어야 합니다. 이를 위한 다양한 제도적 장치가 각국에서 도입되고 있습니다.

범부처 협력 체계 구축: AI 정책은 한 부처만의 업무가 아니라 정부 전체가 함께 다뤄야 하는 문제입니다. 따라서 여러 부처 간 협력과 조정을 위한 제도적 체계를 마련해야 합니다. 예를 들어, 영국은 'AI Council'과 'Office for AI'를 설치하여 AI 정책을 총괄하고 있으며, 싱가포르는 '국가 AI 사무국(NAIS)'을 통해 공공부문의 AI 도입을 관리합니다.

유연한 규제 방식 도입: 빠르게 변화하는 AI 기술에 대응하려면 필요한 규제는 하되, 그 방식은 유연해야 합니다. '규제 샌드박스'를 도입하면 제한된 범위 내에서 규제를 완화하고 혁신적 AI 기술을 실험할 수 있습니다. 일본의 'AI 규제 샌드박스'와 핀란드의 'AI 실험' 프로그램이 대표적인 사례입니다.

전문가 자문 기구와 윤리 위원회 설치: AI 정책과 규제는 기술, 법률, 윤리 분야의 전문가가 함께 논의해야 합니다. 따라서 다양한 분야의 전문가가 참여하는 자문 기구와 윤리 위원회를 설치해야 합니다. 미국의 '국가 AI 자문위원회(NAIAC)'와 독일의 '데이터 윤리 위원회'가 좋은 사례입니다.

AI 영향 평가 제도 시행: AI 시스템이 사회와 개인에게 미칠 영향을 사전에 평가하고 대응하기 위한 제도를 도입해야 합니다. 캐나다의 '알고리즘 영향 평가(AIA)', 영국의 '개인정보 보호 영향 평가(DPIA)', 뉴질랜드의 '알고리즘 헌장'이 대표적 사례입니다.

공공-민간 파트너십 강화: AI 기술 발전과 효과적 활용을 위해서는 공공부문과 민간부문이 협력하는 것이 중요합니다. 싱가포르의 'AI Singapore' 프로그램, 핀란드의 'AuroraAI' 프로젝트, 한국의 '디지털 정부 혁신 파트너십'이 성공적인 사례입니다.

지속적인 법제도 점검 및 개선: AI 기술 변화에 맞춰 관련 법과 제도를 정기적으로 검토하고 개선해야 합니다. EU는 'AI 법'에 기술 발전에 따른 정기적 검토 조항을 포함했고, 영국은 '규제 선구자 펀드(Regulators' Pioneer Fund)'를 통해 새로운 규제 방식을 개발하고 있으며, 일본은 '규제 개혁 추진회의'에서 정기적으로 AI 관련 규제를 평가하고 개선하고 있습니다.

이러한 제도적 장치들은 기술, 행정, 법률 간의 속도 차이를 줄이고 조화로운 발전을 촉진하는 역할을 합니다. 기술이 너무 앞서가면 법적 공백과 윤리적 문제가 발생할 수 있고, 법률이 너무 엄격하면 혁신이 저해될 수 있습니다. 세 영역이 함께 발전하도록 하는 장치가 중요합니다.

성공을 위해서는 몇 가지 원칙이 중요합니다. 무엇보다 유연성과 적응성이 필요합니다. 빠르게 변화하는 AI 기술에 대응하기 위해 제도적 장치도 유연하게 운영되어야 합니다. 포용성과 참여가 중요합니다. 다양한 이해관계자, 시민의 참여를 보장하는 장치가 필요합니다. 선제적 접근도 필요합니다. 문제가 발생한 후 대응하는 것보다, 예측하고 준비하는 선제적 접근이 효과적입니다.

인공지능 행정의 거버넌스와 법적 프레임워크는 발전 중인 분야입니다. 각국은 자국의 상황과 특성에 맞는 제도적 장치를 개발하고 있으며, 국제적 경험 공유와 협력도 활발히 이루어지고 있습니다. 이러한 노력을 통해 AI의 혜택을 최대화하면서도 위험은 최소화하는 균형 잡힌 접근이 가능해질 것입니다.

# 제20장
# 공공부문 인공지능 도입의 쟁점과 과제

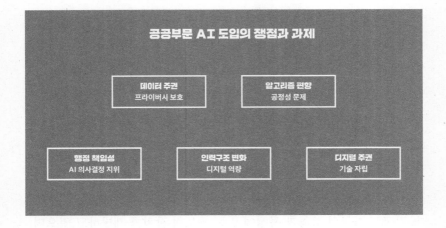

## 1. 데이터 주권과 프라이버시 보호

공공부문에서 인공지능을 도입할 때 가장 먼저 생각해야 할 문제는 데이터 주권과 시민들의 개인정보 보호입니다. 인공지능은 많은 양의 데이터를 필요로 하는데, 이 데이터에는 시민들의 개인정보가 포함될 수 있습니다.

정부가 인공지능 시스템을 도입할 때마다 마음 한구석에서 불안이 자라납니다. 우리의 소중한 개인 정보가 우리가 모르는 사이에 어디론가 흘러 들어가고, 누군가에게 악용될지도 모른다는 두려움 때문입니다. 공공 장소에 설치된 수많은 CCTV가 얼굴 인식 기술과 결합한다면, 우리는 눈에 보이지 않는 시선들로부터 벗어날 수 없게 될지도 모릅니다. 내 일상이, 내 움직임 하나하나가 누군가에게 관찰당할 수 있다는 생각만으로도 마음이 편치 않습니다. 범죄 예방이라는 명분 뒤에 숨어 나의 사생활이 침해당하고, 자유가 위협받는다면 옳은 일일까요?

게다가 정부가 보유한 수많은 데이터베이스가 서로 연결된다면, 나는 어느새 방대한 데이터 속에서 한낱 프로필에 불과한 존재가 되어버릴까

두렵습니다. 나의 의료 기록, 세금 정보, 학창 시절의 기록, 혹은 사소한 실수마저 모두 투명하게 드러나 버린다면, 내 삶은 마치 유리로 만들어진 집처럼 깨지기 쉬운 존재로 느껴질 것입니다. 기술의 발전이 가져오는 편리함과 효율성이 프라이버시와 자유보다 우선할 수 있을지, 깊이 고민해 볼 지점이 있습니다.

이러한 우려를 해결하기 위해 데이터 보호 법률을 강화하고 있습니다. 유럽연합(EU)의 '일반 데이터 보호 규정(GDPR)'은 개인정보 보호에 관한 가장 강력한 법률 중 하나입니다. 공공기관은 개인정보 수집 시 명확한 동의를 받아야 하며, 수집 목적을 벗어난 데이터 사용을 금지하고 있습니다. 공공기관은 데이터 보호 책임자(DPO)를 지정해야 합니다. DPO는 데이터 보호 관련 내부 규정 준수를 모니터링하고, 데이터 보호 관련 조언을 제공하며, 데이터 주체와의 연락 창구 역할을 합니다

한국에서도 '개인정보 보호법'과 '공공데이터의 제공 및 이용 활성화에 관한 법률' 등을 통해 공공부문의 데이터 활용과 개인정보 보호 사이의 균형을 맞추려 노력하고 있습니다. 그러나 인공지능 기술이 빠르게 발전하면서 법률이 정확한 균형점을 따라가지 못하는 '지체' 현상이 발생하고 있어 지속적인 법제도 개선이 필요합니다.

데이터 주권과 프라이버시 보호를 위한 몇 가지 중요한 원칙은 다음과 같습니다. 첫째, '목적 제한의 원칙'으로 데이터는 정의된 목적으로만 사용해야 합니다. 둘째, '데이터 최소화 원칙'으로 필요 최소한의 데이터만 수집해야 합니다. 셋째, '투명성의 원칙'으로 어떤 데이터가 수집되고 어떻게 사용되는지 시민들에게 알려야 합니다. 넷째, '보안의 원칙'으로 수집된 데이터는 안전하게 보호되어야 합니다.개인의 데이터를 보호하고 프라이버시를 지키는 것은 단순히 기술적인 문제가 아닙니다. 이것은 시민의 기본 권리와 관련된 중요한 문제입니다. 정부는 인공지능 기술을 도

입할 때 편리하고 효율적인 면뿐만 아니라, 우리의 개인 정보를 안전하게 보호할 수 있는 방법도 함께 고민해야 합니다. 이를 위해 데이터 암호화나 익명화 같은 기술적인 방법과 함께, 데이터를 보호하고 관리할 수 있는 법적, 제도적 장치도 만들어야 합니다.

## 2. 알고리즘 편향성과 공정성 문제

인공지능 시스템이 사용하는 알고리즘은 중립적이지 않을 수 있습니다. 알고리즘은 인간이 만들고, 인간이 제공한 데이터로 학습하기 때문에 사회에 존재하는 편견이나 차별이 그대로 반영될 수 있습니다. 이를 '알고리즘 편향성'이라고 합니다.

미국의 일부 형사사법기관에서는 범죄자의 재범 가능성을 예측하는 인공지능 시스템을 사용했습니다. 연구 결과, 이 시스템은 흑인 피고인의 재범 가능성을 백인 피고인보다 더 높게 예측하는 경향이 있었습니다. 과거의 편향된 판결 데이터로 학습했기 때문입니다. 미국에서 사용된 COM-PAS(Correctional Offender Management Profiling for Alternative Sanctions)는 인공지능 알고리즘으로 피고인의 재범 가능성을 예측하는 도구였습니다. 하지만 이 기술은 법과 정의라는 무거운 책임을 지닌 법원에서조차 인종적 편견을 강화하는 결과를 낳았습니다. ProPublica의 분석에 따르면, COMPAS는 흑인 피고인의 재범 위험을 실제보다 두 배 이상 높게 평가하거나, 실제로 재범한 백인 피고인들의 위험성을 과소평가하는 오류를 범했습니다. 이는 단지 알고리즘의 문제를 넘어 인간 사회에 깊이 뿌리박힌 편견과 차별의 그림자가 기술에 그대로 투영된 사례였습니다.

결국 이 사건은 인공지능의 투명성, 공정성, 책임성에 대한 진지한 사회적 논쟁을 불러일으켰으며, 우리가 기술을 도입할 때 얼마나 신중하고 섬세한 접근이 필요한지를 절실히 보여주었습니다. 참고로 유럽연합(EU)

의 인공지능법(AI Act)에 따르면, COMPAS와 같이 범죄자의 재범 가능성을 예측해 형사사법기관의 보석 결정이나 형량 결정과 같은 법적 판단에 활용되는 AI 시스템은 개인의 기본권에 직접적이고 중대한 영향을 미치고, 편향된 데이터로 인해 사회적 불평등을 강화할 위험이 크기 때문에 '고위험(High-Risk) 인공지능 시스템'으로 분류되어 엄격한 투명성, 책임성, 데이터 품질 관리 등의 규제 요구사항을 준수해야 합니다.

또 다른 사례도 있습니다. 2020년, 영국 정부는 코로나19의 확산으로 대학 입학시험을 치르지 못하게 되자, 인공지능 알고리즘을 통해 학생들의 성적을 예측했습니다. 하지만 냉정한 알고리즘은 단지 학교의 과거 성적이라는 데이터에만 의존했기에, 꿈과 희망을 품고 노력하던 수많은 저소득층 지역 학생들의 성적을 불공정하게 낮추어 버리는 비극을 낳았습니다. 결국, 전체 학생 중 약 40%가 자신이 기대했던 것보다 낮은 점수를 받게 되었고, 이는 곧 이 학생들이 평생 꿈꾸었던 대학 입학의 기회를 앗아가는 결과로 이어졌습니다. 좌절과 실망, 분노에 가득 찬 학생들의 목소리가 거세지자, 정부는 결국 이 냉혹한 시스템을 철회할 수밖에 없었습니다.

공공부문에서 알고리즘 편향성은 더욱 심각한 문제가 될 수 있습니다. 정부는 모든 시민을 공정하게 대우해야 할 의무가 있기 때문입니다. 만약 인공지능 시스템이 특정 인구 집단에 불리한 결정을 내린다면, 이는 정부의 공정성과 신뢰성을 훼손할 수 있습니다.

알고리즘의 편향성을 극복하기 위해 우리는 끊임없는 고민과 노력이 필요합니다.

첫째로, 과연 우리는 충분히 다양하고 대표성 있는 데이터를 가지고 있는가를 진지하게 성찰해야 합니다. 특정 집단의 데이터가 부족할 때, 그 결과가 누군가의 삶을 부당하게 왜곡할 수도 있다는 책임감을 가져야 합니다.

둘째로, 알고리즘을 만드는 우리 개발자들 자신이 과연 다양한 목소리와 시선을 충분히 담고 있는지를 돌아봐야 합니다. 서로 다른 배경과 경험을 가진 사람들과의 협력을 통해야만 우리가 놓치고 있는 편견과 오류를 발견하고 극복할 수 있기 때문입니다.

셋째로, 알고리즘이 공정성을 잃지 않았는지 주기적으로 돌아보고 검증해야 하는 인간적 고뇌를 멈춰서는 안 됩니다. 기술은 인간의 편의를 위한 것이지, 누군가의 권리와 존엄성을 침해하는 도구가 되어서는 결코 안 됩니다.

알고리즘의 편향성 문제를 해결하려는 인간의 노력은 계속되고 있습니다. 일부 국가와 도시에서는 '알고리즘 영향평가'라는 제도를 도입하여, 기술의 편리함이 누군가의 삶에 부당한 영향을 미치지 않을지 철저히 고민하고 있습니다. 캐나다 정부는 이미 2019년부터 이 같은 제도를 시행 중이며, 미국 뉴욕시도 알고리즘 감독 위원회*를 통해 인간이 만들어 낸 기술을 인간답게 통제하고자 노력하고 있습니다.

알고리즘의 공정성은 단지 기술적 문제가 아니라 우리가 어떤 사회를 원하는지, 그리고 인간으로서 지켜야 할 윤리적 가치가 무엇인지에 대한

---

\* 뉴욕시 자동화된 의사결정 시스템 태스크포스(ADS 태스크포스)는 2018년 지방법 49호에 의해 설립되었으며, 시(市)의 자동화된 의사결정 시스템(일반적으로 알고리즘으로 알려진) 사용을 검토하는 과정을 권고하는 임무를 맡았습니다. 많은 시 기관과 사무소가 의사결정을 돕기 위해 알고리즘을 사용하고 있고, 자동화된 의사결정 시스템이 모든 분야에서 점점 더 보편화되고 있기 때문에, 시(市)는 이러한 시스템이 뉴욕시를 더 공정하고 평등한 곳으로 만들기 위한 목표와 일치하도록 보장하는 방법을 검토하고 있습니다. 미국에서 최초로 설립된 이 태스크포스는 시장 운영실(Mayor's Office of Operations) 책임자인 제프 탐키티카셈(Jeff Thamkittikasem)이 의장을 맡았으며, 시장 데이터 분석실(Mayor's Office of Data Analytics)의 책임자이자 최고 분석 책임자인 켈리 진(Kelly Jin)과 뉴욕시 인권위원회(NYC Commission on Human Rights)의 전략 이니셔티브 부국장 브리트니 손더스(Brittny Saunders)가 공동 의장을 맡았습니다. 태스크포스 구성원에는 다양한 정부 기관 및 사무소의 대표와 민간 부문, 비영리 단체, 옹호 단체 및 연구 커뮤니티의 파트너들이 포함되었습니다.

깊은 성찰과 맞닿아 있습니다. 무엇이 공정한지에 대한 정의는 문화적, 사회적 맥락에 따라 다를 수 있기에, 정부는 시민, 전문가, 시민단체 등 다양한 이해관계자들과 끊임없는 대화와 협의를 통해 공정성의 기준을 정립해야 합니다.

알고리즘의 편향성을 완전히 없애는 것은 어쩌면 영원히 도달할 수 없는 이상일지도 모릅니다. 그러나 지속적인 감시와 개선을 통해 인간답게 살아가는 세상, 누구도 차별받지 않는 세상을 향한 우리의 열망을 실현할 수 있습니다. 공공 부문에서 인공지능을 도입할 때는 효율성뿐 아니라, 인간의 존엄성과 공정성이라는 가치를 가장 우선시해야 합니다.

### 3. 행정 책임성과 인공지능 의사결정의 법적 지위

인공지능이 행정의 중심으로 스며들면서, 철학적으로 깊은 고민에 빠지지 않을 수 없습니다. 이 기술이 가져온 효율성과 편리함은 부정할 수 없지만, 동시에 '책임성'이라는 심각한 문제와 마주하고 있기 때문입니다. 행정이란 본래 시민들의 삶에 직결된 결정들을 내리고, 그 결정에 온전히 책임을 지는 영역이었습니다. 하지만 이제는 인공지능이 그 자리를 조금씩 대신하면서, 지식인들은 "이 결정은 과연 누구의 책임인가?"라는 질문을 던지게 됩니다.

복지 혜택을 심사하는 인공지능 시스템을 생각해 볼 수 있습니다. 한 시민의 신청이 거부되었을 때, 잘못된 판단이라는 것이 드러난다면 누구에게 책임을 물어야 할지 모호합니다. 시스템을 설계한 개발자일 수도 있고, 데이터를 제공한 이들일 수도 있으며, 그 시스템을 신뢰하고 도입한 기관일 수도 있습니다. 최종 결정을 승인한 공무원에게 책임을 묻는다면, 그는 인공지능의 판단을 얼마나 이해하고 있었는지 의문입니다. 그 책임의 무게와 모호성 사이에서 깊은 갈등을 느끼게 됩니다.

최근의 딥러닝 모델들이 '블랙박스'라는 말을 들을 정도로 복잡해지고, 사람이 그 작동 원리를 이해하기 어렵다는 사실은 고민을 더욱 깊게 합니다. 신뢰할 수 없는 기계의 판단을 시민들에게 어떻게 설득력 있게 설명할지 막막합니다. 시민들은 이해와 납득을 원하지만, "알고리즘이 그렇게 결정했습니다."라는 말로는 행정의 신뢰를 유지하기 어렵습니다.

현행 법체계는 인공지능을 단지 도구로만 보고 있기에, 책임의 문제는 다시 사람과 기관에게 돌아옵니다. 하지만 점차 스스로 판단하고 학습하는 능력을 갖추는 인공지능을 단순한 도구로만 바라볼 수 있을지 의문이 듭니다. 현재의 법과 윤리 체계는 이 급속한 변화를 따라잡지 못하고 있습니다. 지식인들은 인간이 만든 기술 앞에서 인간성이란 무엇인가를 다시금 질문하게 됩니다.

인공지능이 초래한 이러한 시대적 고민 앞에서, 명확한 답을 찾지 못한 채 깊은 침묵 속에 빠져듭니다. 다만 대안으로 몇 가지 접근법이 제시되고 있습니다.

첫째, '인간 감독(Human-in-the-loop)' 원칙을 적용하는 것입니다. 중요한 행정 결정에는 항상 인간의 확인과 승인을 필요로 하는 방식입니다. 인공지능은 의사결정을 지원하지만, 최종 책임은 인간 공무원에게 남도록 하는 것입니다.

둘째, '설명가능한 인공지능(XAI: eXplainable AI)'을 개발하는 것입니다. 이는 인공지능 시스템이 왜 그런 결정을 내렸는지 이해하기 쉽게 설명할 수 있도록 하는 기술입니다. 유럽연합의 인공지능법(AI Act)은 고위험 인공지능 시스템에 대해 설명가능성을 법적 요건으로 규정하고 있습니다.

셋째, 인공지능 시스템에 대한 새로운 책임 체계를 마련하는 것입니다. 예를 들어, 독일과 같은 국가에서는 '위험책임'이라는 개념을 도입하여, 위험한 기술을 사용함으로써 발생하는 피해에 대해 과실이 없더라도 책임을 지도록 하고 있습니다.

행정 결정에 인공지능을 활용할 때는 이의신청권도 중요한 문제입니다. 시민들은 인공지능 시스템이 내린 결정에 이의를 제기하고 심의를 요청할 수 있어야 합니다. 결정 과정의 투명성을 확보하고, 이의 제기 절차를 명확히 마련하는 것이 필요합니다.

인공지능 시스템이 행정 의사결정에 더 많이 활용될수록, 책임성과 법적 지위에 관한 더 명확한 규칙과 표준이 필요할 것입니다. 이는 단순히 기술적 문제가 아니라 법률, 윤리, 행정 제도가 함께 고려되어야 하는 복합적인 과제입니다. 시민들의 권리를 보호하면서도 인공지능의 혁신적 가능성을 활용할 수 있는 균형 잡힌 접근이 요구됩니다.

공공부문의 인공지능 도입이 확산되면서 많은 국가와 지방정부들은 인공지능 시스템의 사용을 투명하게 공개하고 이를 관리하기 위한 제도를 도입하고 있습니다. 이러한 공시 제도는 시민들의 신뢰를 확보하고 책임 있는 인공지능 사용을 보장하는 데 중요한 역할을 합니다. 주요 국가들의 인공지능 공시 제도 도입 사례는 다음과 같습니다.

### 3.1. 영국의 알고리즘 투명성 기록 표준(ATRS)

영국은 공공부문 인공지능 사용의 투명성을 높이기 위해 '알고리즘 투명성 기록 표준(Algorithmic Transparency Recording Standard, ATRS)'을 도입했습니다. 이 표준은 2021년에 시작되었으며, 중앙정부 부처와 그 산하 기관들이 의무적으로 준수해야 합니다. 다른 공공기관들은 자발적으로 참여할 수 있습니다.

ATRS의 주요 내용은 다음과 같습니다.

기관은 사용 중인 알고리즘 도구에 대한 상세 정보를 공개해야 합니다.

알고리즘의 목적, 작동 방식, 의사결정 과정에 미치는 영향 등을 명확히 설명해야 합니다.

알고리즘의 사용으로 인한 잠재적 위험과 이를 완화하기 위한 조치도 함께 공개해야 합니다.

영국 정부는 이 정보를 GitHub 저장소를 통해 일반에 공개하여, 누구나 쉽게 접근하고 검토할 수 있게 했습니다.

영국의 ATRS는 공공부문 알고리즘 사용의 투명성을 높이고, 시민들이 정부의 의사결정 과정을 더 잘 이해할 수 있도록 돕는 중요한 제도로 평가받고 있습니다.

### 3.2 캐나다의 알고리즘 영향 평가 및 AI 공시 제도

캐나다는 2019년에 '알고리즘 영향 평가(Algorithmic Impact Assessment, AIA)' 도구를 도입했습니다. 이는 공공기관이 자동화된 의사결정 시스템을 도입하기 전에 그 영향을 평가하고 필요한 조치를 취하도록 하는 제도입니다.

캐나다 정부는 연방 공공 서비스를 위한 'AI 전략 2025~2027'을 수립하는 과정에서 투명성과 설명 가능성을 핵심 가치로 강조하고 있습니다. 이 전략에 따라 캐나다는 AI 시스템의 사용을 공개하고, AI 시스템에 대한 정보를 등록하는 공공 등록소를 설립할 계획을 가지고 있습니다.

캐나다의 AI 공시 제도의 주요 특징은 다음과 같습니다:

공공기관은 AI 시스템을 도입하기 전에 영향 평가를 실시해야 합니다.

평가 결과에 따라 AI 시스템의 위험 수준이 결정되며, 높은 위험을 가진 시스템에 대해서는 더 엄격한 감독과 공시 요건이 적용됩니다.

시민들은 자신에게 영향을 미치는 알고리즘 의사결정에 대해 설명을 요구할 권리가 있습니다.

### 3.3 호주의 AI 투명성 진술 표준

호주는 'AI 투명성 진술(AI Transparency Statement)' 표준을 도입했습니다. 이 제도는 정부 기관이 AI 시스템의 사용을 명확하게 공개하도록 요구합니다.

AI 투명성 진술의 주요 내용은 다음과 같습니다:

AI 시스템의 목적과 기능을 설명합니다.

시스템이 수집하고 사용하는 데이터의 유형과 출처를 공개합니다.

AI 시스템의 의사결정 과정과 인간의 감독 정도를 설명합니다.

시스템의 안전하고 책임 있는 사용을 위한 조치를 명시합니다.

호주의 이 제도는 정부의 AI 사용에 대한 시민들의 이해와 신뢰를 높이는 데 기여하고 있습니다.

### 3.4 스페인 바르셀로나의 AI 공시 제도

스페인의 바르셀로나 시는 지방정부 차원에서 AI 공시 제도를 선도적으로 도입한 사례입니다. 바르셀로나 시의회는 'AI 전략'을 통해 시민의 디지털 권리를 보호하고 공공 서비스에 AI를 윤리적으로 적용하는 것을 목표로 하고 있습니다.

바르셀로나의 AI 공시 제도는 다음과 같은 특징을 가지고 있습니다:

시는 모든 AI 시스템의 도입과 사용에 대한 정보를 공개해야 합니다.

AI 시스템의 위험 수준에 따라 다양한 보장 메커니즘을 설정하여 시민의 권리를 보호합니다.

시민들은 AI 시스템에 대한 문의나 이의를 제기할 수 있는 소통 채널을 이용할 수 있습니다.

## 3.5 싱가포르의 모델 AI 거버넌스 프레임워크

싱가포르는 '모델 AI 거버넌스 프레임워크'를 통해 AI의 투명성과 설명 가능성을 강조하고 있습니다. 이 프레임워크는 공공 및 민간 부문에 적용 가능한 AI 거버넌스 지침을 제공합니다.

프레임워크의 주요 내용은 다음과 같습니다:

AI 시스템의 결정 과정에 대한 설명 가능성을 강화해야 합니다.

AI 시스템이 공정하고 편향되지 않은 결정을 내리도록 보장해야 합니다.

데이터 거버넌스와 관리에 대한 명확한 정책을 수립해야 합니다.

AI 시스템의 사용을 투명하게 공개하고, 영향받는 개인에게 적절한 정보를 제공해야 합니다.

이러한 다양한 국가와 지방정부의 AI 공시 제도 도입 사례는 공공부문 인공지능 사용의 투명성과 책임성을 높이는 중요한 노력이며, 앞으로 더 많은 국가들이 이와 같은 제도를 도입할 것으로 예상됩니다. 이러한 제도는 인공지능 기술의 잠재적 혜택을 최대화하면서도 그 위험을 최소화하는 균형 잡힌 접근을 가능하게 합니다.


## 4. 공공부문 인력 구조 변화와 디지털 역량 강화

인공지능 기술이 행정 업무에 도입되면서 공공부문의 일자리와 업무 방식이 크게 변화하고 있습니다. 이러한 변화는 두 가지 측면에서 생각해 볼 수 있습니다. 하나는 일자리 대체 또는 변화의 측면이고, 다른 하나는 공무원들의 디지털 역량 강화 필요성입니다.

인공지능이 공공부문 일자리에 미치는 영향은 상당히 복잡합니다. 단순하고 반복적인 업무는 자동화될 가능성이 높습니다. 예를 들어, 민원 응대, 서류 검토, 데이터 입력, 단순 행정 처리 등은 인공지능이 효율적으로 수행할 수 있습니다. 영국의 한 연구에 따르면, 공공부문 일자리의 약

20%가 자동화될 가능성이 있다고 합니다.

하지만 모든 일자리가 사라지는 것은 아닙니다. 많은 경우에 인공지능은 공무원의 업무를 완전히 대체하기보다 지원하는 역할을 합니다. 복잡한 정책 분석이나 의사결정을 할 때 인공지능이 데이터를 분석하고 옵션을 제시하면, 공무원은 그것을 바탕으로 최종 판단을 내리는 방식입니다. 이런 경우 인공지능은 공무원의 생산성과 의사결정 질을 높여주는 도구가 됩니다.

인공지능의 도입으로 새로운 일자리도 생겨납니다. 데이터 과학자, 인공지능 윤리 전문가, 알고리즘 감사관, 디지털 서비스 디자이너 등 새로운 직군의 필요성이 증가하고 있습니다. 이들은 인공지능 시스템을 설계, 개발, 관리, 감독하는 역할을 맡게 됩니다.

이러한 변화에 대응하기 위해 공무원들의 디지털 역량 강화가 매우 중요합니다. 미래의 공무원들은 기본적인 디지털 리터러시를 넘어, 데이터 분석, 인공지능 기술 이해, 디지털 윤리 등에 대한 지식이 필요합니다. 중요한 것은 '비판적 사고'와 '문제 해결 능력'입니다. 인공지능이 제공하는 정보와 분석을 맹목적으로 신뢰하지 않고, 그것의 한계와 편향성을 이해하고 적절히 활용할 수 있는 능력이 중요합니다.

세계 각국 정부는 디지털 역량 강화를 위한 다양한 프로그램을 운영하고 있습니다. 싱가포르의 '스킬스퓨처(SkillsFuture for Digital Workplace)' 프로그램은 모든 공무원을 대상으로 데이터 분석, 인공지능 기초, 사이버 보안 등의 교육을 제공합니다. 영국의 '정부 디지털 서비스(GDS)'는 공무원들을 위한 디지털 아카데미를 운영하며, 덴마크는 '디지털 적응 프로그램'을 통해 디지털 전환 적응을 돕고 있습니다.

디지털 역량 강화는 단순히 기술적 교육만으로는 충분하지 않습니다. 공무원들의 마인드셋 변화도 중요합니다. 디지털 기술을 두려워하지 않고, 변화에 적응하며, 지속적으로 학습하는 문화를 만들어야 합니다. 이를 위해 리더십의 역할이 중요하며, 혁신을 장려하는 조직 문화가 필요합니다. 신규 공무원 채용 과정에서도 디지털 역량을 중요한 기준으로 고려해야 합니다. 데이터 과학, 컴퓨터 과학, 인공지능 등 관련 분야 전문가를 적극적으로 영입하고, 다양한 배경의 인재들이 공직에 진출할 수 있도록 채용 경로를 다양화할 필요가 있습니다.

인공지능 시대의 공공부문 인력 변화는 기회로 봐야 합니다. 단순 업무에서 벗어나 더 창의적이고 가치 있는 일에 집중할 수 있게 되기 때문입니다. 그러나 이 전환 과정에서 아무도 소외되지 않도록 모든 공무원에게 적절한 교육과 지원을 제공하는 포용적 접근이 필요합니다. 디지털 역량 강화는 단기적 과제가 아니라 지속적인 투자와 관심이 필요한 장기적 과제로 인식되어야 할 것입니다.

## 5. 디지털 주권 확보

인공지능 기술을 공공부문에 도입할 때 중요하게 고려해야 할 또 다른 문제는 '기술 종속성'과 '디지털 주권'입니다. 이는 한 국가가 자국의 중요한 디지털 인프라와 서비스를 얼마나 독립적으로 통제하고 운영할 수 있는지에 관한 문제입니다.

현재 인공지능 기술은 소수의 글로벌 기업들(주로 미국과 중국의 기업들)이 주도하고 있습니다. 구글, 마이크로소프트, 아마존, 알리바바, 화웨이 등의 기업들은 강력한 인공지능 솔루션을 제공하며 글로벌 시장을 선도하고 있습니다. 이런 상황에서 많은 국가들, 기술 발전이 상대적으로 뒤처진 국가들은 이들 기업의 솔루션에 의존할 수밖에 없는 경우가 많습니다.

## 5.1 중국 국가보안법과 해외전자상거래 규정의 정보 접근 문제

중국의 국가보안법(中华人民共和国国家安全法)은 2015년 제정되었으며, 이 법의 제7조에 따르면 "모든 조직과 개인은 국가 안보를 유지할 의무가 있으며, 국가의 안보 활동을 지원하고 협조해야 한다."라고 규정하고 있습니다. 이 조항은 중국 정부가 국가 안보를 이유로 중국 내 서버에 저장된 해외 이용자 정보에 접근할 수 있는 법적 근거로 활용될 수 있습니다.

또한 2017년 시행된 중국 사이버보안법(网络安全法) 제28조에 따르면 "네트워크 운영자는 공안기관과 국가안전기관이 법에 따라 국가안보를 지키고 범죄활동을 조사하기 위해 기술 지원과 협조를 제공해야 한다."라고 명시하고 있습니다. 이는 중국 내에 서버를 둔 기업들이 정부 요청 시 이용자 데이터를 제공해야 할 의무가 있음을 의미합니다.

2021년 시행된 데이터보안법(数据安全法) 제29조는 "중국 내에서 수집된 중요 데이터는 중국 내에 저장되어야 하며, 해외로 전송할 경우 보안 평가를 받아야 한다."라고 규정하고 있어, 중국 내 데이터에 대한 정부의 통제력을 강화했습니다.


## 5.2 해외전자상거래 규정과 정보 공유

중국의 해외전자상거래(跨境电子商务) 관련 규정 중, 2019년 발표된 '전자상거래법(电子商务法)'의 제25조에 따르면 "전자상거래 경영자는 이용자와의 거래, 서비스 및 제품의 정보를 최소 3년간 보존해야 하며, 관련 부처의 요청 시 제공할 의무가 있다."라고 명시하고 있습니다.

2018년 중국 국가발전개혁위원회와 상무부가 공동 발표한 '해외전자상거래 종합시범구 건설에 관한 지도의견(关于建设跨境电子商务综合试验区的指导意见)'에서는 "기업 간 데이터 공유 플랫폼 구축을 장려하고, 국가 간 전자상거래 정보 교환 체계를 완성한다."라는 내용을 포함하고 있습니

다. 이는 명시적으로 기업 간 이용자 정보 공유를 권장하는 정책적 근거가
됩니다.

또한 2020년 발표된 '해외전자상거래 기업의 건전한 발전에 관한 지
침(关于促进跨境电商企业健康发展的指导意见)'에서는 "국가 간 전자상거래
기업은 관련 데이터를 공유하여 산업 발전에 기여해야 한다."라는 내용을
포함하고 있어, 기업 간 정보 공유를 국가가 적극적으로 권장하고 있음을
알 수 있습니다.

법규정들을 종합하면, 중국 정부는 국가 안보를 이유로 중국 내 서버
에 저장된 해외 이용자 정보에 접근할 수 있는 법적 권한을 갖고 있으며,
전자상거래 분야에서는 기업 간 이용자 정보 공유를 정책적으로 권장하고
있음을 확인할 수 있습니다.

### 5.3 윈도우와 맥의 백도어 가능성과 미국 정보기관의 접근

윈도우나 맥 OS와 같은 주요 운영체제에 백도어(뒷문)가 존재할 가능성은
오랫동안 기술 전문가들과 프라이버시 옹호자들 사이에서 논쟁의 대상이
되어왔습니다. 백도어란 보안 장치를 우회하여 컴퓨터 시스템에 접근할
수 있게 하는 방법을 의미합니다.

2013년 에드워드 스노든이 폭로한 문서에 따르면, 미국 국가안보국
(NSA)은 PRISM이라는 프로그램을 통해 마이크로소프트, 애플, 구글 등
주요 기술 기업들의 서버에서 직접 데이터를 수집했다고 알려졌습니다.
또한 NSA의 'Bullrun' 프로그램은 암호화 표준과 기술에 의도적인 취약
점을 심는 것을 목표로 했다고 보고되었습니다.

미국의 FISA(외국정보감시법)와 CLOUD Act(클라우드법)는 미국 정부
가 국가 안보를 이유로 미국 기업이 보유한 데이터에 접근할 수 있는 법적
근거를 제공합니다. CLOUD Act는 미국 기업이 해외 서버에 저장한 데

이터도 미국 정부가 요청할 수 있게 했습니다.

에드워드 스노든은 NSA의 계약직 직원으로 근무하면서 미국 정부의 대규모 감시 프로그램의 존재를 폭로한 가장 유명한 내부고발자입니다. 2013년 6월, 스노든은 NSA와 '파이브 아이즈' 정보 동맹(미국, 영국, 캐나다, 호주, 뉴질랜드)이 전 세계 시민들의 통신을 광범위하게 감시하고 있다는 기밀 문서를 언론에 공개했습니다.

스노든의 폭로에 따르면, NSA는 'UPSTREAM'과 'PRISM'이라는 프로그램을 통해 인터넷 트래픽과 주요 인터넷 서비스 제공업체의 데이터를 직접 수집했습니다. 또한 'XKeyscore'라는 시스템을 통해 이메일, 채팅, 브라우저 기록 등을 거의 실시간으로 검색할 수 있었다고 밝혔습니다.

폭로 직후 스노든은 홍콩으로 도피했으며, 이후 러시아로 망명을 시도하는 과정에서 미국 정부가 그의 여권을 취소했습니다. 모스크바 셰레메티예보 공항에서 체류하던 중, 러시아는 그에게 임시 망명을 허가했고, 이후 2020년 영주권을 부여받았습니다. 2023년에는 러시아 시민권을 취득했습니다.

스노든은 자신의 행동이 애국적 동기에서 비롯되었다고 주장했으며, 미국 시민들의 헌법적 권리를 침해하는 불법적인 감시 프로그램을 폭로하는 것이 그의 의무였다고 말했습니다. 그러나 미국 정부는 그를 국가안보 기밀 유출로 기소했으며, 불법 입수한 국방 정보 전달과 스파이 행위 등으로 최대 30년형에 처할 수 있는 상황입니다.

스노든의 폭로는 디지털 프라이버시와 정부 감시에 대한 전 세계적인 논쟁을 불러일으켰으며, 미국 내에서도 2015년 USA FREEDOM Act를 통해 일부 감시 프로그램을 제한하는 법적 개혁이 이루어지는 계기가 되었습니다.

2013년 가장 충격적인 폭로 중 하나는 NSA가 독일 총리 앙겔라 메르켈의 개인 휴대전화를 최소 2002년부터 10년 이상 감청했다는 사실이었습니다. 독일 잡지 Der Spiegel의 보도에 따르면, 미국 정보기관은 메르켈이 사용하는 휴대전화의 특별한 모델명까지 파악하고 있었으며, 이 휴대전화는 메르켈이 기민당 당수로 활동하기 시작한 시점부터 감시 대상이었습니다. 이 폭로가 나온 후 메르켈은 "동맹국 사이에서는 이런 일이 있어서는 안 된다."라고 강하게 항의했으며, 미-독 관계가 일시적으로 냉각되는 결과를 가져왔습니다. 오바마 대통령은 이후 메르켈의 통신을 감청하지 않고 있으며 앞으로도 하지 않을 것이라고 약속했지만, 과거의 행위를 명시적으로 인정하지는 않았습니다.

2015년 위키리크스가 공개한 문서에 따르면, NSA는 2006년부터 2012년까지 자크 시라크, 니콜라 사르코지, 프랑수아 올랑드 등 세 명의 프랑스 대통령의 통신을 감청했습니다. 이 문서들은 프랑스 대통령들의 기밀 회의와 고위급 경제 정책 논의를 포함한 다양한 대화 내용을 담고 있었습니다. 이 폭로 이후 프랑스 정부는 미국 대사를 외무부로 소환하여 항의했으며, 올랑드 대통령은 이를 "용납할 수 없는 행위"라고 비난했습니다.

2013년 9월, NSA가 브라질의 지우마 호세프 대통령과 멕시코의 엔리케 페냐 니에토 대통령(당시 대통령 당선자)의 이메일과 전화 통화를 감청했다는 보도가 나왔습니다. 브라질 텔레비전 프로그램 Fantástico가 스노든이 제공한 문서를 분석해 보도한 내용에 따르면, NSA는 두 정상의 개인 통신뿐만 아니라 그들의 측근과 주요 참모들의 통신도 감시했습니다. 이에 대응해 호세프 대통령은 미국 방문 계획을 취소했으며, 유엔 총회 연설에서 미국의 감시 활동을 "국가 주권의 심각한 침해"라고 강하게 비난했습니다.

선진국 기술에 대한 과도한 의존은 심각한 문제를 불러올 수 있어 매우 우려스럽습니다.

첫째, 국가 안보가 위협받을 가능성이 큽니다. 정부의 중요 데이터와 민감한 정보가 외국 기업의 시스템에 저장되고 처리된다면, 우리나라의 주권이 언제든지 흔들릴 수 있다는 걱정을 떨쳐내기 어렵습니다.

둘째, 경제적 피해 또한 무시할 수 없습니다. 기술적 종속 상태가 지속된다면 결국 장기적으로 막대한 비용이 발생하여 국내 기술 산업 발전을 가로막을까 우려됩니다.

셋째, 문화적이고 사회적인 차이에서 오는 부작용도 크게 걱정됩니다. 외국에서 개발된 인공지능 시스템은 그 나라의 문화와 가치관을 반영하기 때문에, 우리의 실정과 맞지 않아 예상치 못한 문제를 일으킬지도 모릅니다.

많은 국가들이 급변하는 디지털 환경 속에서 자국의 미래를 스스로 결정짓기 위한 '디지털 주권' 확보에 강력한 의지를 보이고 있습니다. 디지털 주권이란 단순히 외국 기술의 배제를 의미하는 것이 아니라, 국가 스스로 디지털 자산과 인프라, 데이터, 기술을 통제하고 선택할 수 있는 확고한 힘을 갖추는 것입니다.

유럽연합은 디지털 주권의 중요성을 명확히 인식하고, 이를 위해 과감한 행보를 이어가고 있습니다. EU는 'Digital Europe Programme'을 통해 인공지능, 사이버 보안, 슈퍼컴퓨팅 등 전략적으로 중요한 기술 분야에 무려 75억 유로(약 10조 원)를 투자하며 자립 역량을 높이고 있습니다. 또한 GAIA-X 프로젝트를 통해 독립적인 유럽의 클라우드 인프라를 구축하며, 프랑스와 독일 등 주요 국가들이 국가 차원의 인공지능 전략을 적극 수립하여 기술적 주도권 확보에 총력을 기울이고 있습니다.

중국은 디지털 주권 확보에 더욱 강력하고 명확한 목표를 설정하고 있습니다. '중국제조 2025'와 '차세대 인공지능 발전계획'을 통해 인공지능을 포함한 첨단 기술 분야에서 글로벌 리더가 되겠다는 야심찬 비전을 제시하며, 자국 내 독자적 디지털 생태계를 구축하여 외국 기술 의존도를 과감히 줄이고 있습니다.

한국도 디지털 주권 확보를 위해 행동에 나서야 합니다.

첫째, 우리의 연구개발 능력을 크게 높여야 합니다. 정부가 적극적으로 나서 대학과 연구기관, 기업이 혁신적 연구를 진행하고 인재를 키울 수 있도록 도와야 합니다.

둘째, 우리에게 꼭 맞는 분명한 규칙과 기준을 만들어야 합니다. 이를 통해 글로벌 기술을 우리 손으로 관리하고, 국가의 필요에 맞게 활용할 수 있습니다.

셋째, 현실적인 국제 협력도 꼭 필요합니다. 모든 기술을 혼자 만들 수는 없기에 신뢰할 수 있는 나라들과 힘을 합쳐 기술 독립과 글로벌 경쟁력을 동시에 키워야 합니다.

공공부문에서 인공지능을 도입할 때 '디지털 주권'을 지키기 위한 조달정책을 만들어야 합니다. 국내 기술을 우선 사용하거나, 외국 기술을 들여올 때도 소스코드 공개나 데이터 국내 저장, 기술 이전 같은 조건을 요구해 볼 필요가 있습니다.

다만, 디지털 주권을 추구하는 것은 기술적 고립이나 보호무역을 의미하지 않습니다. 글로벌 혁신의 흐름 속에서 적극적으로 참여하고, 개방성과 협력을 바탕으로 기술 발전을 이루는 것이 진정한 디지털 주권의 핵심입니다. 미래를 향한 희망은 개방적 협력을 통해 더욱 강력해지며, 우리는 이러한 국제적 연대와 협력을 통해 기술적 도약을 이룰 수 있습니다.

중소국가들은 모든 기술 영역에서 완벽한 자립을 이루려 애쓰기보다는, 전략적으로 중요한 분야를 선택하여 집중적으로 역량을 강화할 수 있습니다. 국가 안보와 직결된 핵심 기술 분야에서는 철저한 자립과 주권을 확보하면서도, 덜 민감한 분야에서는 글로벌 협력을 적극 활용하여 효율성과 혁신을 높이는 것이 현명한 선택입니다.

디지털 주권은 단순히 기술의 문제가 아니라 국가적 비전과 전략, 국제적 협력, 경제 발전이 긴밀하게 연결된 중요한 과제입니다. 정부는 장기적이고 체계적인 비전을 바탕으로 명확한 전략을 수립해야 하며, 이 과정에서 산업계, 학계, 시민사회와 함께 손을 잡고 희망을 현실로 만드는 공동의 노력을 펼쳐야 합니다.

결국, 공공부문의 인공지능 도입에서 기술 종속성의 문제를 극복하고 디지털 주권을 확보하는 것은 어려운 도전일 수 있지만, 우리에게는 이를 이루기 위한 의지와 잠재력이 충분히 있습니다. 우리는 장기적 국가 이익과 안보, 지속 가능한 디지털 성장을 위해 힘을 합쳐 미래를 열어나갈 것입니다.

## 5.5 공공부문 인공지능 도입의 미래를 위한 균형 잡힌 접근

공공부문에서 인공지능을 도입하는 일은 단순한 기술 적용 이상의 의미를 지닙니다. 데이터 주권과 개인 프라이버시 보호, 알고리즘의 공정성과 편향 문제, 인공지능 의사결정의 책임성과 법적 정당성, 기술 종속과 디지털 주권 확보 등 다양한 점검 항목들이 존재합니다.

다루는 과정에서 가치와 효율성 사이의 적절한 균형점을 찾기 위해 끊임없이 고민해야 합니다. 데이터 프라이버시를 강조하면 인공지능 시스템의 효율성이 저하될 수 있고, 반대로 효율성을 우선하면 시민들의 권리가 침해될 위험이 있습니다. 또한 알고리즘의 공정성과 투명성을 추구할수록 기술은 더 복잡해지고, 기술 의존도 역시 높아지는 역설적 상황이 발생할 수도 있습니다.

인공지능의 공공부문 도입은 효율성과 인권, 혁신과 안정성, 개방성과 국가 주권 사이에서 균형점을 찾아가는 어려운 과정입니다. 이러한 균형을 유지하기 위해서는 몇 가지 중요한 원칙을 지켜야 합니다.

첫째, '인간 중심' 원칙입니다. 기술은 인간의 삶을 풍요롭게 하고 공공의 가치를 실현하는 수단이어야 합니다. 사람의 권리와 행복이 기술보다 앞서야 합니다.

둘째, '포용성' 원칙입니다. 기술 발전이 특정 집단에게만 혜택을 주고 다른 사람들을 소외시키는 일이 없어야 합니다. 모든 시민이 차별 없이 인공지능의 혜택을 누릴 수 있어야 합니다.

셋째, '투명성과 책임성' 원칙입니다. 인공지능의 의사결정 과정은 누구나 이해할 수 있도록 투명해야 하며, 문제가 발생했을 때 책임을 명확하게 규명할 수 있어야 합니다.

넷째, '협력과 참여' 원칙입니다. 시민, 전문가, 기업, 시민단체 등 다양한 주체들이 인공지능 시스템의 설계와 운영 과정에 적극 참여해야 합니다. 시민의 의견과 경험을 지속적으로 반영하는 것이 중요합니다.

이러한 원칙을 현실에서 지키기 위해 정부는 다음과 같은 실천적 방법을 선택할 수 있습니다.

우선, 단계적이고 실험적인 접근이 필요합니다. 모든 분야에 한 번에 인공지능을 도입하기보다는 위험이 낮고 효용성이 분명한 분야부터 점진적으로 적용해야 합니다. '규제 샌드박스'와 같은 안전한 실험 환경도 유용합니다.

또한, 지속적인 학습과 적응의 접근이 중요합니다. 기술은 끊임없이 변화하고 사회적 영향도 예측하기 어렵기 때문에, 정부는 항상 상황을 점검하고 정책을 유연하게 조정해야 합니다.

마지막으로 국제 협력의 중요성을 강조할 필요가 있습니다. 인공지능의 도전 과제는 결코 한 국가만의 문제가 아닙니다. 국가 간의 경험과 지식을 공유하고 공동의 기준을 만드는 글로벌 협력이 필수적입니다.

　공공부문이 인공지능을 받아들일 때, 중요한 것은 기술의 발전 속도보다도 '어떤 사회를 만들고 싶은지'에 대한 깊은 고민입니다. 인공지능이 단순하고 반복적인 일을 대신하면, 사람은 더 창의적이고 따뜻한 일을 할 수 있게 되죠. 하지만 기술에만 집중하다 보면, 우리가 정말 소중히 여기는 가치들을 놓칠 수도 있습니다. 인공지능 시대의 진정한 혁신이란 기술을 현명하게 사용하는 동시에 우리가 원하는 사회의 모습과 가치를 함께 생각하는 것입니다. 기술이 우리 삶을 이끌기보다는 우리가 기술의 주인이 되는 방향이 필요한 이유입니다.

# 제4부

# 인공지능 행정 발전 방향과 전략

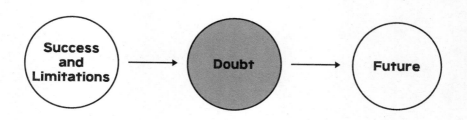

# 제21장
# 인공지능 행정의 성과와 한계

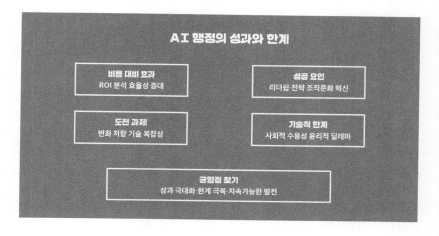

## 1. 공공부문 AI 도입의 비용 대비 효과 분석

인공지능 기술을 공공부문에 도입하는 것은 상당한 초기 투자를 필요로 합니다. 이러한 투자에는 하드웨어 비용, 소프트웨어 개발 및 구매 비용, 데이터 수집 및 정제 비용, 그리고 인력 교육 비용 등이 포함됩니다. 대규모 언어 모델(LLM)과 같은 최신 기술을 도입할 경우, 컴퓨팅 자원에 대한 투자가 크게 필요합니다. 그러나 이러한 초기 비용에도 불구하고, 장기적 관점에서 볼 때 AI 도입은 여러 측면에서 비용 절감 효과를 가져옵니다.

행정 업무의 자동화를 통한 인건비 절감 효과가 큽니다. 미국 연방정부의 경우, AI를 활용한 업무 자동화로 연간 약 30억 달러의 예산을 절약할 수 있다는 연구 결과가 있습니다. 이는 공무원들이 단순하고 반복적인 업무에서 벗어나 더 가치 있는 업무에 집중할 수 있게 해 줍니다. 영국 정부의 사례에서도 AI 챗봇 도입으로 고객 응대 비용이 약 40% 감소했다는 보고가 있습니다.

또한 행정 오류 감소로 인한 비용 절감 효과도 간과할 수 없습니다. AI

는 인간에 비해 일관된 판단을 내릴 수 있어, 행정 오류로 인한 비용 발생을 줄일 수 있습니다. 호주 세무청의 경우, AI 기반 세금 신고 검증 시스템 도입 후 오류율이 30% 감소하여 연간 약 1억 달러의 비용을 절감했다는 보고가 있습니다. 이러한 오류 감소는 민원 처리 비용 감소로도 이어집니다.

행정 서비스 개선으로 인한 사회적 편익 증가도 AI 도입의 중요한 효과입니다. 시민들의 행정 서비스 접근성이 향상되고 처리 시간이 단축되면, 그에 따른 사회적 비용이 감소합니다. 에스토니아의 디지털 정부 서비스는 연간 국민 1인당 약 5.4일의 시간을 절약해준다는 연구 결과가 있습니다. 이는 경제적으로 환산하면 상당한 가치를 지닙니다.

AI 도입의 비용 대비 효과는 분야별로 차이가 있습니다. 일반적으로 데이터가 많고 규칙적인 패턴이 있는 업무일수록 AI 도입 효과가 큽니다. 세무 행정, 복지 혜택 심사, 민원 응대 등의 분야에서는 투자 대비 수익률(ROI)이 높게 나타나는 반면, 복잡한 정책 결정이나 이해관계 조정 같은 분야에서는 상대적으로 낮은 ROI를 보입니다.

AI 도입의 경제적 효과는 직접적 비용 절감뿐 아니라 간접적 효과도 고려해야 합니다. 예를 들어, 공공 데이터의 품질 향상, 정부 신뢰도 증가, 공공 서비스 만족도 향상 등은 화폐가치로 환산하기 어렵지만 중요한 가치를 지닙니다. 싱가포르의 경우, AI 기반 공공 서비스 도입 후 시민 만족도가 15% 상승했다는 조사 결과가 있습니다.

또한 시간이 지남에 따라 AI 기술의 비용은 지속적으로 하락하는 반면, 효과는 증가하는 경향이 있습니다. 초기에는 비용이 높고 효과가 제한적이지만, 기술이 성숙하고 확산됨에 따라 비용 대비 효과는 점차 향상됩니다. 한국의 경우, 2019년부터 2023년까지 공공부문 AI 도입 비용은 약 20% 감소한 반면, 효과는 약 35% 증가했다는 연구 결과가 있습니다.

AI 도입의 효과를 정확히 측정하는 것은 쉽지 않습니다. 장기적 효과나 간접적 효과는 정량화하기 어렵습니다. 따라서 새로운 평가 방법론 개발이 필요합니다. 현재 OECD, EU 등의 국제기구에서는 공공부문 AI 도입의 표준화된 효과 측정 방법을 개발하고 있습니다.

결론적으로, 공공부문 AI 도입은 초기 투자 비용이 크지만, 장기적으로 볼 때 행정 효율성 증가, 오류 감소, 서비스 품질 향상 등을 통해 상당한 비용 대비 효과를 가져옵니다. 다만, 이러한 효과를 극대화하기 위해서는 도입 분야의 특성을 고려한 전략적 접근과 지속적인 효과 모니터링이 필요합니다.

## 2. 성공적인 AI 행정 구현을 위한 요인

성공적인 AI 행정 구현을 위해서는 여러 요소가 조화롭게 갖춰져야 합니다. 먼저 명확한 비전과 전략 수립이 필수적입니다. AI 기술 도입은 단순한 기술 프로젝트가 아니라 행정 혁신의 일환으로 접근해야 합니다. 성공적인 사례들을 살펴보면, 최고 지도자의 확고한 의지와 비전이 있었고, 이를 실현하기 위한 구체적인 로드맵이 있었습니다. 싱가포르의 'National AI Strategy', 영국의 'AI Sector Deal', 캐나다의 'Pan-Canadian AI Strategy' 등은 모두 국가 차원의 명확한 비전을 제시했습니다.

실질적인 문제 해결에 초점을 맞추는 것입니다. AI를 위한 AI가 아닌, 실제 행정 문제를 효과적으로 해결하는 데 중점을 두어야 합니다. 성공적인 AI 프로젝트들은 대부분 특정 행정 문제를 해결하기 위한 목적에서 출발했습니다. 예를 들어, 핀란드의 세금 환급 예측 시스템은 시민들의 세금 신고 부담을 줄이기 위한 구체적인 목표에서 시작되었습니다.

양질의 데이터 확보입니다. AI는 데이터를 기반으로 학습하기 때문에, 데이터의 품질과 양이 AI 시스템의 성능을 좌우합니다. 공공부문은 방대한 데이터를 보유하고 있지만, 이 데이터가 AI 학습에 적합한 형태로 정리되어 있지 않은 경우가 많습니다. 데이터 표준화, 정제, 통합 등의 작업이 선행되어야 합니다. 덴마크의 경우, 공공 데이터 품질 관리를 위한 전담 기관을 설립하여 AI 활용을 위한 데이터 기반을 마련했습니다.

또한 데이터 거버넌스 체계 구축도 중요합니다. 데이터 공유와 활용을 위한 명확한 규칙과 절차가 있어야 부처 간 데이터 연계가 가능해집니다. 에스토니아의 'X-Road' 시스템은 부처 간 안전한 데이터 공유를 가능하게 하는 플랫폼으로, 이를 통해 다양한 AI 서비스가 개발될 수 있었습니다.

인적 역량 강화 역시 성공적인 AI 행정 구현을 위한 필수 요소입니다. AI 시스템을 개발하고 운영할 기술 인력뿐만 아니라, AI를 활용할 일반 공무원들의 디지털 역량도 중요합니다. 싱가포르는 'AI for Everyone' 프로그램을 통해 모든 공무원을 대상으로 AI 기초 교육을 실시하고 있으며, 전문가 양성을 위한 'AI Apprenticeship Programme'도 운영하고 있습니다.

변화 관리(Change Management)도 중요한 성공 요인입니다. AI 도입은 업무 방식과 조직 문화의 변화를 수반하기 때문에, 이에 대한 체계적인 관리가 필요합니다. 영국의 경우, 'AI 챔피언' 제도를 통해 각 부처에 AI 변화를 이끌 리더를 지정하고, 이들을 통해 조직 내 AI 문화를 확산시키고 있습니다.

공공-민간 협력 모델 구축도 성공적인 AI 행정의 핵심 요소입니다. 정부가 모든 AI 기술을 직접 개발하는 것은 비효율적입니다. 민간의 혁신적인 기술과 아이디어를 활용하는 것이 중요합니다. 미국의 'AI Centers of Excellence'는 정부와 민간 기업, 학계가 협력하여 공공부문 AI 솔루션을 개발하는 모델입니다.

윤리적이고 책임 있는 AI 구현 원칙 수립도 빼놓을 수 없는 성공 요인입니다. AI 시스템은 투명하고, 공정하며, 책임성 있게 설계되어야 합니다. 캐나다의 'Algorithmic Impact Assessment' 제도는 공공부문 AI 시스템의 윤리적 영향을 사전에 평가하는 체계를 마련하고 있습니다.

마지막으로, 단계적 접근과 지속적인 개선이 중요합니다. AI 도입은 한 번에 모든 것을 바꾸려 하기보다, 작은 프로젝트부터 시작하여 점진적으로 확장해 나가는 것이 효과적입니다. 영국 NHS의 AI 도입 사례를 보면, 피부암 진단과 같은 특정 영역부터 시작하여 성공을 거둔 후 다른 영역으로 확장해 나갔습니다. 이러한 요인들은 서로 연결되어 있으며, 어느 하나만 추진해서는 성공하기 어렵습니다. 통합적인 접근이 필요합니다. 또한 국가별, 기관별 상황에 맞게 이러한 요소들을 적절히 조합하고 우선순위를 정하는 것이 중요합니다.

### 3. 도전 과제

인공지능 행정 구현에는 여러 장벽과 도전 과제가 존재합니다. 이를 효과적으로 극복하는 것이 성공적인 AI 도입의 관건입니다.

첫 번째 주요 장벽은 데이터 관련 문제입니다. 품질 높은 데이터의 부족은 AI 시스템의 성능을 저하시키는 핵심 요인입니다. 공공부문의 데이터는 종종 여러 시스템에 분산되어 있고, 표준화되지 않은 형태로 존재합니다. 또한 일부 데이터는 디지털화되지 않은 종이 문서로만 존재하는 경우도 있습니다. 이러한 데이터 문제는 AI 시스템의 학습과 운영에 큰 제약이 됩니다.

데이터 접근성과 공유의 어려움도 중요한 문제입니다. 공공부문은 부처별로 데이터 사일로(silo)가 형성되어 있어, 부처 간 데이터 공유가 원활하지 않습니다. 법적, 제도적 제약으로 인해 데이터 공유가 어려운 경우도 많습니다. 개인정보 보호와 데이터 활용 사이의 균형을 찾는 것은 전 세계 정부들의 공통 과제입니다. 의료, 복지, 조세 등 민감한 개인정보를 다루는 분야에서는 이러한 문제가 더욱 두드러집니다.

두 번째 주요 장벽은 기술적 복잡성과 인프라 부족입니다. AI, 최신 대규모 언어 모델(LLM)은 높은 수준의 컴퓨팅 자원을 요구합니다. 많은 정부 기관은 이러한 고성능 컴퓨팅 인프라를 갖추고 있지 않습니다. 또한 기존 레거시 시스템과의 통합도 기술적 과제입니다. 오래된 정부 시스템은 새로운 AI 기술과 원활하게 연동되지 않는 경우가 많습니다. 해결책으로 클라우드 컴퓨팅이 제시되고 있지만, 보안과 주권 문제로 인해 공공부문의 클라우드 도입은 제한적인 상황입니다.

세 번째 장벽은 인적 역량 부족입니다. AI 시스템을 개발하고 운영할 전문 인력이 공공부문에서는 크게 부족합니다. 민간 기업과의 인재 경쟁에서 정부 기관은 종종 불리한 위치에 있습니다. 낮은 임금, 경직된 인사 제도 등으로 인해 우수한 AI 인재를 유치하기 어렵습니다. 또한 일반 공무원들의 AI 리터러시(literacy) 부족도 문제입니다. AI 시스템을 효과적으로 활용하려면 기본적인 이해와 역량이 필요하지만, 많은 공무원들이 이러한 준비가 되어 있지 않습니다.

네 번째 도전 과제는 법적, 제도적 제약입니다. 많은 국가에서 행정 의사결정에 AI를 활용하는 것에 대한 명확한 법적 근거가 부족합니다. AI의 결정에 법적 효력을 부여할 수 있는지, AI의 결정에 대한 책임은 누구에게 있는지 등의 문제는 아직 명확히 해결되지 않았습니다. 또한 공공 조달 제도는 종종 혁신적인 기술 도입을 어렵게 만듭니다. 엄격한 사전 규격 정의, 복잡한 절차, 긴 주기 등은 빠르게 발전하는 AI 기술 도입에 적합하지 않습니다.

다섯 번째 장벽은 조직 문화와 저항입니다. 공공부문은 일반적으로 변화에 대한 저항이 강하고, 위험 회피적인 문화가 있습니다. AI와 같은 새로운 기술에 대한 두려움과 불신이 존재합니다. 공무원들은 AI가 자신의 일자리를 위협할 수 있다고 우려하거나, 익숙한 업무 방식을 바꾸는 것에 저항할 수 있습니다. 이러한 문화적 저항을 극복하기 위해서는 명확한 변화 관리 전략과 리더십이 필요합니다.

여섯 번째 과제는 윤리적 문제와 사회적 우려입니다. AI 시스템의 편향성과 공정성 문제는 공공부문에서 중요합니다. 정부 결정은 모든 시민에게 공정해야 하기 때문입니다. 또한 AI의 불투명성('블랙박스' 문제)은 행정의 투명성과 책임성을 저해할 수 있습니다. 시민들은 AI가 어떻게 결정을 내렸는지 이해하고 싶어하지만, 복잡한 AI 알고리즘은 이를 설명하기 어렵습니다. 이에 따라 '설명 가능한 AI(XAI)'에 대한 연구가 활발히 진행되고 있습니다.

마지막으로, 재정적 제약과 지속가능성 문제도 중요한 도전 과제입니다. AI 프로젝트는 초기 투자 비용이 크지만, 공공부문은 종종 제한된 예산으로 운영됩니다. 또한 단기적인 예산 주기로 인해 장기적인 AI 투자가 어려운 경우가 많습니다. 프로젝트 기반 예산 지원이 종료된 후의 지속가능성 문제도 있습니다. 많은 AI 시범 사업들이 초기에는 성공적이지만, 지속적인 예산과 지원이 없어 장기적으로 유지되지 못하는 경우가 많습니다.

이러한 과제들은 서로 연결되어 있으며, 이들을 종합적으로 해결하는 접근이 필요합니다. 세계 각국 정부는 이러한 문제들을 인식하고, 다양한 정책과 제도를 통해 해결책을 모색하고 있습니다. 데이터 전략 수립, 공공 클라우드 인프라 구축, AI 인재 양성 프로그램, 관련 법제 정비, 변화 관리 전략 수립, 윤리 가이드라인 마련 등의 노력이 진행되고 있습니다.

## 4. 기술적 한계와 사회적 수용성

인공지능 기술은 빠르게 발전하고 있지만, 여전히 여러 기술적 한계를 가지고 있습니다. 이러한 한계를 이해하고, 사회적 수용성과의 균형을 맞추는 것이 중요합니다.

먼저, AI 시스템의 핵심적인 기술적 한계 중 하나는 '일반화' 능력의 부족입니다. 현재의 AI 시스템은 훈련된 특정 영역에서는 뛰어난 성능을 보이지만, 새로운 상황이나 맥락에 유연하게 대응하는 능력은 부족합니다. 이는 행정 업무의 복잡성과 가변성을 고려할 때 중요한 제약 사항입니다. 비정형 데이터를 다루거나 예외적인 상황을 처리해야 하는 행정 업무에서는 AI의 한계가 두드러집니다.

AI 시스템의 '설명 가능성(explainability)' 부족도 중요한 기술적 한계입니다. 딥러닝과 같은 복잡한 AI 모델은 종종 '블랙박스'로 작동하여, 어떻게 특정 결정에 도달했는지 명확히 설명하기 어렵습니다. 행정 결정은 투명하고 설명 가능해야 한다는 원칙을 고려할 때, 이는 큰 제약 사항입니다. 미국, EU 등에서는 공공부문 AI 시스템의 설명 가능성을 법적으로 요구하는 추세입니다. 이에 따라 '설명 가능한 AI(XAI)' 연구가 활발히 진행되고 있지만, 완전한 해결책을 제시하지는 못하고 있습니다.

AI 시스템의 또 다른 기술적 한계는 데이터 의존성입니다. AI는 학습 데이터의 품질과 양에 크게 의존하므로, 부족하거나 편향된 데이터는 AI 성능에 직접적인 영향을 미칩니다. 공공부문의 경우, 오래된 레거시 시스템, 표준화되지 않은 데이터, 부처 간 데이터 사일로 등의 문제로 인해 양질의 데이터 확보가 어려운 경우가 많습니다. 또한 민감한 개인정보 보호로 인해 데이터 접근이 제한되는 경우도 있습니다.

보안과 안정성 측면에서의 한계도 존재합니다. AI 시스템은 다양한 보안 위협에 취약할 수 있으며, 적대적 공격(adversarial attack)에 약합니다. 이러한 공격은 AI 시스템의 판단을 교묘하게 왜곡시키는 것을 목표로 합니다. 공공부문 AI 시스템은 중요한 행정 결정을 내리기 때문에, 이러한 보안 취약성은 심각한 문제가 될 수 있습니다. 또한 AI 시스템의 안정성과 신뢰성도 중요한 문제입니다. AI 시스템이 예기치 않게 작동을 멈추거나 잘못된 결과를 제공하는 경우, 행정 서비스 전체가 중단될 수 있습니다.

이러한 기술적 한계는 AI에 대한 사회적 수용성에 직접적인 영향을 미칩니다. 시민들이 AI 시스템을 신뢰하고 수용하는 정도는 해당 시스템의 성능, 투명성, 공정성, 책임성 등에 달려 있습니다. AI에 대한 사회적 신뢰와 수용성은 국가별로 차이가 있습니다. 에스토니아, 싱가포르와 같은 국가에서는 디지털 행정 시스템에 대한 높은 신뢰도를 바탕으로 AI 도입이 빠르게 진행되고 있습니다. 반면, 일부 유럽 국가나 미국에서는 AI의 편향성, 감시 우려 등으로 인해 더 신중한 접근이 이루어지고 있습니다.

사회적 수용성을 높이기 위해서는 몇 가지 중요한 요소가 필요합니다.

첫째, 투명성과 설명 가능성이 중요합니다. 시민들은 AI가 어떻게 작동하고 결정을 내리는지 이해할 수 있어야 합니다. 프랑스의 경우, 공공부문 AI 시스템에 대한 '알고리즘 투명성 법'을 도입하여 시민들이 자신에 관한 행정 결정이 어떻게 이루어졌는지 알 수 있도록 하고 있습니다.

둘째, 공정성과 비차별성이 보장되어야 합니다. AI 시스템이 특정 그룹에 불리한 결정을 내리거나 사회적 불평등을 강화한다면, 시민들의 반발을 불러일으킬 것입니다. 미국에서는 'AI 위험 관리 프레임워크'를 통해 AI 시스템의 공정성을 평가하고 개선하는 노력을 하고 있습니다.

셋째, 인간 중심 설계와 통제가 중요합니다. AI는 인간을 완전히 대체하기보다는 인간의 결정을 지원하는 역할을 해야 합니다. 최종 결정권과 책임은 인간에게 있어야 한다는 원칙이 중요합니다. EU의 AI 윤리 가이드라인은 '인간 감독(human oversight)'을 핵심 원칙으로 강조하고 있습니다.

넷째, 시민 참여와 소통이 필요합니다. AI 도입 과정에서 시민들의 의견을 수렴하고, 우려사항을 해소하기 위한 소통 노력이 중요합니다. 핀란드의 'AI 시민 참여 포럼'은 AI 정책 결정에 시민들이 직접 참여할 수 있는 기회를 제공하고 있습니다.

다섯째, 단계적이고 검증된 접근이 중요합니다. 처음부터 큰 규모로 AI를 도입하기보다는 작은 시범 사업을 통해 검증하고 점진적으로 확대하는 것이 시민들의 신뢰를 얻는 데 효과적입니다. 영국 NHS의 경우, 의료 이미지 분석과 같은 제한된 영역부터 AI를 도입하여 성과를 검증한 후 다른 영역으로 확장해 나가는 방식을 취하고 있습니다.

기술적 한계와 사회적 수용성 사이의 균형을 찾는 것은 지속적인 과제입니다. 기술이 발전함에 따라 일부 한계는 해소될 수 있지만, 새로운 문제가 등장할 수도 있습니다. 예를 들어, 최근의 대규모 언어 모델(LLM)은 이전 AI 시스템보다 훨씬 뛰어난 언어 이해와 생성 능력을 보여주지만, 환각(hallucination) 문제, 즉 사실이 아닌 정보를 그럴듯하게 제시하는 문제를 안고 있습니다. 이는 행정 정보의 정확성이 중요한 공공부문에서 심각한 우려사항입니다.

또한 AI 기술이 발전함에 따라 윤리적, 법적 고려사항도 복잡해지고 있습니다. 자율적으로 결정을 내리는 AI 시스템의 책임 소재, 저작권과 같은 지적재산권 문제, 개인정보 보호와 데이터 활용 사이의 균형 등 다양한 문제가 제기되고 있습니다. 이러한 문제들은 기술적 해결책뿐만 아니라 사회적, 법적 합의를 필요로 합니다.

AI에 대한 사회적 수용성은 문화와 맥락에 따라 다르게 나타납니다. 일부 사회에서는 효율성과 편의성을 위해 프라이버시의 일부를 양보하는 것에 대해 상대적으로 관대한 반면, 다른 사회에서는 개인정보 보호를 더 중요시하는 경향이 있습니다. 이러한 문화적 차이를 고려한 맞춤형 접근이 필요합니다.

기술적 한계와 사회적 수용성 사이의 균형을 위해 '책임 있는 AI' 원칙이 강조되고 있습니다. 이는 AI 시스템이 공정하고, 투명하며, 책임성 있게 설계되고 운영되어야 한다는 것을 의미합니다. 캐나다, EU, 싱가포르 등 여러 국가에서는 책임 있는 AI 원칙을 공공부문 AI 도입의 기본 지침으로 삼고 있습니다.

또한 '윤리적 AI 설계'가 중요한 접근 방식으로 부상하고 있습니다. 이는 AI 시스템 개발 초기 단계부터 윤리적 고려사항을 통합하는 것을 의미합니다. 예를 들어, 알고리즘 편향을 감지하고 해소하기 위한 도구, 설명 가능성을 높이기 위한 기술, 개인정보 보호를 강화하기 위한 방법 등이 여기에 포함됩니다.

국제적 협력과 표준화도 중요한 해결책입니다. AI는 국경을 초월한 기술이므로, 국제적인 협력과 표준화가 필요합니다. OECD, UNESCO, EU 등의 국제기구는 AI 윤리와 거버넌스에 관한 글로벌 가이드라인을 개발하고 있습니다. 이러한 노력은 각국 정부가 AI 정책을 수립하는 데 중요한 참고 자료가 됩니다.

AI의 기술적 한계와 사회적 수용성 사이의 균형을 찾는 것은 공공부문 AI 도입의 핵심 과제입니다. 이를 위해서는 기술적 개선뿐만 아니라 제도적, 윤리적, 사회적 측면에서의 종합적인 접근이 필요합니다. 기술이 발전함에 따라 일부 한계는 해소될 수 있지만, 새로운 도전과제도 등장할 것입니다. 따라서 공공부문 AI 도입은 지속적인 학습과 적응의 과정으로 접근해야 합니다. 한국과 같이 IT 인프라가 발달하고 디지털 정부 수준이 높은 국가에서는, 기술적 가능성과 사회적 기대 사이의 간극을 어떻게 줄일 것인지가 중요한 과제입니다. 한국 정부는 '국민이 체감하는 AI 행정 서비스'를 목표로, 기술 역량 강화와 함께 시민 중심 설계, 투명성 확보, 윤리적 가이드라인 마련 등 균형 잡힌 접근을 시도하고 있습니다. 이러한 노력이

성공적으로 이루어진다면, 한국은 AI 행정 분야의 글로벌 모범 사례가 될
수 있을 것입니다.

# 제22장
# 포용적 AI 행정을 위한 윤리

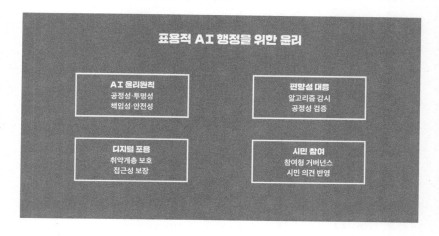

## 1. 공공부문 AI 윤리원칙

인공지능 기술이 공공부문에 도입되면서 각국 정부는 윤리적 프레임워크를 수립하여 AI 시스템이 공공의 가치와 시민의 권리를 존중하도록 노력하고 있습니다. 이러한 윤리적 프레임워크는 국가마다 문화적, 사회적, 법적 배경에 따라 다양한 형태로 나타나고 있습니다. 미국은 2023년 백악관이 발표한 'AI 권리장전(AI Bill of Rights)'을 통해 안전성, 알고리즘 차별 방지, 데이터 프라이버시, 공지 및 설명, 인간 대안과 고려 등 5가지 핵심원칙을 제시했습니다. 미국의 윤리원칙은 개인의 권리와 자유를 보호하는 데 중점을 두고 있으며, 연방기관들이 AI 시스템을 도입할 때 이러한원칙을 준수하도록 의무화하고 있습니다.

유럽연합은 'AI 법(AI Act)'을 통해 세계에서 가장 포괄적인 AI 규제체계를 구축했으며, 이 법은 공공부문 AI 사용에 대한 엄격한 윤리적 기준을 제시하고 있습니다. EU의 윤리원칙은 인간 중심 접근, 기술적 견고성 및 안전성, 프라이버시 및 데이터 거버넌스, 투명성, 다양성·비차별·공정성, 사회·환경적 복지, 책임성 등 7가지 요소를 강조하고 있습니다. EU는 AI 시스템의 위험도에 따른 차등 규제 체계를 도입하여, 공공부문에서 사용되는 '고위험' AI 시스템에 대해서는 더욱 엄격한 평가와 감독을 요구하고 있습니다.

싱가포르는 'AI 거버넌스 프레임워크(Model AI Governance Framework)'를 통해 내부 거버넌스 구조와 조치, 인간 참여 결정 모델 결정, AI 시스템의 운영 관리, 이해관계자와의 소통 등 네 가지 핵심 영역에 대한 가이드라인을 제시하고 있습니다. 싱가포르의 접근법은 법적 강제력보다는 산업계의 자발적 참여와 모범 사례 공유를 통한 AI 윤리 생태계 구축을 강조하고 있습니다. 공공기관은 이러한 프레임워크를 적용하는 선도적 역할을 하며, AI 결정에 대한 '인간 관리(Human-over-the-loop)' 원칙을 중요시하고 있습니다.

캐나다는 '책임있는 AI 사용을 위한 지침(Directive on Automated Decision-Making)'을 통해 정부 기관의 자동화된 의사결정 시스템에 대한 구체적인 요구사항을 규정하고 있습니다. 이 지침은 알고리즘 영향 평가, 투명성, 품질 보증, 인간의 개입, 공정성, 합법성 등의 원칙을 포함하며, 알고리즘 의사결정이 개인에게 미치는 영향의 정도에 따라 4단계로 나누어 각기 다른 수준의 감독과 투명성 요구사항을 적용하고 있습니다. 캐나다의 접근법은 실무적이고 구체적인 가이드라인을 제공한다는 점에서 주목받고 있습니다.

일본의 AI 윤리원칙은 '인간 중심의 AI 사회 원칙'을 바탕으로 하며, 인간의 존엄성 존중, 다양성 존중, 폭넓은 참여 촉진, 사생활 보호, 보안 확보, 공정 경쟁, 혁신 촉진 등을 강조하고 있습니다. 일본은 특히 고령화 사회에서 AI가 노인 돌봄과 같은 사회 서비스에 활용되는 상황을 고려하여, 기술 혁신과 인간의 존엄성 사이의 균형을 중요시하고 있습니다. 공공부문에서는 이러한 원칙을 바탕으로 AI 시스템의 설계와 운영 단계에서 윤리적 고려사항을 반영하도록 하고 있습니다.

한국은 '인공지능 윤리기준'과 '신뢰할 수 있는 인공지능 실현전략'을 통해 AI 윤리원칙을 확립했습니다. 한국의 윤리원칙은 인간 존엄성 보장, 공공선 추구, 기술의 안전성, 투명성과 설명 가능성, 차별금지와 공정성, 개인정보 보호, 책임성, 참여 등 8가지 핵심 가치를 담고 있습니다. 특히 공공부문에서는 'AI 정부 가이드라인'을 별도로 마련하여 정부 서비스에 특화된 윤리적 고려사항을 제시하고 있으며, 행정기관이 AI 시스템을 도입할 때 자체 영향평가를 실시하도록 권고하고 있습니다.

핀란드는 '인공지능 프로그램(AI Finland Programme)'의 일환으로 공공부문 AI 윤리원칙을 개발했으며, 이는 신뢰, 투명성, 지속가능성, 안전성, 인간 중심 설계 등의 가치를 강조하고 있습니다. 핀란드의 접근법은 공공서비스 설계에 시민 참여를 적극적으로 유도하고, AI 시스템의 생애 주기 전반에 걸친 윤리적 고려를 권장한다는 특징이 있습니다. 또한 공공부문 AI 시스템의 투명성을 높이기 위해 'AI 레지스트리'를 운영하여 정부가 사용하는 모든 AI 시스템에 대한 정보를 공개하고 있습니다.

호주는 '인공지능 윤리 프레임워크(AI Ethics Framework)'를 통해 인간, 사회, 환경적 웰빙, 인간 중심 가치와 공정성, 프라이버시 보호 및 데이터 보안, 신뢰성과 안전성, 투명성과 설명 가능성, 이의제기 가능성, 책임성, 통제와 감독 등 8가지 원칙을 제시하고 있습니다. 호주의 윤리원칙은 원주민 커뮤니티와 같은 취약계층의 권리와 이익을 보호하는 데 중점을 두고 있으며, 공공부문에서 AI를 도입할 때 이러한 원칙을 적용하기 위한 구체적인 점검 리스트와 평가 도구를 제공하고 있습니다.

국제기구인 OECD의 'AI 권고안(Recommendation on AI)'은 포용적 성장과 지속 가능한 발전, 인간 중심 가치와 공정성, 투명성과 설명 가능성, 견고성과 안전성, 책임성 등 5가지 원칙을 제시하고 있으며, 많은 국가들이 이를 자국의 AI 윤리원칙 수립의 기초로 삼고 있습니다. UNE-SCO는 '인공지능 윤리에 관한 권고(Recommendation on the Ethics of AI)'를 통해 인권 보호, 환경 보존, 사회적 다양성 존중, 프라이버시 보호, 인간 감독 등을 강조하고 있습니다. 이러한 국제기구의 원칙들은 글로벌 AI 거버넌스의 공통 기반을 형성하는 데 중요한 역할을 하고 있습니다.

각국의 AI 윤리원칙을 비교해 보면 몇 가지 공통적인 가치와 원칙이 존재함을 알 수 있습니다. 인간 중심 접근, 공정성과 비차별, 투명성과 설명 가능성, 안전성과 견고성, 프라이버시 보호, 책임성 등이 대부분의 국가에서 강조되는 핵심 가치입니다. 그러나 이러한 공통 원칙을 실행하는 방식에는 국가별로 상당한 차이가 있습니다. 미국은 개인의 권리와 자유를 강조하는 반면, EU는 포괄적인 규제 체계를 통한 보호를 중시합니다. 아시아 국가들은 사회적 조화와 집단적 이익을 더 강조하는 경향이 있습니다.

공공부문 AI 윤리원칙의 실효성을 높이기 위한 접근법도 국가마다 다릅니다. 법적 구속력이 있는 규제를 중시하는 국가가 있는 반면, 자발적 가이드라인과 모범 사례 공유를 통한 유연한 접근을 선호하는 국가도 있습니다. 또한 일부 국가는 영향평가나 인증제도와 같은 구체적인 실행 메커니즘을 도입하여 윤리원칙의 실천을 뒷받침하고 있습니다. 이러한 다양한 접근법은 각국의 법적, 문화적, 사회적 맥락을 반영하며, 글로벌 AI 윤리 논의에 풍부한 관점을 제공하고 있습니다.

국가별 공공부문 AI 윤리원칙의 효과적인 이행에는 몇 가지 공통적인 과제가 있습니다. 추상적인 원칙을 구체적인 지침으로 전환하는 어려움, 다양한 이해관계자 간의 의견 조율, 급속한 기술 발전에 대응하는 규제의 유연성 확보, 윤리원칙 준수 여부를 모니터링하고 평가하는 방법 등이 주요 과제로 꼽힙니다. 이러한 과제를 해결하기 위해 많은 국가들이 학계, 산업계, 시민사회와의 협력을 통한 다자간 접근법을 채택하고 있습니다.

AI 윤리원칙의 국제적 조화와 협력도 중요한 주제입니다. AI 기술과 서비스가 국경을 초월하여 제공되는 상황에서, 국가 간 윤리 기준의 큰 차이는 글로벌 AI 거버넌스에 혼란을 가져올 수 있습니다. 이에 OECD, G20, UNESCO 등 국제기구를 중심으로 공통의 AI 윤리 프레임워크를 개발하려는 노력이 진행되고 있으며, 많은 국가들이 이러한 국제 협력에 적극적으로 참여하고 있습니다.

결론적으로, 공공부문 AI 윤리원칙은 신뢰할 수 있고 포용적인 AI 행정의 기반을 형성하는 중요한 요소입니다. 각국의 다양한 접근법과 경험은 서로에게 귀중한 교훈을 제공하며, 이를 통해 더 발전된 윤리 프레임워크를 구축할 수 있습니다. 앞으로의 과제는 이러한 윤리원칙을 실질적인 행정 관행으로 효과적으로 전환하고, 급변하는 AI 기술 환경에 맞춰 지속적으로 발전시켜 나가는 것입니다.

## 2. 알고리즘 편향성 감지 및 완화 방법

알고리즘 편향성은 AI 시스템이 특정 집단이나 개인에 대해 불공정하거나 차별적인 결과를 만들어내는 현상을 말합니다. 공공부문에서 이러한 편향성은 시민의 권리와 기회에 직접적인 영향을 미칠 수 있어 중요한 문제입니다. 알고리즘 편향성은 주로 편향된 훈련 데이터, 불완전한 문제 정의, 모델 설계의 한계, 평가 기준의 편향 등에서 발생합니다. 예를 들어, 과거의 불평등한 의사결정 패턴이 담긴 데이터로 훈련된 AI는 그러한 불평등을 재생산하거나 심지어 증폭시킬 위험이 있습니다.

알고리즘 편향성을 감지하기 위한 첫 번째 단계는 AI 시스템의 결과를 다양한 인구 집단별로 분석하는 것입니다. 이를 위해 인구통계학적 특성

(성별, 인종, 연령, 지역 등)에 따른 결과 분포를 측정하고, 통계적으로 유의미한 차이가 있는지 확인합니다. 예를 들어, 공공 채용 AI 시스템이 남성과 여성 지원자에게 다른 합격률을 보인다면, 이는 잠재적 성별 편향의 신호일 수 있습니다. 이러한 분석은 정기적으로 수행되어야 하며, 시스템 업데이트나 사회적 변화가 있을 때 더욱 중요해집니다.

편향성 감지를 위한 다양한 기술적 방법론이 개발되어 있습니다. 통계적 형평성 측정(Statistical Parity, Equal Opportunity, Equalized Odds 등)은 다양한 공정성 기준에 따라 알고리즘의 결과를 평가합니다. 반사실적 공정성(Counterfactual Fairness) 분석은 개인의 보호된 특성(예: 성별, 인종)이 변경되었을 때 알고리즘의 결정이 어떻게 달라지는지 평가합니다. 편향 증폭 테스트(Bias Amplification Test)는 훈련 데이터의 편향이 모델에 의해 어떻게 증폭되는지 측정합니다. 이러한 방법론은 각기 다른 종류의 편향을 감지하는데 유용하며, 상호 보완적으로 사용되어야 합니다.

알고리즘 편향성을 감지하기 위한 또 다른 중요한 접근법은 독립적인 외부 감사(External Audit)입니다. 제3자 전문가나 기관이 AI 시스템을 검토하여 잠재적 편향을 식별하고, 객관적인 평가를 제공하는 것입니다. 미국 국립표준기술연구소(NIST)와 같은 기관들은 AI 시스템의 공정성 평가를 위한 표준화된 방법론을 개발하고 있으며, 이는 공공부문 AI 시스템에 대한 객관적인 평가 기준을 제공합니다. 외부 감사는 고위험 영역의 AI 시스템에 대해 정기적으로 수행되어야 하며, 그 결과는 투명하게 공개되어야 합니다.

알고리즘 편향성을 완화하기 위한 가장 기본적인 방법은 훈련 데이터의 다양성과 대표성을 확보하는 것입니다. 다양한 인구 집단을 대표하는 충분한 데이터가 수집되어야 하며, 역사적으로 소외된 집단에 대한 데이터가 적절히 포함되어야 합니다. 데이터 수집 과정에서 발생할 수 있는 표본 편향(Sampling Bias)을 인식하고 최소화하는 노력이 필요합니다. 또한 데이터 전처리 단계에서 불균형이나 편향을 식별하고 수정하는 기술을 적용할 수 있습니다. 예를 들어, 리샘플링(Resampling), 가중치 조정(Weighting Adjustment), 공정성 제약 조건(Fairness Constraints) 등의 방법이 사용될 수 있습니다.

알고리즘 자체를 설계하는 과정에서도 편향성을 최소화하기 위한 노력이 필요합니다. 공정성 인식 알고리즘(Fairness-aware Algorithms)은 학습 과정에서 공정성 메트릭을 최적화 목표로 포함합니다. 적대적 디바이어싱(Adversarial Debiasing) 기법은 모델이 보호된 특성에 기반한 예측을 하지 못하도록 훈련시킵니다. 인과 모델링(Causal Modeling)은 특성 간의 인과 관계를 명시적으로 모델링하여 편향된 상관관계의 영향을 줄입니다. 이러한 기술적 접근법은 알고리즘 설계 단계에서 편향성을 사전에 방지하는 데 도움이 됩니다.

편향성 완화를 위한 또 다른 중요한 접근법은 다양한 이해관계자의 참여입니다. AI 시스템의 설계와 평가 과정에 다양한 배경과 관점을 가진 사람들이 참여함으로써, 특정 집단에 대한 편향이나 부정적 영향을 조기에 발견하고 해결할 수 있습니다. 잠재적으로 영향을 받을 수 있는 취약 집단의 참여는 실제 사용 환경에서 발생할 수 있는 편향성 문제를 식별하는 데 중요합니다. 덴마크의 '디지털 디자인 패널(Digital Design Panel)'과 같은 이니셔티브는 다양한 시민 대표를 포함한 패널이 공공 AI 시스템을 검토하고 피드백을 제공하는 모델을 보여줍니다.

공공부문에서는 알고리즘 영향 평가(Algorithmic Impact Assessment)가 편향성 감지와 완화를 위한 체계적인 접근법으로 주목받고 있습니다. 이는 AI 시스템이 개인과 집단에 미칠 수 있는 잠재적 영향을 사전에 평가하고, 부정적 영향을 최소화하기 위한 조치를 마련하는 과정입니다. 캐나다 정부의 알고리즘 영향 평가 도구는 이러한 접근법의 좋은 예로, 자동화된 의사결정 시스템의 위험 수준을 평가하고 그에 따른 완화 조치를 권고합니다. 이러한 평가는 시스템 개발 초기부터 도입되어야 하며, 시스템의 생애주기 전반에 걸쳐 지속적으로 수행되어야 합니다.

투명성과 설명 가능성은 알고리즘 편향성 감지와 완화의 핵심 요소입니다. AI 시스템의 의사결정 과정과 근거를 이해할 수 있어야 편향성을 효과적으로 식별하고 대응할 수 있습니다. 설명 가능한 AI(Explainable AI, XAI) 기술은 복잡한 모델의 결정 과정을 해석하고 설명하는 데 도움을 줍니다. LIME(Local Interpretable Model-agnostic Explanations)이나 SHAP(SHapley Additive exPlanations)와 같은 방법은 개별 결정에 영향을 미친 주요 요인을 식별하는 데 유용합니다. 공공부문 AI 시스템에서는 이러한 설명 가능성이 법적, 윤리적 요구사항일 뿐 아니라, 시민의 신뢰를 얻는 데도 필수적입니다.

알고리즘 편향성 대응을 위한 인적 개입 메커니즘도 중요합니다. AI 시스템의 결정에 대해 인간이 검토하고 필요시 번복할 수 있는 체계가 마련되어야 합니다. 개인의 권리와 이익에 중대한 영향을 미치는 결정(예: 복지 혜택 자격 판단, 법적 판결 지원)에서는 최종 결정에 인간의 감독이 필수적입니다. 또한 AI 시스템의 결정에 이의를 제기하고 시정을 요구할 수 있는 명확한 절차가 마련되어야 합니다. 영국의 '자동화된 의사결정 시스템 지침(Guidelines for Automated Decision-Making Systems)'은 공공기관이 AI 시스템을 도입할 때 반드시 이의제기 메커니즘을 마련하도록 요구하고 있습니다.

알고리즘 편향성 문제에 대응하기 위한 법적, 제도적 장치도 발전하고 있습니다. EU의 AI 법(AI Act)은 고위험 AI 시스템에 대해 차별 금지 의무를 부과하고, 위험 관리 체계를 갖추도록 요구합니다. 미국의 여러 주에서는 공공부문 AI 시스템에 대한 편향성 감사와 영향 평가를 의무화하는 법안을 도입하고 있습니다. 이러한 법적 프레임워크는 공공기관이 알고리즘 편향성 문제를 체계적으로 다루도록 하는 중요한 기반이 됩니다.

알고리즘 편향성 감지와 완화를 위한 글로벌 협력과 지식 공유도 활발히 이루어지고 있습니다. Partnership on AI, Global Partnership on AI(GPAI)와 같은 국제 이니셔티브는 알고리즘 공정성에 관한 연구와 모범 사례를 공유하는 플랫폼 역할을 합니다. OECD의 'AI Policy Observatory'는 각국의 정책과 실행 사례를 수집하고 분석하여 글로벌 학습을 촉진하고 있습니다. 이러한 국제 협력은 알고리즘 편향성 대응에 관한 공통된 이해와 접근법을 발전시키는 데 기여합니다.

알고리즘 편향성 대응을 위한 전문 인력 양성도 중요한 과제입니다. AI 시스템의 편향성을 감지하고 완화하기 위해서는 기술적 지식뿐만 아니라 윤리적, 사회적, 법적 맥락에 대한 이해도 필요합니다. 공공부문 AI 담당자들을 위한 교육 프로그램이 다양하게 개발되고 있으며, 핀란드의 'Elements of AI'와 같은 온라인 과정은 광범위한 대중에게도 AI 윤리와 공정성에 대한 기본 지식을 제공합니다. 이러한 교육은 기술적 이해와 사회적 맥락을 연결하는 융합적 관점을 강조해야 합니다.

알고리즘 편향성 대응을 위한 실행 가능한 체크리스트와 가이드라인도 중요한 실무 도구입니다. 영국 정부의 'Data Ethics Framework'는 공공부문 AI 프로젝트를 위한 단계별 체크리스트를 제공하며, 싱가포르의 'AI Verify'는 AI 시스템의 공정성을 평가하기 위한 테스트 도구를 제공합니다. 이러한 실용적 도구는 추상적인 원칙을 구체적인 행동으로 전환하는 데 도움이 되며, 기술적 전문성이 제한된 기관에게 유용합니다.

결론적으로, 알고리즘 편향성 감지와 완화는 포용적 AI 행정을 위한 필수적인 과제입니다. 이는 기술적 해결책뿐만 아니라 조직적, 제도적, 사회적 접근을 포함하는 종합적인 노력이 필요합니다. 공공부문 AI 시스템이 모든 시민에게 공정하고 평등한 혜택을 제공하기 위해서는, 알고리즘 편향성에 대한 지속적인 감시와 대응이 필수적입니다. 이는 단순한 기술적 문제가 아니라 사회적 가치와 공공의 신뢰를 지키기 위한 근본적인 과제로 인식되어야 합니다.

### 3. 취약계층의 디지털 포용성 확보

AI 행정의 혜택이 모든 시민에게 고르게 돌아가기 위해서는 취약계층의 디지털 포용성을 확보하는 것이 필수적입니다. 디지털 포용성이란 모든 개인과 커뮤니티가 디지털 기술과 서비스에 접근하고 이를 효과적으로 활용할 수 있는 능력을 의미합니다. 취약계층은 노인, 장애인, 저소득층, 농어촌 주민, 이주민 등 다양한 이유로 디지털 기술 활용에 어려움을 겪는 집단을 포함합니다. 이들이 AI 기반 공공서비스에서 소외되지 않도록 하는 것은 디지털 시대의 사회적 책임이자 행정의 기본 가치입니다.

취약계층의 디지털 접근성(Digital Access)을 향상시키는 것이 첫 번째 중요한 과제입니다. 디지털 접근성은 인터넷과 디지털 기기에 대한 물리적 접근성을 의미하며, 이는 디지털 참여의 기본 조건입니다. 많은 국가들이 이를 위해 다양한 프로그램을 운영하고 있습니다. 미국의 '인터넷 지원 프로그램(Affordable Connectivity Program)'은 저소득 가구에 인터넷 서비스 비용을 지원하고, 영국의 '디지털 포용 전략(Digital Inclusion Strategy)'은 공공 와이파이와 저가 디지털 기기 보급을 확대하고 있습니다. 한국의 '디지털 배움터'는 지역 주민들이 가까운 곳에서 디지털 기기를 접할 수 있는 환경을 제공합니다.

단순한 접근성을 넘어 디지털 활용 능력(Digital Literacy)을 키우는 것도 중요합니다. 디지털 활용 능력은 디지털 도구와 서비스를 이해하고 효과적으로 사용할 수 있는 능력을 의미합니다. AI 기반 서비스는 기존 디지털 서비스보다 더 복잡하게 느껴질 수 있어 특별한 교육이 필요합니다. 호주의 '비 커넥티드(Be Connected)' 프로그램은 노인들을 위한 맞춤형 디지털 교육을 제공하고, 싱가포르의 '실버 인포콤 이니셔티브(Silver Infocomm Initiative)'는 노인들의 디지털 참여를 위한 다양한 학습 기회를 제공합니다. 이러한 교육은 단계적이고 반복적으로 이루어져야 하며, 실생활과 연계된 실용적인 내용을 포함해야 합니다.

장애인을 위한 접근성 향상도 디지털 포용성의 중요한 부분입니다. 시각, 청각, 인지, 운동 장애 등 다양한 장애 유형에 맞는 접근성 솔루션이 필요합니다. 미국의 '재활법 508조(Section 508)'와 EU의 '웹 접근성 지침(Web Accessibility Directive)'은 공공 디지털 서비스가 접근성 표준을 준수하도록 법적으로 요구하고 있습니다. AI 기술은 음성인식, 텍스트 읽기, 자동 자막 생성 등을 통해 접근성을 크게 향상시킬 수 있습니다. 예를 들어, 구글의 '룩아웃(Lookout)'이나 마이크로소프트의 '시잉 AI(Seeing AI)'와 같은 AI 앱은 시각장애인이 주변 환경을 인식하는 데 도움을 줍니다.

다국어 지원과 문화적 포용성도 중요한 요소입니다. 다양한 언어와 문화적 배경을 가진 시민들이 공공서비스에 접근할 수 있도록 해야 합니다. AI 기반 번역 및 통역 서비스는 이러한 언어 장벽을 낮추는 데 큰 도움이 됩니다. 캐나다 정부의 '언어 포털(Language Portal)'은 영어와 프랑스어 번역 도구와 자원을 제공하며, 호주의 '트랜슬레이팅 앤 인터프리팅 서비스(Translating and Interpreting Service)'는 160개 이상의 언어로 공공서비스 이용을 지원합니다. 또한 서비스 설계 시 다양한 문화적 관점과 가치를 고려하는 것이 중요합니다.

대체 인터페이스와 다중 채널 접근 방식은 디지털 기술 사용에 어려움을 겪는 사람들에게 중요합니다. 모든 공공서비스가 디지털 방식으로

만 제공된다면, 디지털 역량이 부족한 시민들은 필요한 서비스를 받지 못할 위험이 있습니다. 따라서 디지털 채널과 함께 전화, 대면 서비스 등 전통적인 채널을 병행하는 '옴니채널' 접근이 필요합니다. 덴마크의 '디지털 포스트 면제(Digital Post Exemption)' 정책은 디지털 서비스 이용이 어려운 시민들에게 우편 등 대체 수단을 통한 공공서비스 이용을 보장합니다. 영국의 '디지털 어시스턴스(Digital Assistance)' 프로그램은 공공서비스 이용에 도움이 필요한 시민들에게 일대일 지원을 제공합니다.

AI 행정 서비스의 사용자 친화적 설계는 모든 시민, 취약계층의 접근성을 높이는 데 중요합니다. 복잡한 인터페이스나 전문 용어는 디지털 경험이 부족한 사용자들에게 큰 장벽이 될 수 있습니다. 따라서 직관적이고 단순한 인터페이스 설계, 명확한 지시와 피드백, 일관된 내비게이션 구조 등이 필요합니다. 영국 정부의 '디지털 서비스 표준(Digital Service Standard)'은 모든 공공 디지털 서비스가 단순하고 이해하기 쉽게 설계되도록 가이드라인을 제공하고 있습니다. AI 서비스는 사용자의 행동과 선호에 따라 자동으로 인터페이스를 조정하는 적응형 설계를 통해 개인화된 경험을 제공할 수 있습니다.

취약계층 커뮤니티와의 협력과 참여는 디지털 포용성을 높이는 효과적인 방법입니다. 취약계층이 직접 서비스 설계 과정에 참여함으로써 그들의 필요와 선호가 반영된 서비스를 만들 수 있습니다. 영국의 '디지털 인클루전 챔피언 네트워크(Digital Inclusion Champion Network)'는 지역 커뮤니티 리더들이 디지털 포용 프로그램을 주도하도록 지원합니다. 스웨덴의 디지델(Digidel)* 네트워크는 공공기관, 비영리단체, 기업이 협

---

* https://digidel.se/

력하여 디지털 역량 강화 활동을 조정합니다. 이러한 협력적 접근은 취약계층의 실제 필요에 맞는 해결책을 개발하는 데 도움이 됩니다.

AI 서비스 설계 시 다양성과 포용성을 고려하는 것이 중요합니다. 다양한 배경과 능력을 가진 사용자들의 필요를 고려한 '포용적 설계(Inclusive Design)' 원칙을 적용해야 합니다. 이는 접근성을 처음부터 고려하여 설계하는 것을 의미하며, 나중에 추가하는 것보다 효과적이고 비용 효율적입니다. 마이크로소프트의 '포용적 설계 툴킷(Inclusive Design Toolkit)'은 다양한 사용자 필요를 고려한 설계 방법론을 제공합니다. AI 시스템이 다양한 사용자 그룹을 대표하는 데이터로 훈련되어야 하며, 다양한 사용자 시나리오와 사용 맥락을 테스트해야 합니다.

공공-민간 파트너십을 통한 디지털 포용성 확대도 효과적인 전략입니다. 정부, 기업, 시민사회가 협력하여 취약계층의 디지털 포용성을 높이는 프로그램을 개발하고 실행할 수 있습니다. 미국의 '디지털 리터러시 얼라이언스(Digital Literacy Alliance)'는 정부, 기업, 비영리단체가 함께 지역사회의 디지털 역량 강화 프로그램을 지원합니다. 인도의 '디지털 인디아(Digital India)' 이니셔티브는 민간 기업과 협력하여 농촌 지역의 디지털 인프라를 확대하고 있습니다. 이러한 파트너십은 자원과 전문성을 결합하여 더 광범위하고 지속 가능한 영향을 미칠 수 있습니다.

신뢰와 안전 문제도 취약계층의 디지털 참여에 중요한 요소입니다. 많은 취약계층 시민들이 온라인 프라이버시, 사이버 보안, 디지털 사기에 대한 우려로 디지털 서비스 사용을 꺼리는 경우가 있습니다. 핀란드의 '디지털 서포트 네트워크(Digital Support Network)'는 취약계층을 위한 사이버 보안 교육과 지원을 제공합니다. 에스토니아의 '디지털 ID' 시스템은 사용자 친화적인 인터페이스와 강력한 보안 기능을 결합하여 시민들이 안전하게 공공 디지털 서비스를 이용할 수 있게 합니다. 신뢰할 수 있는 디지털 환경을 조성하는 것은 취약계층의 참여를 촉진하는 데 필수적입니다.

지역사회 기반 지원 시스템은 취약계층의 디지털 역량 강화에 효과적입니다. 지역 도서관, 커뮤니티 센터, 학교 등을 디지털 학습과 지원의 허브로 활용할 수 있습니다. 미국의 '디지털 내비게이터(Digital Navigator)' 프로그램은 지역사회 기반 조직들이 디지털 접근성, 기기, 기술적 지원을 제공하도록 훈련시킵니다. 호주의 '테크 새비 시니어스(Tech Savvy Seniors)' 프로그램은 지역 도서관과 커뮤니티 센터에서 노인들을 위한 디지털 교육을 제공합니다. 이러한 지역 기반 접근법은 취약계층에게 친숙하고 접근하기 쉬운 환경에서 지원을 제공할 수 있다는 장점이 있습니다.

디지털 포용성 정책의 효과를 지속적으로 모니터링하고 평가하는 것이 중요합니다. 데이터 수집과 분석을 통해 취약계층의 디지털 참여 정도, 장벽, 필요 등을 파악하고, 이를 바탕으로 정책을 개선해야 합니다. 영국의 '디지털 포용 대시보드(Digital Inclusion Dashboard)'는 지역별, 인구집단별 디지털 포용 수준을 시각화하여 보여줍니다. 노르웨이의 '디지털화 위원회(Digitalization Council)'는 정기적으로 디지털 포용성 상태를 평가하고 정책 권고를 제시합니다. 이러한 증거 기반 접근은 제한된 자원을 효과적으로 배분하고 정책의 영향을 최대화하는 데 도움이 됩니다.

취약계층을 위한 AI 행정 서비스에서는 개인정보 보호와 윤리적 고려가 중요합니다. 취약계층은 종종 데이터 활용에 관한 충분한 이해나 선택권 없이 개인정보를 제공하게 될 위험이 있습니다. AI 시스템이 이들의 취약성을 악화시키지 않도록 특별한 보호 장치가 필요합니다. 캐나다의 '개인정보 보호 영향 평가(Privacy Impact Assessment)' 제도는 취약계층에 미치는 잠재적 위험을 평가하고 완화 방안을 마련하도록 요구합니다. EU의 데이터 보호 규정(GDPR)은 취약계층을 위한 명확하고 이해하기 쉬운 동의 절차를 강조합니다. 이러한 보호 장치는 취약계층이 자신의 데이터에 대한 통제권을 유지하면서 디지털 서비스의 혜택을 누릴 수 있게 합니다.

국제 협력과 지식 공유도 디지털 포용성 향상에 기여합니다. 많은 국가들이 비슷한 도전에 직면해 있으며, 성공적인 접근법과 교훈을 공유함으로써 상호 학습이 가능합니다. ITU(국제전기통신연합)의 '디지털 포용을 위한 글로벌 이니셔티브(Digital Inclusion Global Initiative)'는 각국의 모범 사례를 공유하고 역량 개발을 지원합니다. 세계은행의 '디지털 개발 파트너십(Digital Development Partnership)'은 개발도상국의 디지털 포용성 프로그램을 지원합니다. 이러한 국제 협력은 자원과 전문성을 효과적으로 활용하여 글로벌 디지털 격차 해소에 기여합니다.

결론적으로, 취약계층의 디지털 포용성 확보는 AI 행정의 사회적 가치와 직결되는 중요한 과제입니다. 이는 단순히 기술적 문제가 아니라 사회적 형평성과 민주주의의 문제이기도 합니다. 모든 시민이 AI 행정의 혜택을 동등하게 누릴 수 있도록 하기 위해서는 물리적 접근성 보장, 디지털 역량 강화, 사용자 친화적 설계, 다양한 채널 제공, 커뮤니티 참여, 지속적인 모니터링과 개선 등 종합적인 접근이 필요합니다. 이러한 노력을 통해 AI 행정이 기존의 사회적 불평등을 심화시키는 것이 아니라, 오히려 모든 시민을 위한 더 포용적이고 공정한 행정 서비스를 실현하는 수단이 될 수 있습니다.

## 4. 시민 참여형 AI 거버넌스

시민 참여형 AI 거버넌스는 인공지능 시스템의 개발과 활용에 관한 의사 결정 과정에 시민들이 직접 참여하는 모델을 의미합니다. 이는 기술 전문가와 정책 결정자만이 아니라, 일반 시민들도 AI 시스템이 사회에 미치는 영향에 대해 의견을 제시하고 방향을 설정하는 데 참여할 수 있어야 한다는 생각에 기반합니다. 시민 참여형 거버넌스는 AI 시스템의 민주적 정당성을 높이고, 다양한 관점과 가치를 반영하며, 사회적 수용성을 증진하는 데 기여할 수 있습니다. 공공부문 AI에서는 이러한 참여적 접근이 중요한데, 이는 정부가 시민의 이익을 위해 존재하며 시민에게 책임을 져야 하기 때문입니다.

시민 참여형 AI 거버넌스의 첫 번째 중요한 요소는 정보 접근성과 투명성입니다. 시민들이 AI 시스템의 존재, 목적, 작동 방식, 사용되는 데이터, 예상되는 영향 등에 대한 정보에 쉽게 접근할 수 있어야 효과적인 참여가 가능합니다. 핀란드의 'AI 레지스트리(AI Registry)'는 정부가 사용하는 모든 AI 시스템에 대한 정보를 공개하는 플랫폼으로, 시민들이 어떤 AI 시스템이 어떤 목적으로 사용되고 있는지 확인할 수 있습니다. 암스테르담과 헬싱키 시는 '알고리즘 레지스터(Algorithm Register)'를 통해 도시에서 사용하는 AI 알고리즘에 대한 정보를 시민들에게 제공합니다. 이러한 투명성은 시민들이 AI 시스템에 대해 정보에 기반한 의견을 형성하고 참여할 수 있는 기본 조건입니다.

시민 패널과 배심원단은 복잡한 AI 정책 문제에 대한 숙의적 참여를 가능하게 하는 메커니즘입니다. 무작위로 선정된 시민들이 전문가의 지원을 받아 특정 AI 정책 이슈에 대해 심층적으로 학습하고 토론한 후, 권고안을 도출하는 과정입니다. 영국의 '데이터 윤리 프레임워크' 개발 과정에서는 시민 배심원단이 AI와 데이터 활용의 윤리적 측면에 대해 논의하고 권고안을 제시했습니다. 호주의 '소비자 데이터 라이트(Consumer Data Right)' 정책 개발에서도 시민 패널이 중요한 역할을 했습니다. 이러한 숙의적 과정은 다양한 시민들의 관점을 반영하고, 정보에 기반한 공론을 형성하는 데 효과적입니다.

공개 협의와 피드백 메커니즘은 보다 광범위한 시민 참여를 가능하게 합니다. 정부가 새로운 AI 정책이나 시스템을 도입하기 전에 공개적으로 의견을 수렴하고, 이를 정책에 반영하는 과정입니다. 캐나다의 '자동화된 의사결정에 관한 지침(Directive on Automated Decision-Making)' 개발 과정에서는 온라인 플랫폼을 통해 시민들의 의견을 수렴했습니다. EU의 'AI 법(AI Act)' 초안도 공개 협의를 통해 다양한 이해관계자의 피드백을 반영했습니다. 이러한 개방적 접근은 다양한 관점을 수집하고, 정책의 사회적 수용성을 높이는 데 기여합니다.

시민 과학(Citizen Science)과 크라우드소싱 접근법은 AI 시스템의 개발과 평가에 시민들이 직접 기여할 수 있는 방법입니다. 시민들이 데이터 수집, 알고리즘 테스트, 문제점 보고 등에 참여함으로써 AI 시스템의 개선에 기여하는 것입니다. '폴리네이션 프로젝트(Polination Project)'는 시민들이 수집한 데이터를 활용해 생태계 보전을 위한 AI 모델을 개발하는 사례입니다. '모질라 커먼 보이스(Mozilla Common Voice)'는 음성 인식 AI를 위한 다양한 언어와 억양의 음성 데이터를 시민들로부터 수집합니다. 이러한 참여적 접근은 AI 시스템의 다양성과 포용성을 높이고, 시민들에게 기술 개발에 기여하는 기회를 제공합니다.

디지털 민주주의 플랫폼은 AI 정책에 대한 시민 참여와 토론을 촉진하는 온라인 공간입니다. 대만의 '버블(vTaiwan)'은 AI를 포함한 디지털 정책 이슈에 대해 시민들이 의견을 제시하고 토론하며 합의를 형성할 수 있는 플랫폼을 제공합니다. 아이슬란드의 '베터 레이캬비크(Better Reykja-vik)'는 시민들이 도시 정책과 서비스에 대한 아이디어를 제안하고 투표할 수 있는 참여 플랫폼입니다. 이러한 디지털 플랫폼은 시간과 공간의 제약 없이 더 많은 시민들이 정책 결정 과정에 참여할 수 있게 합니다.

AI 영향 평가(AI Impact Assessment)에 시민 참여를 통합하는 방안도 중요합니다. AI 시스템이 사회에 미칠 잠재적 영향을 평가하는 과정에 다양한 시민 그룹이 참여함으로써, 기술 전문가만으로는 파악하기 어려운 사회적, 문화적 영향을 고려할 수 있습니다. 캐나다의 알고리즘 영향 평가 도구는 영향을 받을 수 있는 커뮤니티와의 협의를 권장합니다. 뉴질랜드의 '알고리즘 헌장(Algorithm Charter)'은 마오리족 등 원주민 커뮤니티와의 협의를 중요한 요소로 포함하고 있습니다. 이러한 참여적 평가는 다양한 관점에서 AI 시스템의 잠재적 영향을 더 포괄적으로 이해하는 데 도움이 됩니다.

AI 윤리 위원회와 감독 기구에 시민 대표를 포함하는 것도 참여형 거버넌스의 중요한 요소입니다. 이를 통해 기술 전문가와 정책 결정자 외에도 다양한 사회적 관점이 AI 시스템의 감독과 규제에 반영될 수 있습니다. 덴마크의 '데이터 윤리 위원회(Data Ethics Council)'는 기술 전문가뿐만 아니라 시민사회 대표와 일반 시민도 포함하고 있습니다. 호주의 '인공지능 윤리 프레임워크' 개발 위원회도 다양한 배경의 시민 대표를 포함했습니다. 이러한 다양한 구성은 AI 거버넌스에서 기술적 측면뿐만 아니라 사회적, 윤리적 측면도 균형 있게 고려되도록 합니다.

지역사회 기반 AI 이니셔티브는 지역 문제 해결을 위해 AI를 활용하는 과정에 지역 주민들이 직접 참여하는 모델입니다. 이는 하향식이 아닌 상향식 접근으로, 지역사회의 필요와 우선순위에 맞는 AI 솔루션을 개발할 수 있습니다. 뉴욕시의 '네이버후드 데이터(Neighborhood Data)'는 지역 주민들이 자신의 지역에 대한 데이터를 수집하고 분석하여 정책 결정에 활용하도록 지원합니다. 인도의 '디지털 삭샤르타 아비얀(Digital Saksharta Abhiyan)'은 지역사회 활동가들이 디지털 기술 교육을 주도하도록 합니다. 이러한 지역 기반 접근은 AI 기술이 실제 지역사회의 필요에 맞게 적용되도록 하는 데 효과적입니다.

AI 리터러시와 교육 프로그램은 시민들이 AI 시스템에 대해 정보에 기반한 의견을 형성하고 의미 있게 참여할 수 있는 능력을 키우는 데 필수적입니다. 핀란드의 'Elements of AI'는 모든 시민이 AI의 기본 개념과 영향을 이해할 수 있도록 무료 온라인 과정을 제공합니다. 싱가포르의 'AI for Everyone' 프로그램은 비전문가도 AI의 가능성과 한계를 이해할 수 있도록 돕습니다. 이러한 교육은 단순한 기술적 이해를 넘어, AI가 사회에 미치는 영향과 윤리적 측면에 대한 비판적 사고를 촉진해야 합니다.

소외 계층과 취약 집단의 포용적 참여를 보장하는 것이 중요합니다. AI 거버넌스에 다양한 사회적, 경제적, 문화적 배경을 가진 시민들의 목소리가 반영되지 않으면, AI 시스템이 특정 집단의 이익만을 위해 설계되거나 일부 집단에게 불이익을 줄 위험이 있습니다. 영국의 '포용적 경제 파트너십(Inclusive Economy Partnership)'은 취약계층이 디지털 정책 결정에 참여할 수 있는 기회를 제공합니다. 호주의 '원주민 디지털 포용 전략(Indigenous Digital Inclusion Plan)'은 원주민 커뮤니티가 디지털 서비스와 정책 개발에 참여할 수 있도록 지원합니다. 이러한 포용적 접근은 다양한 사회적 관점이 AI 거버넌스에 반영되도록 하는 데 필수적입니다.

참여형 예산 편성(Participatory Budgeting)은 시민들이 AI 및 디지털 프로젝트에 대한 공공 예산 배분에 직접 참여하는 메커니즘입니다. 이를 통해 시민들이 어떤 종류의 AI 프로젝트가 공공 자금을 받아야 하는지 결정하는 데 영향을 미칠 수 있습니다. 파리시는 '참여 예산(Budget Participatif)' 프로그램을 통해 시민들이 스마트 시티 프로젝트를 포함한 공공 프로젝트를 제안하고 투표할 수 있게 합니다. 포르투갈의 국가 참여 예산 프로그램에서도 시민들이 디지털 혁신 프로젝트를 직접 제안하고 선택할 수 있습니다. 이러한 접근은 공공 AI 투자가 시민들의 우선순위와 필요를 반영하도록 보장합니다.

시민 협의체와 시민 의회는 AI 정책에 대한 심층적인 시민 참여를 가능하게 하는 구조입니다. 무작위로 선정된 시민들이 장기간에 걸쳐 특정 정책 문제에 대해 학습하고 토론한 후, 집단적 권고안을 도출하는 과정입니다. 아일랜드의 '시민 의회(Citizens' Assembly)'는 복잡한 사회적 문제에 대한 숙의적 과정의 성공적인 모델을 보여주었으며, 이러한 접근법은 AI 거버넌스에도 적용될 수 있습니다. 프랑스의 '기후 시민 협의체(Convention Citoyenne pour le Climat)'는 무작위로 선정된 시민들이 기후 정책을 논의하는 모델로, 디지털 정책에도 적용 가능한 형태입니다. 이러한 숙의 과정은 일반 시민들이 복잡한 AI 정책 문제에 대해 정보에 기반한 의견을 형성하고 표현할 수 있는 공간을 제공합니다.

시빅 테크(Civic Tech) 커뮤니티와의 협력은 시민 중심의 AI 솔루션 개발을 촉진할 수 있습니다. 시빅 테크는 공공의 문제를 해결하기 위해 기술을 활용하는 시민 주도 이니셔티브를 의미합니다. '코드 포 아메리카(Code for America)'나 '마이소사이어티(mySociety)'와 같은 단체들은 시민들이 직접 공공 서비스 개선을 위한 디지털 도구를 개발하는 것을 지원합니다. 이러한 그룹들은 정부와 협력하여 시민 중심의 AI 솔루션을 공동 개발할 수 있으며, 이는 기존 관료적 접근으로는 해결하기 어려운 문제에 혁신적인 해결책을 제시할 수 있습니다.

규제 샌드박스(Regulatory Sandbox)는 새로운 AI 기술과 규제 접근법을 제한된 환경에서 시험해볼 수 있는 공간으로, 시민들이 이 과정에 참여하여 피드백을 제공할 수 있습니다. 영국의 금융행위규제기구(FCA)가 시작한 이 접근법은 이제 AI 거버넌스에도 적용되고 있습니다. 핀란드의 'AI Lab'은 공공부문 AI 솔루션을 시민들과 함께 테스트하고 개선하는 플랫폼을 제공합니다. 이러한 실험적 접근은 새로운 AI 시스템과 규제의 실제 영향을 평가하고, 시민들의 경험을 바탕으로 개선하는 데 유용합니다.

디지털 권리와 AI 윤리에 관한 시민 헌장(Citizen Charters)은 AI 시스템이 준수해야 할 원칙과 시민의 권리를 명시하는 문서로, 이를 개발하는 과정에 시민들이 참여할 수 있습니다. 바르셀로나의 '기술 주권을 위한 시민 헌장(Citizen Charter for Digital Rights)'은 시민들이 디지털 서비스에 대해 기대할 수 있는 권리와 보호를 명시합니다. 암스테르담의 '디지털 시티 아젠다(Digital City Agenda)'도 시민 참여를 통해 개발되었으며, 시민의 디지털 권리를 보장하는 원칙을 담고 있습니다. 이러한 문서는 시민과 정부 간의 계약과 같은 역할을 하며, AI 시스템의 개발과 사용에 대한 공유된 기대를 설정합니다.

옴부즈맨(Ombudsman)과 같은 독립적인 감독 메커니즘에 시민 참여를 통합하는 것도 중요합니다. 시민들이 AI 시스템의 결정이나 영향에 대해 이의를 제기하고, 구제를 요청할 수 있는 접근 가능한 채널이 필요합니다. 덴마크의 '데이터 윤리 옴부즈맨(Data Ethics Ombudsman)'은 시민들이 데이터와 AI 관련 우려를 제기할 수 있는 독립적인 기관입니다. 호주의 '정보 위원회(Information Commissioner)'는 자동화된 의사결정 시스템에 대한 시민의 불만을 처리하는 역할을 합니다. 이러한 메커니즘은 AI 시스템의 책임성을 높이고, 시민들에게 실질적인 구제 수단을 제공합니다.

지속 가능한 참여 모델을 구축하기 위해서는 시민 참여가 일회성 행사가 아닌 지속적인 과정이 되어야 합니다. 이를 위해 제도적 프레임워크와 충분한 자원이 필요합니다. 프랑스의 '국가 디지털 위원회(Conseil National du Numérique)'는 디지털 정책에 대한 시민 참여를 정기적으로 조직하고 지원하는 상설 기구입니다. 에스토니아의 '연간 민주주의의 날(Democracy Day)'은 시민들이 디지털 정책을 포함한 정부 정책에 의견을 제시할 수 있는 정기적인 행사입니다. 이러한 제도화된 참여 채널은 시민 참여가 AI 거버넌스의 일상적인 부분이 되도록 합니다.

디지털 협동조합과 데이터 공유 이니셔티브는 시민들이 자신의 데이터와 AI 시스템에 대한 통제권을 행사할 수 있는 혁신적인 모델입니다. 스페인의 '바르셀로나 데이터 커먼즈(Barcelona Data Commons)' 프로젝트는 시민들이 도시 데이터의 수집과 사용에 대해 집단적으로 결정할 수 있는 구조를 제공합니다. 네덜란드의 'DECODE' 프로젝트는 시민들이 자신의 데이터 공유 방식을 제어할 수 있는 기술적 도구를 개발합니다. 이러한 접근은 시민들이 AI 시스템의 수동적 대상이 아닌 적극적 참여자가 될 수 있게 합니다.

참여형 AI 거버넌스의 효과를 평가하고 개선하기 위한 메트릭과 방법론을 개발하는 것도 중요합니다. 참여 과정의 포용성, 대표성, 영향력 등을 측정하고 평가함으로써 지속적인 개선이 가능합니다. OECD의 '열린 정부 지표(Open Government Indicators)'는 시민 참여의 질과 영향을 평가하는 프레임워크를 제공합니다. 세계은행의 '시민 참여 평가 프레임워크(Citizen Engagement Assessment Framework)'도 참여 과정의 효과를 측정하는 도구를 제공합니다. 이러한 평가는 형식적인 참여가 아닌 실질적이고 영향력 있는 참여를 보장하는 데 도움이 됩니다.

결론적으로, 시민 참여형 AI 거버넌스 모델은 AI 시스템이 사회 전체의 가치와 필요를 반영하도록 하는 데 필수적입니다. 이는 정보 접근성과 투명성, 숙의적 참여 메커니즘, 디지털 플랫폼, 포용적 접근, 지속적 제도화 등 다양한 요소를 포함하는 복합적인 접근이 필요합니다. 성공적인 시민 참여는 AI 시스템의 민주적 정당성을 강화하고, 기술과 사회의 조화로운 발전을 촉진하며, 궁극적으로 모든 시민을 위한 더 나은 AI 행정을 실현하는 데 기여할 수 있습니다. 이는 단순히 기술적 효율성을 넘어, AI가 사회적 가치와 공공의 이익에 부합하도록 하는 중요한 방향입니다.

# 제23장
# 미래 AI 행정의 전망과 준비

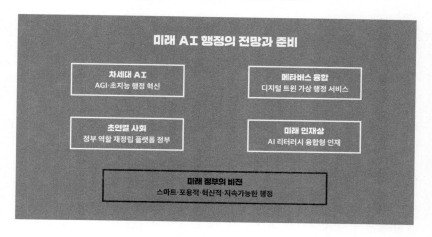

## 1. 차세대 AI 기술 발전과 행정 적용

인공지능 기술은 계속해서 빠른 속도로 발전하고 있으며, 이러한 발전은 행정 분야에 새로운 가능성을 열고 있습니다. 차세대 AI 기술은 기존 AI 보다 더 정확하고, 더 자율적이며, 더 넓은 범위의 문제를 해결할 수 있을 것으로 예상됩니다. 특히 대규모 언어 모델(LLM)은 행정 분야에서 큰 변화를 가져올 것으로 보입니다. 현재의 LLM이 텍스트 생성과 정보 제공에 초점을 맞추고 있다면, 미래의 LLM은 더 복잡한 추론과 의사결정 능력을 갖추게 될 것입니다.

차세대 AI의 주요 발전 방향 중 하나는 다중 모달 AI입니다. 다중 모달 AI는 텍스트뿐만 아니라 이미지, 음성, 영상 등 다양한 형태의 데이터를 동시에 처리하고 이해할 수 있습니다. 이는 행정 서비스에서 시민과의 소통 방식을 크게 바꿀 수 있습니다. 예를 들어, 시민이 카메라로 촬영한 문서나 피해 현장을 AI가 즉시 분석하여 필요한 행정 서비스를 추천하거나 제공할 수 있습니다. 이런 기술은 재난 대응, 민원 처리, 현장 행정 등에서 큰 변화를 가져올 것입니다.

또 다른 중요한 발전은 '설명 가능한 AI(Explainable Artificial Intel-ligence, XAI)'의 발전입니다. 행정 분야에서 AI의 결정은 항상 설명 가능해야 하며, 책임의 소재가 명확해야 합니다. 설명 가능한 AI는 왜 특정 결정이나 추천을 했는지 명확하게 설명할 수 있는 능력을 갖추어, 행정의 투명성과 책임성을 높이는 데 기여할 것입니다. 이는 특히 세금 부과, 복지혜택 결정, 인허가와 같은 민감한 행정 결정에서 중요합니다.

자율 에이전트 기술의 발전도 행정에 큰 영향을 미칠 것입니다. 자율에이전트는 복잡한 임무를 스스로 계획하고 수행할 수 있는 AI 시스템으로, 행정 업무의 자동화 수준을 한 단계 높일 것입니다. 예를 들어, 시민의 요청에 따라 여러 부처의 데이터를 자동으로 수집하고 분석하여 종합적인 서비스를 제공하는 것이 가능해질 것입니다. 이는 '원스톱 서비스'의 이상을 실현하는 데 큰 도움이 될 것입니다.

양자 컴퓨팅과 AI의 결합도 행정 분야에 새로운 가능성을 열 것입니다. 양자 컴퓨팅은 기존 컴퓨터로는 불가능한 복잡한 계산을 수행할 수 있어, 교통 흐름 최적화, 복잡한 자원 할당 문제, 기후 변화 대응 등 행정의 난제를 해결하는 데 도움이 될 것입니다. 양자 컴퓨팅과 AI의 결합은 아직 초기 단계이지만, 미래에는 행정의 많은 분야에서 활용될 것으로 예상됩니다.

뇌과학과 AI의 융합도 주목할 만한 발전 방향입니다. 인간 뇌의 작동 방식을 모방한 신경형태학적 컴퓨팅(Neuromorphic Computing)이 발전하면서, AI는 더욱 효율적으로 복잡한 문제를 해결할 수 있게 될 것입니다. 이는 복잡한 정책 결정이나 다양한 이해관계가 얽힌 문제 해결에 유용하게 활용될 수 있습니다.

이러한 차세대 AI 기술의 발전은 행정 서비스의 개인화(Personalization)를 가속화할 것입니다. 각 시민의 상황, 필요, 선호도에 맞춘 행정 서비스가 가능해질 것이며, 이는 시민 만족도와 행정 효율성을 모두 높이는 결과를 가져올 것입니다. 예를 들어, AI는 시민의 생애 주기와 상황을 이해하고 필요한 서비스를 선제적으로 추천하거나 제공할 수 있을 것입니다.

인공지능의 발전은 예측적 행정(Predictive Administration)의 실현도 앞당길 것입니다. 고도화된 AI는 과거 데이터와 현재 상황을 분석하여 미래의 문제나 필요를 예측하고, 이에 선제적으로 대응할 수 있게 해 줍니다. 이는 재난 대응, 범죄 예방, 경제 위기 관리 등 다양한 분야에서 활용될 수 있습니다. 일례로, AI는 특정 지역의 재난 위험을 예측하고 이에 맞는 자원을 배치하는 데 도움을 줄 수 있습니다.

또한 차세대 AI는 행정 규제의 스마트화를 가능하게 할 것입니다. 전통적인 규제는 모든 대상에게 동일한 규칙을 적용하는 반면, AI 기반 스마트 규제는 상황과 위험도에 따라 규제의 강도와 방식을 조절할 수 있습니다. 이는 규제의 효과성과 효율성을 모두 높일 수 있습니다. 예를 들어, 식품 안전 검사에서 AI가 위험이 높은 업체를 예측하여 검사 자원을 효율적으로 배분할 수 있습니다.

미래 AI 기술의 또 다른 중요한 발전 방향은 협업 AI(Collaborative AI)입니다. 이는 여러 AI 시스템이 서로 협력하여 복잡한 문제를 해결하는 방식으로, 행정에서는 여러 부처의 AI 시스템이 협력하여 종합적인 정책 대안을 만들거나 복잡한 사회 문제를 해결하는 데 활용될 수 있습니다. 이는 현재의 칸막이식 행정 구조를 넘어서는 데 도움이 될 것입니다.

그러나 이러한 차세대 AI 기술의 행정 적용에는 여러 도전 과제도 있습니다. 우선 기술적 복잡성의 문제가 있습니다. 고도화된 AI 시스템은 운영과 유지보수가 더 복잡해질 수 있으며, 이는 공공부문의 기술 역량 강화를 요구합니다. 또한 데이터 품질과 통합의 문제도 중요합니다. AI의

성능은 학습 데이터의 질에 크게 의존하며, 행정 데이터는 부처별로 분산되어 있고 형식도 다양하여 통합이 쉽지 않습니다.

윤리적, 법적 문제도 더욱 복잡해질 것입니다. 자율적인 의사결정 능력이 강화된 AI는 더 많은 윤리적, 법적 문제를 일으킬 수 있습니다. 누가 AI의 결정에 책임을 져야 하는지, AI의 결정이 편향되지 않도록 어떻게 보장할 것인지 등의 문제가 중요해질 것입니다. 시민 수용성의 문제도 있습니다. 행정에 AI를 도입할 때는 기술적 가능성뿐만 아니라 시민들이 이를 얼마나 수용하고 신뢰하는지도 중요한 고려사항입니다.

이러한 도전 과제에도 불구하고, 차세대 AI 기술의 행정 적용은 피할 수 없는 흐름이 될 것입니다. 중요한 것은 이러한 기술을 어떻게 책임감 있게 도입하고 활용하느냐입니다. 이를 위해서는 기술 발전에 맞춘 법적, 제도적 프레임워크의 정비, 공무원과 시민의 AI 리터러시(이해도) 향상, 윤리적 가이드라인 마련 등이 필요할 것입니다.

## 2. 메타버스 및 디지털 트윈과 행정 융합

메타버스는 가상과 현실이 융합된 3차원 가상 세계로, 사람들이 아바타를 통해 소통하고 활동하는 공간입니다. 이러한 메타버스 기술은 행정 서비스에 새로운 가능성을 열고 있습니다. 디지털 트윈은 물리적 대상이나 시스템을 가상 환경에서 그대로 복제한 것으로, 도시 관리, 재난 대응, 인프라 운영 등 다양한 행정 분야에서 활용될 수 있습니다. 이 두 기술은 AI와 결합하여 행정 서비스의 형태와 전달 방식을 근본적으로 변화시킬 것으로 예상됩니다.

메타버스는 행정 서비스의 접근성을 획기적으로 향상시킬 수 있습니다. 시민들은 물리적으로 정부 청사를 방문하지 않고도 가상 공간에서 다양한 행정 서비스를 이용할 수 있게 됩니다. 거동이 불편한 노인, 장애인,

도서산간 지역 주민 등 행정 서비스 접근이 어려웠던 계층에게 큰 혜택이 될 수 있습니다. 메타버스 행정 창구는 24시간 운영될 수 있으며, 여러 언어로 서비스를 제공할 수 있어 접근성을 크게 높일 수 있습니다.

메타버스는 시민 참여와 소통의 새로운 채널이 될 수 있습니다. 정부는 메타버스 공간에서 정책 설명회, 공청회, 시민 토론회 등을 개최할 수 있으며, 이는 시간과 공간의 제약 없이 더 많은 시민이 참여할 수 있게 합니다. 또한 메타버스에서는 정책의 효과나 도시 계획을 시각적으로 시뮬레이션하여 보여줄 수 있어, 시민들이 정책을 더 직관적으로 이해하고 논의하는 데 도움이 됩니다.

교육과 훈련 분야에서도 메타버스는 큰 역할을 할 수 있습니다. 공무원 교육이나 시민 대상 안전 교육 등을 메타버스에서 실시할 수 있으며, 이는 현실에서 구현하기 어려운 다양한 상황을 가상으로 체험할 수 있게 합니다. 예를 들어, 소방관들은 메타버스에서 다양한 화재 상황을 안전하게 시뮬레이션하며 훈련할 수 있고, 시민들은 지진이나 홍수 같은 재난 상황에 대처하는 방법을 실제처럼 체험하며 배울 수 있습니다.

디지털 트윈 기술은 도시 관리와 계획에 혁신을 가져올 것입니다. 도시의 모든 인프라, 교통 흐름, 에너지 사용, 환경 데이터 등을 실시간으로 반영한 디지털 트윈은 도시의 문제를 예측하고 최적의 해결책을 찾는 데 도움이 됩니다. 예를 들어, 교통 체증을 예측하고 신호 체계를 최적화하거나, 대기 오염을 줄이기 위한 최적의 정책을 시뮬레이션할 수 있습니다. 싱가포르의 '버추얼 싱가포르' 프로젝트나 헬싱키의 '디지털 트윈' 사례는 이미 이런 가능성을 보여주고 있습니다.

건축 및 도시 계획 분야에서도 디지털 트윈과 메타버스의 활용이 확대될 것입니다. 새로운 건물이나 인프라를 건설하기 전에 디지털 트윈 상에서 그 효과와 영향을 시뮬레이션할 수 있습니다. 이는 더 효율적이고 지속

가능한 도시 개발을 가능하게 합니다. 또한 시민들은 메타버스에서 계획된 도시 변화를 경험하고 의견을 제시할 수 있어, 참여형 도시 계획이 가능해집니다.

재난 관리 분야에서 디지털 트윈은 중요한 도구가 될 것입니다. 홍수, 지진, 화재 등 다양한 재난 상황을 디지털 트윈 상에서 시뮬레이션하여 위험 지역을 파악하고 최적의 대피 경로와 대응 전략을 수립할 수 있습니다. 실제 재난 발생 시에는 디지털 트윈을 통해 상황을 실시간으로 모니터링하고 자원을 효과적으로 배치할 수 있습니다. 이는 인명과 재산 피해를 최소화하는 데 큰 도움이 될 것입니다.

메타버스와 디지털 트윈의 결합은 행정 서비스의 개인화를 더욱 진전시킬 것입니다. 시민 개개인의 상황과 필요에 맞는 서비스를 가상 공간에서 시뮬레이션하고 제공할 수 있게 됩니다. 예를 들어, 주택 구매를 고려하는 시민에게 특정 지역의 교통, 교육, 의료, 안전 상황 등을 종합적으로 보여주고, 개인 상황에 맞는 주택 지원 정책을 안내할 수 있습니다.

국제 협력 분야에서도 메타버스는 새로운 가능성을 열 것입니다. 다른 나라의 정부 관계자들과 물리적 이동 없이 메타버스에서 만나 회의하고 협력할 수 있게 됩니다. 이는 국제 회의의 비용과 탄소 발자국을 줄이면서도 더 빈번하고 효과적인 소통을 가능하게 합니다. 또한 재난이나 전염병 같은 국제적 위기 상황에서도 협력을 지속할 수 있는 플랫폼이 됩니다.

그러나 메타버스와 디지털 트윈의 행정 활용에는 여러 과제도 있습니다. 우선 디지털 격차(Digital Divide)의 문제가 있습니다. 메타버스에 접근하기 위해서는 고성능 기기와 안정적인 인터넷 연결이 필요한데, 이는 모든 시민이 평등하게 갖추고 있지 않습니다. 고령층이나 저소득층은 접근성에서 불리할 수 있으며, 이는 행정 서비스의 형평성 문제를 야기할 수 있습니다.

개인정보 보호와 보안의 문제도 중요합니다. 메타버스와 디지털 트윈은 더 많은 개인 데이터를 수집하고 활용하게 되는데, 이 과정에서 개인정보가 침해되거나 오용될 위험이 있습니다. 또한 가상 공간에서의 신원 확인과 보안 문제도 해결해야 할 과제입니다. 메타버스에서의 행정 서비스는 높은 수준의 보안과 신뢰성을 요구합니다.

기술적 표준화와 상호운용성의 문제도 있습니다. 다양한 메타버스 플랫폼이 존재하는 상황에서, 정부는 어떤 플랫폼을 선택하거나 어떻게 다양한 플랫폼과 연동할 것인지 결정해야 합니다. 이는 시민 접근성과 서비스 일관성에 영향을 미치는 중요한 문제입니다. 표준화된 프로토콜과 인터페이스의 개발이 필요할 것입니다.

메타버스와 디지털 트윈의 구축과 운영에는 상당한 비용과 기술력이 필요합니다. 도시 단위의 디지털 트윈은 방대한 데이터 수집과 처리 능력을 요구합니다. 이는 재정과 기술력이 부족한 지자체나 국가에게는 부담이 될 수 있습니다. 따라서 단계적 접근과 비용 효과적인 구현 전략이 필요할 것입니다.

그럼에도 불구하고, 메타버스와 디지털 트윈은 행정 서비스의 미래를 형성할 중요한 기술로 자리 잡을 것입니다. 선도적인 정부들은 이미 이러한 기술의 도입과 활용을 위한 준비를 시작하고 있습니다. 앞으로는 이러한 기술을 어떻게 모든 시민이 평등하게 접근하고 혜택을 받을 수 있도록 설계하는지가 중요한 과제가 될 것입니다.

### 3. 초연결 사회에서의 정부 역할 재정립

초연결 사회(Hyper-connected Society)는 사람, 사물, 공간 등 모든 것이 네트워크로 연결되어 실시간으로 정보를 주고받는 사회를 의미합니다. 5G, 6G 통신 기술, 사물인터넷(IoT), 인공지능 등의 발전으로 초연결 사회는 이미 현실이 되고 있습니다. 이러한 환경 변화는 정부의 역할과 기능에도 근본적인 변화를 요구하고 있습니다. 초연결 사회에서 정부는 단순한 서비스 제공자가 아니라 연결의 촉진자이자 조정자로서의 역할을 수행해야 합니다.

초연결 사회에서는 데이터의 중요성이 더욱 커집니다. 모든 것이 연결되면서 방대한 양의 데이터가 생성되고, 이 데이터는 행정과 정책의 핵심 자원이 됩니다. 정부는 이러한 데이터를 어떻게 수집, 관리, 활용할 것인지에 대한 새로운 접근법이 필요합니다. 데이터의 품질, 투명성, 보안, 접근성 등에 대한 관리 체계를 마련해야 합니다. 또한 공공 데이터의 개방과 공유를 통해 사회적 가치 창출을 촉진하는 역할도 중요해집니다.

초연결 환경에서 정부는 '플랫폼 정부'로 진화할 가능성이 높습니다. 플랫폼 정부란 정부가 직접 모든 서비스를 제공하기보다, 다양한 주체들이 연결되고 협력할 수 있는 기반을 제공하는 것을 의미합니다. 정부는 데이터, API, 표준 등을 제공하고, 민간, 시민사회, 타 정부 기관 등이 이를 활용해 혁신적인 서비스를 개발하고 제공할 수 있게 합니다. 이러한 접근은 공공 서비스의 혁신과 다양화를 촉진할 수 있습니다.

네트워크 거버넌스(Network Governance)도 초연결 사회에서 중요한 정부 운영 방식이 될 것입니다. 복잡하고 다양한 사회 문제는 더 이상 정부 단독으로 해결하기 어렵습니다. 정부는 다양한 이해관계자들과 네트워크를 형성하고, 이들 간의 협력을 조정하는 역할을 해야 합니다. 이는 전통적인 위계적, 통제적 거버넌스에서 수평적, 협력적 거버넌스로의 전환을 의미합니다.

초연결 사회에서 정부의 또 다른 중요한 역할은 디지털 안전망 구축입니다. 모든 것이 연결되면서 사이버 보안 위협도 증가하고, 디지털 격차나 소외 문제도 발생할 수 있습니다. 정부는 안전한 디지털 환경을 보장하고,

디지털 취약계층을 보호하며, 모든 시민이 디지털 혜택을 누릴 수 있도록 지원해야 합니다. 디지털 리터러시 교육, 사이버 보안 강화, 디지털 접근성 향상 등이 중요한 정책 영역이 될 것입니다.

초연결 시대에는 국경을 초월한 문제와 협력의 필요성이 커집니다. 사이버 범죄, 데이터 주권, 디지털 무역, 인공지능 윤리 등 많은 이슈들이 국제적 차원에서 다루어져야 합니다. 정부는 이러한 글로벌 이슈에 대응하기 위해 국제 협력을 강화하고, 국제 규범과 표준 형성에 적극적으로 참여해야 합니다. 디지털 강대국 간의 경쟁 속에서 자국의 이익과 가치를 보호하면서도 글로벌 협력을 이끌어내는 균형 잡힌 접근이 필요합니다.

초연결 사회에서는 시민 참여의 형태와 범위도 확장됩니다. 디지털 기술은 시민들이 정책 결정 과정에 더 쉽고 직접적으로 참여할 수 있게 합니다. 온라인 투표, 디지털 공청회, 시민 제안 플랫폼 등 다양한 참여 채널이 발전할 것입니다. 정부는 이러한 디지털 참여 도구를 적극 활용하여 더 개방적이고 포용적인 민주주의를 구현할 수 있습니다. 동시에 디지털 참여의 대표성, 보안성, 접근성 등을 보장하기 위한 제도적 장치도 마련해야 합니다.

초연결 환경에서는 공공 서비스의 개인화와 선제성이 더욱 강화될 것입니다. 다양한 데이터와 AI를 활용하여 각 시민의 상황과 필요에 맞는 맞춤형 서비스를 제공하고, 문제가 발생하기 전에 예측하고 대응하는 선제적 행정이 가능해집니다. 예를 들어, 특정 시민의 생애 주기와 상황에 맞는 복지 혜택을 자동으로 추천하거나, 건강 위험이 있는 시민에게 예방적 의료 서비스를 선제적으로 제공하는 것이 가능해질 것입니다.

초연결 사회에서 정부의 역할 중 하나는 디지털 신뢰 기반 구축입니다. 디지털 환경에서는 신원 확인, 데이터 진위 여부, 디지털 거래의 안전성 등이 중요한 이슈가 됩니다. 정부는 디지털 ID 시스템, 블록체인 기반 인증 시스템, 디지털 공증 서비스 등을 통해 디지털 신뢰 인프라를 구축하고 관리해야 합니다. 이는 디지털 경제와 사회가 원활하게 작동하기 위한 필수 조건입니다.

초연결 사회에서는 정부와 민간의 경계, 그리고 중앙정부와 지방정부의 역할 구분도 재정립될 필요가 있습니다. 데이터와 서비스가 연결되고 통합되면서, 전통적인 부처나 기관 간 경계는 점차 희미해지게 됩니다. 정부는 이러한 변화에 맞춰 조직 구조와 의사결정 체계를 보다 유연하고 협력적인 형태로 재구성해야 합니다. 데이터 기반 행정에서는 부처 간 데이터 공유와 통합이 핵심 과제가 됩니다.

초연결 사회에서는 규제의 방식도 변화해야 합니다. 빠르게 발전하는 기술과 비즈니스 모델에 전통적인 규제 방식으로는 효과적으로 대응하기 어렵습니다. 정부는 보다 유연하고 적응적인 규제 접근법을 도입할 필요가 있습니다. 규제 샌드박스, 결과 기반 규제, 자율 규제 등 혁신을 저해하지 않으면서도 공공 이익을 보호할 수 있는 균형 잡힌 규제 체계가 요구됩니다.

초연결 사회에서 정부의 중요한 역할 중 하나는 디지털 공공재(Digital Commons)의 관리입니다. 공공 데이터, 디지털 인프라, 알고리즘, AI 모델 등은 현대 사회의 중요한 공공재로 볼 수 있습니다. 정부는 이러한 디지털 공공재가 공정하게 접근되고 지속가능하게 관리되도록 해야 합니다. 이는 디지털 독점을 방지하고 디지털 혜택이 사회 전체에 고르게 분배되도록 하는 데 중요합니다.

초연결 환경에서는 정부 조직 내부의 일하는 방식도 변화해야 합니다. 원격 근무, 협업 도구, AI 기반 업무 지원 등이 확산되면서 공무원의 업무 환경과 방식이 크게 달라질 것입니다. 정부는 이러한 변화를 수용하고 촉진하는 조직 문화와 제도를 마련해야 합니다. 디지털 기술을 활용한 업무 혁신, 데이터 기반 의사결정, 부서 간 협업 등을 장려해야 합니다.

초연결 사회에서 정부는 디지털 윤리와 가치의 수호자 역할도 해야 합니다. 기술 발전이 인간의 존엄성, 자율성, 프라이버시 등 기본적 가치를 침해하지 않도록 보장해야 합니다. AI와 같은 자율적 시스템이 윤리적 원칙에 따라 설계되고 운영되도록 적절한 규제와 가이드라인을 마련해야 합니다. 이는 기술에 대한 사회적 신뢰를 유지하는 데 필수적입니다.

초연결 사회에서는 정부의 서비스 전달 방식도 혁신적으로 변화해야 합니다. 물리적 방문이나 서류 기반 처리에서 벗어나, 모바일 기기, 웨어러블 기기, IoT 기기 등 다양한 채널을 통한 유비쿼터스한 서비스 제공이 가능해집니다. 정부는 이러한 다채널 서비스 전략을 통해 시민들이 언제 어디서나 편리하게 행정 서비스를 이용할 수 있도록 해야 합니다.

초연결 사회에서는 정보와 권력의 분산화가 진행됩니다. 시민들은 더 많은 정보에 접근할 수 있고, 소셜 미디어 등을 통해 직접 목소리를 낼 수 있게 됩니다. 정부는 이러한 변화에 맞추어 보다 투명하고 대화적인 방식으로 소통해야 합니다. 일방적 정보 전달이 아닌, 시민과의 쌍방향 소통과 협력을 강화해야 합니다.

초연결 사회에서는 국가 간 디지털 격차와 불균형 문제도 중요한 이슈가 됩니다. 디지털 기술과 인프라에 대한 접근성, 데이터 주권, 디지털 무역 등에서 국가 간 불균형이 발생할 수 있습니다. 선진국 정부들은 국제 디지털 협력과 개발 지원을 통해 글로벌 디지털 포용성을 높이는 데 기여해야 합니다. 이는 장기적으로 모든 국가에 혜택이 되는 지속 가능한 디지털 생태계를 만드는 데 필수적입니다.

초연결 사회에서는 정부의 디지털 주권 확보도 중요한 과제가 됩니다. 핵심 디지털 기술과 인프라에 대한 과도한 외부 의존은 국가 안보와 주권에 위험이 될 수 있습니다. 정부는 중요한 디지털 역량을 자체적으로 확보하고, 핵심 디지털 인프라를 보호하며, 국제 디지털 규범 형성에 적극적으로 참여해야 합니다. 이는 디지털 시대의 국가 경쟁력과 안보를 위한 필수 조건입니다.

## 4. 미래 행정 인재상

인공지능과 자동화 기술의 발전은 행정 인력의 역할과 필요한 역량에 근본적인 변화를 가져올 것입니다. 반복적이고 정형화된 업무는 점차 AI와 로봇에 의해 자동화될 것이며, 인간 공무원은 더 복잡하고 창의적인 업무에 집중하게 될 것입니다. 이러한 변화는 미래 행정 인재에게 요구되는 역량과 정부의 인력 구조에 중요한 시사점을 가져옵니다.

미래 행정 인재에게 가장 중요한 역량 중 하나는 디지털 리터러시 (Digital Literacy)입니다. 이는 단순히 디지털 도구를 사용하는 능력을 넘어, 데이터와 알고리즘을 이해하고 활용하는 능력, AI 시스템과 효과적으로 협업하는 능력, 디지털 기술의 가능성과 한계를 판단하는 능력 등을 포함합니다. 모든 분야의 공무원들이 기본적인 디지털 리터러시를 갖추어야 하며, 특히 디지털 전환을 이끄는 리더들에게는 더 높은 수준의 디지털 이해력이 요구될 것입니다.

또한 미래 행정 인재에게는 복잡한 문제 해결 능력과 비판적 사고력이 매우 중요해질 것입니다. AI가 정형화된 문제를 잘 해결할 수 있지만, 불확실성이 높고 다양한 요소가 얽혀 있는 문제는 여전히 인간의 판단력과 통찰력이 필요합니다. 공무원들은 복잡한 사회 문제를 여러 각도에서 분석하고, 다양한 이해관계를 조정하며, 창의적인 해결책을 도출하는 능력을 갖추어야 합니다.

의사소통과 협업 능력도 미래 행정 인재의 핵심 역량입니다. 초연결 사회에서는 정부 내부의 부서 간 협업뿐만 아니라, 시민, 기업, 시민사회 등 다양한 주체와의 협력이 더욱 중요해집니다. 공무원들은 복잡한 정책 이슈를 쉽게 설명하고, 다양한 이해관계자들과 효과적으로 소통하며, 서로 다른 배경과 전문성을 가진 사람들과 협력하는 능력이 필요합니다.

미래 행정 인재에게는 윤리적 판단력과 책임성도 중요한 역량입니다. AI와 같은 자동화 시스템이 많은 결정을 내리게 되면서, 이러한 기술의 윤리적 영향을 판단하고 책임 있게 활용하는 것이 중요해집니다. 공무원들은 기술이 공정성, 투명성, 책임성 등 공공 가치에 미치는 영향을 이해하고, 이를 행정 업무에 반영할 수 있어야 합니다.

적응력과 학습 능력도 미래 행정 인재에게 필수적인 역량입니다. 기술과 사회는 매우 빠르게 변화하고 있으며, 이에 따라 행정의 환경도 계속 변화합니다. 공무원들은 새로운 기술과 지식을 빠르게 습득하고, 변화하는 상황에 유연하게 대응하며, 지속적으로 학습하고 성장하는 능력이 필요합니다. 평생 학습은 미래 행정 인재의 핵심 가치가 될 것입니다.

이러한 역량 변화는 정부의 인력 구조와 운영 방식에도 영향을 미칠 것입니다. 향후 정부 조직에서는 일상적이고 반복적인 업무를 담당하는 인력의 비중은 줄어들고, 정책 분석, 서비스 설계, 이해관계 조정, 혁신 관리 등 고부가가치 업무를 담당하는 인력의 비중이 늘어날 것입니다. 또한 데이터 과학자, AI 전문가, 디지털 서비스 설계자 등 새로운 직군의 필요성도 증가할 것입니다.

이러한 변화에 대응하기 위해 정부는 공무원 교육 훈련 시스템을 혁신해야 합니다. 전통적인 강의식 교육보다는 실무 기반 학습, 프로젝트 중심 교육, 멘토링, 온라인 학습 등 다양한 방식을 활용한 역량 개발이 중요해질 것입니다. 특히 디지털 역량 강화를 위한 체계적인 교육 프로그램이 필요하며, 모든 직급과 분야의 공무원들이 디지털 시대에 필요한 기본 역량을 갖출 수 있도록 지원해야 합니다.

공무원 채용 방식도 변화가 필요합니다. 미래에는 단순한 지식 평가보다는 문제 해결 능력, 창의성, 협업 능력, 디지털 역량 등을 종합적으로 평가하는 채용 방식이 중요해질 것입니다. 또한 다양한 배경과 전문성을 가진 인재들이 정부에 유입될 수 있도록, 민간과의 인재 교류, 프로젝트 기반 계약직, 전문가 자문단 등 유연한 인력 운영 방식을 확대할 필요가 있습니다.

워크 스마트(Work Smart) 환경 구축도 중요한 과제입니다. 원격 근무, 유연 근무제, 협업 도구 활용 등을 통해 공무원들이 언제 어디서나 효율적으로 일할 수 있는 환경을 만들어야 합니다. 이는 업무 생산성을 높일 뿐만 아니라, 일과 삶의 균형을 지원하고 다양한 인재들이 정부에서 일할 수 있는 여건을 조성하는 데도 도움이 됩니다.

직무 재설계(Job Redesign)도 필요합니다. AI와 자동화가 확산되면서 많은 행정 직무의 내용이 변화할 것입니다. 정부는 이러한 변화를 체계적으로 분석하고, 각 직무의 역할과 책임, 필요 역량 등을 재정의해야 합니다. 특히 AI가 대체할 수 있는 업무와 인간 공무원이 집중해야 할 업무를 명확히 구분하고, 이에 맞게 직무를 재설계해야 합니다.

공무원 평가와 보상 체계도 미래 행정 환경에 맞게 혁신이 필요합니다. 단순한 업무 처리량이나 실적보다는 혁신성, 문제 해결 능력, 협업 능력, 시민 만족도 등 다양한 가치를 반영한 평가 지표를 개발해야 합니다. 또한 창의적인 아이디어와 혁신적인 시도를 장려하는 보상 체계를 마련하는 것이 중요합니다.

AI와 자동화로 인한 일자리 변화에 대한 관리 계획도 필요합니다. 일부 행정 업무가 자동화되면서 해당 업무를 담당하던 인력의 재배치나 재교육이 필요할 것입니다. 정부는 이러한 변화를 선제적으로 예측하고, 영향을 받는 공무원들이 새로운 역할로 전환할 수 있도록 체계적인 지원 프로그램을 마련해야 합니다.

　지식관리와 세대 간 지식 전수도 중요한 과제입니다. 베이비부머 세대 공무원들의 대규모 퇴직이 진행되면서, 이들이 가진 경험과 노하우를 어떻게 보존하고 전수할 것인지가 중요한 문제가 됩니다. 디지털 도구를 활용한 지식 관리 시스템, 멘토링 프로그램, 스토리텔링 기반 경험 공유 등 다양한 방법을 통해 세대 간 지식 전수를 촉진해야 합니다.

　마지막으로, 미래 행정 인재 양성을 위한 교육 체계의 혁신도 필요합니다. 대학의 행정학과 같은 전통적인 공무원 양성 과정도 디지털 시대에 맞게 커리큘럼을 개편해야 합니다. 행정학, 정책학 등과 함께 데이터 과학, 디지털 서비스 설계, AI 윤리 등 새로운 분야에 대한 교육을 강화해야 합니다. 또한 공무원 교육 기관과 대학, 민간 교육 기관 등이 협력하여 미래 행정 인재를 위한 통합적인 교육 생태계를 구축하는 것이 바람직합니다.

　미래 행정 인재 양성과 인력 구조 변화 대응은 정부의 디지털 전환 성공을 위한 핵심 요소입니다. 아무리 좋은 기술과 시스템을 도입해도, 이를 효과적으로 활용하고 관리할 수 있는 인재가 없다면 성공하기 어렵습니다. 정부는 미래 행정 환경 변화를 선제적으로 예측하고, 이에 대응하기 위한 체계적인 인재 양성 및 조직 혁신 전략을 마련해야 합니다. 이를 통해 AI 시대에도 공공 가치를 창출하고 시민의 삶의 질을 높이는 데 기여할 수 있는 정부를 구현할 수 있을 것입니다.

# 에필로그

## 1. 인공지능 행정의 글로벌 동향과 시사점

인공지능 기술은 전 세계 행정 시스템에 혁명적인 변화를 가져오고 있습니다. 미국, 영국, 싱가포르, 에스토니아와 같은 선도국들은 이미 행정 전반에 AI를 도입하며 놀라운 성과를 거두고 있습니다. 이러한 국가들은 단순히 기술을 도입하는 차원을 넘어, AI를 중심으로 정부의 운영 방식과 서비스 제공 방식을 근본적으로 재설계하고 있습니다. 특히 미국은 2023년 '인공지능 안전 및 혁신을 위한 행정명령'을 통해 연방정부 전체의 AI 도입을 체계적으로 추진하고 있으며, 공공-민간 협력 모델로 혁신을 가속화하고 있습니다.

유럽연합은 'AI 법(AI Act)'을 통해 AI 규제 틀을 마련하면서도, 'Digital Europe Programme'으로 공공부문의 AI 도입을 적극 지원하고 있습니다. 이는 AI의 윤리적 사용과 혁신 사이의 균형을 찾으려는 노력으로서, 한국에도 중요한 참고가 됩니다. 특히 유럽의 위험 기반 접근법은 AI 시스템의 위험도에 따라 규제 수준을 차등 적용하는 합리적인 모델로 평가받고 있습니다.

아시아 국가들 중에서는 싱가포르가 'Smart Nation' 이니셔티브를 통해 가장 선도적인 AI 행정 모델을 구축하고 있습니다. 싱가포르는 범정부 차원의 데이터 공유 플랫폼과 AI 윤리 프레임워크를 구축하여, 효율성과 신뢰성을 동시에 확보하는 모범 사례를 보여주고 있습니다. 일본의

'Society 5.0' 계획, 중국의 '차세대 AI 발전 계획'도 각국의 특성을 반영한 고유한 AI 행정 모델로 주목받고 있습니다.

이러한 글로벌 동향은 AI 행정 혁신이 단순한 기술 도입을 넘어, 정부 운영의 패러다임 전환을 의미한다는 점을 시사합니다. 데이터 기반 의사 결정, 선제적 행정 서비스, 맞춤형 시민 지원 등 AI가 가능하게 하는 새로운 행정 패러다임이 빠르게 확산되고 있는 것입니다. 특히 LLM(대규모 언어 모델)의 등장은 복잡한 행정 절차를 간소화하고, 시민과 정부 간 소통 방식을 혁신하는 새로운 가능성을 열었습니다.

글로벌 동향에서 주목할 만한 또 다른 특징은 AI 행정의 윤리적, 법적 프레임워크의 중요성이 점차 강조되고 있다는 점입니다. 미국 NIST 의 'AI 위험 관리 프레임워크', 유럽연합의 'AI 윤리 가이드라인', OECD 의 'AI 원칙' 등은 모두 책임 있는 AI 사용을 위한 국제적 노력을 보여줍니다. 이는 기술 발전만큼이나 그것을 규율할 윤리적, 제도적 장치가 중요하다는 인식을 반영합니다.

국제기구들도 AI 행정의 글로벌 표준을 만들기 위해 적극적으로 활동하고 있습니다. OECD는 'AI Policy Observatory'를 통해 각국의 AI 정책을 비교 분석하고 있으며, UN은 'AI for Good' 프로그램을 통해 지속가능발전목표(SDGs) 달성을 위한 AI 활용 방안을 모색하고 있습니다. 이러한 국제적 협력은 AI 행정의 모범 사례와 표준이 전 세계적으로 공유되고 확산되는 데 기여하고 있습니다.

글로벌 동향에서 발견되는 또 하나의 중요한 시사점은 디지털 격차 (digital divide)와 포용성에 대한 관심이 높아지고 있다는 점입니다. 영국의 'Digital Inclusion Strategy', 호주의 'Digital Transformation Strategy'는 모든 시민이 디지털 혁신의 혜택을 누릴 수 있도록 하는 포용적 접근을 강조합니다. 이는 기술 혁신이 새로운 형태의 불평등을 만들지 않도록 주의해야 한다는 교훈을 주고 있습니다.

AI 행정의 글로벌 동향에서 공통적으로 발견되는 성공 요인은 강력한 리더십과 범정부적 협력 체계입니다. 성공적인 사례들은 모두 최고 의사 결정자의 확고한 의지와 지원, 부처 간 협력을 위한 제도적 장치, 민간과의 적극적인 협력 등을 갖추고 있습니다. 이는 AI 행정이 단순한 기술 프로젝트가 아니라 범정부적 변혁 프로젝트임을 보여줍니다.

또한 글로벌 동향에서 주목할 점은 '인간 중심 AI(Human-centered AI)'라는 접근법이 강조되고 있다는 것입니다. 이는 AI가 인간을 대체하는 것이 아니라, 인간의 능력을 확장하고 보완하는 방향으로 발전해야 한다는 철학을 담고 있습니다. 핀란드의 'AuroraAI', 캐나다의 'Responsible AI' 이니셔티브는 이러한 철학을 바탕으로 한 대표적인 사례입니다.

중요한 글로벌 동향으로 '개방형 혁신(Open Innovation)' 모델의 확산도 주목할 만합니다. 미국의 'Challenge.gov', 영국의 'GovTech Cat-alyst'와 같은 플랫폼은 정부가 직면한 문제를 공개하고 민간의 창의적인 해결책을 모으는 방식으로 AI 행정 혁신을 촉진하고 있습니다. 이는 정부가 모든 문제를 직접 해결하려 하기보다, 사회 전체의 지능과 창의력을 활용하는 새로운 거버넌스 모델을 보여줍니다.

데이터 거버넌스의 중요성 또한 글로벌 동향에서 강조되는 부분입니다. 에스토니아의 'X-Road', 덴마크의 'Basic Data Program'과 같은 사례는 안전하고 효율적인 데이터 공유 체계가 AI 행정의 성공을 위한 필수 요소임을 보여줍니다. 특히 개인정보 보호와 데이터 활용 사이의 균형을 찾기 위한 다양한 접근법이 시도되고 있습니다.

이러한 글로벌 동향은 한국의 AI 행정 발전에 중요한 시사점을 제공합니다. 첫째, 강력하고 일관된 정치적 리더십과 범정부적 추진 체계가 필요합니다. 둘째, 기술 도입만큼이나 제도적, 윤리적 프레임워크 구축이 중요합니다. 셋째, 민간과의 협력과 시민 참여를 통한 개방형 혁신 생태계 조성이 필요합니다. 넷째, 포용적 접근을 통해 모든 시민이 AI 행정의 혜택을 누릴 수 있도록 해야 합니다. 다섯째, 데이터 거버넌스와 정보 보안 체계를 강화해야 합니다.

## 2. 한국형 AI 행정의 비전과 미래 방향

한국형 AI 행정의 비전은 '시민 중심의 지능형 정부'입니다. 이는 인공지능 기술을 활용하여 시민 개개인의 필요와 상황에 맞는 맞춤형 서비스를 제공하고, 복잡한 사회 문제를 선제적으로 해결하며, 효율적이고 투명한 행정 시스템을 구축하는 것을 의미합니다. 이러한 비전은 한국 사회의 특성과 현안을 반영하면서도, 세계적인 AI 행정 혁신 흐름을 수용하는 방향으로 설정되어야 합니다.

한국형 AI 행정의 첫 번째 미래 방향은 '초개인화된 시민 서비스'입니다. AI 기술을 활용하여 시민 개개인의 상황, 필요, 선호에 맞춘 행정 서비스를 제공하는 것입니다. 예를 들어, 생애주기별 맞춤형 복지 서비스, 개인의 행동 패턴에 기반한 교통 정보 제공, 개인 학습 스타일에 맞춘 공공 교육 서비스 등이 가능할 것입니다. 이를 위해서는 시민 데이터의 안전한 활용과 개인정보 보호 사이의 균형을 찾는 제도적 장치가 필요합니다.

두 번째 방향은 '예측적, 선제적 행정'입니다. AI의 데이터 분석과 예측 능력을 활용하여 사회 문제가 심각해지기 전에 파악하고 대응하는 것입니다. 재난 발생 예측과 선제적 대응, 복지 사각지대 발굴, 교통 체증 예방, 산업 안전 사고 예측 등 다양한 분야에서 적용될 수 있습니다. 이는 문제가 발생한 후 대응하는 현재의 행정 패러다임을 근본적으로 바꾸는 접근법입니다.

세 번째 방향은 '협업형 의사결정 시스템'입니다. AI는 인간 공무원의 정책 결정을 보조하는 역할을 하며, 최종 결정과 책임은 여전히 인간에게 있는 모델입니다. AI는 방대한 데이터를 분석하여 다양한 정책 옵션과 그 영향을 예측하고, 공무원은 이를 바탕으로 윤리적, 정치적 판단을 내리는 협업 구조를 만들어야 합니다. 이는 'AI 대체'가 아닌 'AI 증강' 접근법으로, 인간과 AI의 강점을 결합하는 미래 지향적 모델입니다.

네 번째 방향은 '초연결 행정 생태계'입니다. 부처와 기관 간 경계를 넘어, 중앙정부와 지방정부, 더 나아가 민간 부문과도 원활하게 연결되는 행정 시스템을 구축하는 것입니다. AI와 데이터 기술을 활용하여 부처 간 칸막이를 없애고, 복잡한 사회 문제에 대해 통합적으로 대응할 수 있는 체계를 만들어야 합니다. 이를 위해서는 데이터 표준화와 상호운용성 확보가 핵심 과제입니다.

다섯 번째 방향은 '시민 참여형 AI 거버넌스'입니다. AI 행정 시스템의 설계와 운영, 평가 과정에 시민들이 직접 참여하는 모델을 구축해야 합니다. 시민 패널, 리빙랩(Living Lab), 크라우드소싱 플랫폼 등 다양한 방식으로 시민의 의견과 아이디어를 수렴하고, AI 시스템에 대한 피드백을 받아 지속적으로 개선해 나가야 합니다. 이는 민주주의 원칙을 AI 시대에 구현하는 방식입니다.

여섯 번째 방향은 '포용적 AI 행정'입니다. 디지털 취약계층을 포함한 모든 시민이 AI 행정의 혜택을 누릴 수 있도록 하는 것입니다. 노인, 장애인, 저소득층, 디지털 리터러시가 낮은 계층 등이 소외되지 않도록 다양한 접근 채널과 지원 제도를 마련해야 합니다. 또한 AI 시스템이 특정 집단에 대한 편향이나 차별을 강화하지 않도록 지속적인 모니터링과 검증이 필요합니다.

일곱 번째 방향은 '행정 서비스의 무중단, 무경계화'입니다. AI를 활용하여 시간과 공간의 제약 없이 행정 서비스를 제공하는 것입니다. 24시간 운영되는 AI 상담 서비스, 위치 기반 맞춤형 정보 제공, 현장에서 즉시 처리되는 행정 서비스 등을 통해 시민의 편의성을 극대화해야 합니다. 이는 물리적 관공서를 넘어, 언제 어디서나 정부 서비스에 접근할 수 있는 '유비쿼터스 정부' 개념으로 발전할 것입니다.

여덟 번째 방향은 '디지털 트윈 기반 시뮬레이션 행정'입니다. 도시, 환경, 경제 등 다양한 분야의 디지털 트윈을 구축하고, 이를 통해 정책의 영향을 사전에 시뮬레이션하는 행정 시스템을 구축해야 합니다. 이는 실험적 정책 도입의 위험을 줄이고, 다양한 시나리오를 검토할 수 있게 함으로써 보다 과학적인 정책 결정을 가능하게 합니다.

아홉 번째 방향은 '자가 진화하는 AI 행정 시스템'입니다. AI 시스템이 운영 과정에서 축적되는 데이터와 피드백을 바탕으로 스스로 학습하고 개선되는 구조를 구축해야 합니다. 이는 시스템의 성능과 정확도가 시간이 지남에 따라 자연스럽게 향상되도록 하는 접근법으로, AI의 학습 능력을 극대화하는 방식입니다.

열 번째 방향은 '민관협력 기반 AI 행정 생태계'입니다. 정부가 모든 AI 시스템을 직접 개발하고 운영하기보다, 민간의 혁신 역량을 적극 활용하는 개방형 생태계를 구축해야 합니다. 민간 AI 기업들이 공공 데이터를 활용하여 혁신적인 공공 서비스를 개발할 수 있도록 플랫폼을 제공하고, 성공적인 솔루션은 정부가 채택하여 확산하는 모델이 효과적일 것입니다.

한국형 AI 행정의 비전과 방향은 한국 사회의 특수성을 고려해야 합니다. 한국은 세계적 수준의 디지털 인프라와 높은 스마트폰 보급률, 전자정부 서비스 사용 경험 등의 강점을 가지고 있습니다. 이러한 강점을 활용하여 AI 행정의 빠른 확산과 정착이 가능할 것입니다. 반면, 부처 간 칸막이, 경직된 행정 문화, 개인정보에 대한 높은 민감성 등은 극복해야 할 도전 과제입니다.

한국형 AI 행정은 문제 해결 중심의 접근법을 취해야 합니다. 저출산·고령화, 양극화, 일자리 변화, 환경 문제 등 한국 사회가 직면한 구조적 문제들에 대응하는 도구로서 AI를 활용해야 합니다. 예를 들어, AI를 활용한 육아 지원 서비스, 노인 돌봄 시스템, 취업 매칭 플랫폼, 에너지 사용 최적화 시스템 등은 사회 문제 해결에 직접 기여할 수 있는 영역입니다.

한국형 AI 행정의 발전을 위해서는 장기적이고 일관된 비전과 전략이 필요합니다. 정권 교체와 무관하게 지속될 수 있는 국가적 비전을 수립하고, 이를 실현하기 위한 단계별 로드맵을 마련해야 합니다. 이를 위해 여야 정치권, 학계, 산업계, 시민사회가 참여하는 '국가 AI 행정 전략 위원회'와 같은 범국가적 협의체를 구성하는 것도 고려할 만합니다.

또한 한국형 AI 행정은 글로벌 표준과의 호환성을 고려해야 합니다. 한국만의 독자적인 시스템을 구축하기보다는 국제적인 표준과 원칙을 수용하면서도, 한국적 맥락에 맞게 재해석하고 적용하는 접근법이 필요합니다. 이는 한국의 AI 행정 모델이 글로벌 시장에서도 경쟁력을 갖추고, 다른 국가들과의 협력을 원활히 할 수 있게 해 줄 것입니다.

한국형 AI 행정의 성공을 위해서는 민간 AI 산업 육성과의 연계가 중요합니다. 공공부문의 AI 도입은 국내 AI 기업들에게 안정적인 시장을 제공하고, 레퍼런스를 쌓을 기회를 줄 수 있습니다. 이를 통해 한국의 AI 산업 경쟁력을 높이고, 글로벌 시장 진출의 발판을 마련할 수 있습니다. '공공 AI 혁신 펀드'와 같은 메커니즘을 통해 유망한 AI 스타트업들이 공공부문 솔루션을 개발할 수 있도록 지원하는 것도 효과적인 방안입니다.

세계 AI 행정 시장에서 한국의 위치 확보도 중요한 과제입니다. 한국은 전자정부 분야에서 이미 세계적인 경쟁력을 인정받고 있으며, 이를 AI 행정으로 확장할 수 있는 잠재력을 갖고 있습니다. 특히 개발도상국들에게 한국의 AI 행정 모델을 수출하고, 기술 협력을 통해 글로벌 영향력을 확대할 수 있습니다. 'K-디지털 거버넌스'를 하나의 브랜드로 발전시키는 전략적 접근이 필요합니다.

한국형 AI 행정의 비전과 방향은 궁극적으로 '사람 중심'의 가치를 실현하는 데 초점을 맞춰야 합니다. 기술 자체가 목적이 아니라, 국민의 삶의 질을 향상시키고 사회 문제를 해결하는 수단으로서 AI를 활용해야 합니다. 이를 위해서는 기술적 효율성뿐만 아니라 공정성, 투명성, 포용성, 책임성과 같은 가치들이 AI 행정 시스템의 설계와 운영에 내재되어야 합니다.

### 3. 지속 가능한 발전을 위한 제도적 기반 구축의 중요성

AI 행정의 지속 가능한 발전을 위해서는 견고한 제도적 기반이 필수적입니다. 제도적 기반 없이 기술만 도입하면 일시적인 성과는 거둘 수 있을지 모르나, 장기적으로는 다양한 문제와 한계에 직면할 수밖에 없습니다. 따라서 AI 행정을 위한 법률 체계, 거버넌스 구조, 윤리적 프레임워크, 품질 관리 체계 등 포괄적인 제도적 기반을 구축해야 합니다.

첫 번째로 중요한 제도적 기반은 AI 행정을 위한 법적 근거의 마련입니다. 현행 법체계에서는 AI 행정의 법적 지위가 불분명하여 책임 소재, 의사결정 권한, 개인정보 활용 범위 등에 대한 혼란이 있을 수 있습니다. 따라서 'AI 행정 기본법'과 같은 포괄적인 법률을 제정하여 AI 행정의 기본 원칙, 추진 체계, 책임과 권한 등을 명확히 해야 합니다. 또한 개별 행정 분야별로도 AI 도입을 위한 법적 근거를 정비해야 합니다.

두 번째로 중요한 것은 AI 행정의 윤리적 프레임워크 구축입니다. AI 시스템이 공정성, 투명성, 책임성, 인권 존중 등의 핵심 가치를 준수하도록 하는 윤리적 기준이 필요합니다. 'AI 행정 윤리 원칙'을 수립하고, 모든 공공부문 AI 시스템이 이를 준수하도록 제도화해야 합니다. 또한 AI 시스템의 윤리적 영향을 평가하는 'AI 윤리 영향 평가' 제도를 도입하여, 시스템 설계 단계부터 윤리적 고려사항이 반영되도록 해야 합니다.

세 번째 제도적 기반은 AI 알고리즘의 투명성과 설명가능성 확보 메커니즘입니다. 행정에 활용되는 AI 알고리즘은 일반 국민들도 이해할 수 있도록 투명하게 설명되어야 합니다. '공공 AI 알고리즘 레지스트리'를 구축하여 정부가 사용하는 모든 AI 알고리즘의 목적, 작동 원리, 사용 데이터 등을 공개해야 합니다. 또한 AI의 결정에 대해 시민이 설명을 요구할 수 있는 '설명 요구권'을 법제화하고, 이의 제기 및 구제 절차도 마련해야 합니다.

네 번째 제도적 기반은 AI 행정의 품질 관리 체계입니다. AI 시스템의 정확성, 신뢰성, 공정성 등을 지속적으로 모니터링하고 평가하는 체계가 필요합니다. 'AI 품질 인증제'를 도입하여 일정 수준 이상의 품질을 갖춘 AI 시스템만 공공부문에 도입될 수 있도록 해야 합니다. 또한 정기적인 '공공 AI 감사'를 통해 운영 중인 시스템의 성능과 영향을 점검하고, 개선사항을 도출해야 합니다.

다섯 번째 제도적 기반은 데이터 거버넌스 체계입니다. AI 행정의 성패는 양질의 데이터 확보에 달려 있습니다. 부처 간 데이터 공유를 촉진하는 '행정 데이터 통합 플랫폼'을 구축하고, 데이터의 품질과 표준을 관리하는 '데이터 품질 관리 체계'를 확립해야 합니다. 또한 개인정보 보호와 데이터 활용 사이의 균형을 찾기 위한 '데이터 익명화 기준'과 '목적별 데이터 접근 권한 체계'도 마련해야 합니다.

여섯 번째 제도적 기반은 AI 인재 양성 시스템입니다. AI 행정의 성공을 위해서는 기술을 개발하고 활용할 수 있는 인재가 필수적입니다. 공무원 교육기관에 AI 교육 과정을 대폭 확대하고, 모든 공무원이 기본적인 AI 리터러시를 갖출 수 있도록 해야 합니다. 또한 각 부처별로 AI 전문가를 양성하고, 민간 전문가의 공직 유입을 촉진하는 '열린 채용' 제도도 필요합니다.

일곱 번째 제도적 기반은 AI 행정의 공공조달 체계 개선입니다. 현행 공공조달 체계는 혁신적인 AI 솔루션의 신속한 도입에 적합하지 않은 측면이 있습니다. 'AI 솔루션 속성 구매 제도'를 도입하여 혁신적인 기술을 빠르게 테스트하고 도입할 수 있도록 해야 합니다. 또한 중소 AI 기업과 스타트업들도 공공시장에 진입할 수 있도록 '혁신형 AI 조달' 프로그램을 마련해야 합니다.

여덟 번째 제도적 기반은 민관협력 거버넌스 체계입니다. 정부와 민간 부문이 함께 AI 행정의 발전 방향을 논의하고 협력하는 장(場)이 필요합니다. '국가 AI 행정 협의체'를 구성하여 정부, 기업, 학계, 시민사회가 정기적으로 만나 AI 행정의 정책과 전략을 논의해야 합니다. 또한 민간의 혁신적인 아이디어를 행정에 도입하는 '공공 챌린지' 프로그램을 확대해야 합니다.

아홉 번째 제도적 기반은 AI 행정의 국제협력 체계입니다. AI 행정은 글로벌 차원의 협력과 표준화가 중요한 영역입니다. OECD, UN 등 국제기구의 AI 거버넌스 논의에 적극 참여하고, 주요국과의 AI 행정 협력을 강화해야 합니다. 또한 한국의 AI 행정 모델을 개발도상국에 전수하는 '디지털 거버넌스 ODA' 프로그램을 확대하여 국제적 위상을 높여야 합니다.

열 번째 제도적 기반은 AI 행정의 위험 관리 체계입니다. AI 시스템의 오작동, 알고리즘 편향, 보안 취약점 등 다양한 위험요소에 대비하는 체계적인 접근이 필요합니다. 'AI 위험 관리 프레임워크'를 개발하여 각 단계별 위험 요소를 식별하고 대응 방안을 마련해야 합니다. 또한 AI 시스템의 장애나 오류에 대비한 '인간 개입(human in the loop)' 메커니즘을 모든 시스템에 포함시켜야 합니다.

열한 번째 제도적 기반은 시민 참여 메커니즘입니다. AI 행정이 민주적 가치와 시민의 필요를 반영하기 위해서는 시민들이 정책 결정과 시스템 설계에 참여할 수 있는 채널이 필요합니다. '시민 AI 패널'을 운영하여 주요 AI 정책과 시스템에 대한 시민들의 의견을 수렴해야 합니다. 또한 'AI 행정 리빙랩'을 설치하여 시민들이 새로운 AI 서비스를 직접 체험하고 피드백을 제공할 수 있도록 해야 합니다.

열두 번째 제도적 기반은 디지털 포용성 확보 장치입니다. AI 행정이 모든 시민에게 혜택을 주기 위해서는 디지털 격차를 해소하기 위한 적극적인 노력이 필요합니다. '디지털 접근성 가이드라인'을 수립하여 모든 AI 행정 서비스가 나이, 장애, 경제적 여건과 무관하게 접근 가능하도록 해야 합니다. 또한 디지털 취약계층을 위한 '디지털 포용 프로그램'을 확대하여 교육과 지원을 제공해야 합니다.

열세 번째 제도적 기반은 AI 행정의 성과 측정 체계입니다. AI 도입의 효과를 객관적으로 평가하고, 지속적인 개선을 이끌어내기 위한 체계적인 성과 측정이 필요합니다. 'AI 행정 가치 평가 모델'을 개발하여 효율성, 효과성, 공정성, 투명성, 대응성 등 다양한 측면에서 AI 시스템의 성과를 측정해야 합니다. 이러한 평가 결과는 정기적으로 공개하여 책임성을 확보해야 합니다.

열네 번째 제도적 기반은 AI 행정의 연구개발 지원 체계입니다. AI 행정 분야의 지속적인 혁신을 위해서는 기초 연구부터 실용화까지 체계적인 R&D 지원이 필요합니다. '행정 AI 연구센터'를 설립하여 행정 특화 AI 기술 개발을 지원하고, 산학연 협력을 통한 지식 공유와 기술 이전을 촉진해야 합니다. 또한 혁신적인 AI 행정 기술에 대한 실증 사업을 확대하여 연구 성과의 현장 적용을 가속화해야 합니다.

이러한 제도적 기반들은 서로 유기적으로 연결되어 있으며, 어느 하나

소홀히 할 수 없는 중요한 요소들입니다. 기술 도입에만 집중하고 제도적 기반을 소홀히 한다면, AI 행정은 단기적 성과에 그치거나 오히려 새로운 문제를 야기할 수 있습니다. 따라서 기술 개발과 제도 구축을 균형 있게 추진하는 통합적 접근이 필요합니다.

제도적 기반 구축에 있어 중요한 것은 유연성과 적응성입니다. AI 기술은 빠르게 진화하고 있어, 너무 경직된 규제는 혁신을 저해할 수 있습니다. 따라서 '원칙 기반 규제(principle-based regulation)'와 '규제 샌드박스(regulatory sandbox)' 같은 유연한 접근법을 활용하여, 혁신을 장려하면서도 핵심 가치와 원칙은 지킬 수 있는 균형점을 찾아야 합니다.

또한 제도적 기반을 구축할 때는 국제적 조화와 국내적 특수성 사이의 균형을 고려해야 합니다. 글로벌 표준과 호환되는 제도를 구축하되, 한국의 행정 문화와 사회적 맥락에 맞게 조정하는 지혜가 필요합니다. 이를 위해 국제적인 AI 거버넌스 논의에 적극 참여하면서도, 국내 상황에 맞는 창의적인 제도적 해법을 모색해야 합니다.

제도적 기반 구축은 단기간에 완성될 수 있는 과제가 아닙니다. 장기적 관점에서 체계적으로 접근해야 하며, 경험과 피드백을 바탕으로 지속적으로 개선해나가야 합니다. 이를 위해 정권 교체와 무관하게 일관되게 추진될 수 있는 범국가적 거버넌스 체계가 필요합니다. 여야 정치권, 중앙정부와 지방정부, 산업계와 학계, 시민사회가 함께 참여하는 '국가 AI 행정 위원회'와 같은 기구의 설립을 고려해 볼 만합니다.

근본적으로 AI 행정을 위한 제도적 기반은 민주주의, 법치주의, 인권 존중이라는 핵심 가치에 기반해야 합니다. 아무리 효율적이고 혁신적인 AI 시스템이라도 이러한 근본 가치를 훼손한다면 그것은 진정한 발전이라고 볼 수 없습니다. 따라서 모든 제도적 장치는 궁극적으로 인간의 존엄성과 기본권을 보장하고, 민주적 가치를 강화하는 방향으로 설계되어야 합니다.

지속 가능한 AI 행정 발전은 결국 '사람 중심의 AI'라는 철학적 토대 위에서 가능합니다. 기술은 수단이지 목적이 아니며, 모든 AI 시스템은 궁극적으로 국민의 삶의 질을 향상시키고 공공 가치를 증진하는 데 기여해야 합니다. 이러한 철학이 제도적 기반의 모든 층위에 깊이 내재되어 있을 때, 진정으로 지속 가능한 AI 행정의 발전이 가능할 것입니다.

한국은 세계 최고 수준의 디지털 인프라와 IT 역량을 보유하고 있으며, 전자정부 분야에서도 선도적인 위치에 있습니다. 이러한 강점을 바탕으로, 이제는 AI 행정 분야에서도 글로벌 리더십을 발휘할 시점입니다. 기술적 역량과 제도적 기반을 균형 있게 발전시켜 나간다면, 한국형 AI 행정 모델은 세계적인 모범 사례로 자리매김할 수 있을 것입니다. 이것이 바로 이 책에서 제시하고자 하는 비전이자 희망입니다.

# 참고문헌

## 국내

김동욱 외. (2024). 인공지능 정부.

디지털플랫폼정부위원회. (2024). 공공부문 초거대 AI 도입·활용 가이드.

정보통신정책연구원. (2022). AI 시대의 디지털정부 혁신 전략.

차남준 외. (2021). 인공지능을 활용한 적극행정의 차세대 모형 제시. 이슈페이퍼. 통권104호. 한국행정연구원.

한국개발연구원. (2023). 공공부문 AI 도입·활용 가이드라인.

## 해외

Stanford University. (2024). Artificial Intelligence Index Report 2024. AI Index.

NIST. (2023). Artificial Intelligence Risk Management Framework (AI RMF 1.0). NIST AI RMF.

European Commission. (2023). Digital Europe Programme: Work Programme 2023-2024. Digital Europe.

OECD. (2023). OECD.AI Policy Observatory publications. OECD.AI Observatory.

The White House, OSTP. (2022). Blueprint for an AI Bill of Rights. White House AI Bill of Rights.

OECD. (2022). OECD Framework for the Classification of AI systems. OECD Classification.

UNESCO. (2021). Recommendation on the Ethics of Artificial Intelligence. UNESCO Recommendation.

European Commission. (2021). Proposal for a Regulation laying down harmonised rules on Artificial Intelligence (Artificial Intelligence Act). AI Act.

World Bank. (2020). Artificial Intelligence in the Public Sector. World Bank Report.

OECD. (2020). The OECD Digital Government Policy Framework: Six dimensions of a Digital Government. OECD Digital Government.

OECD. (2019). Artificial Intelligence in Society. OECD AI in Society.

OECD. (2019). Recommendation of the Council on Artificial Intelligence.

State Council of the People's Republic of China. (2017). New Generation Artificial Intelligence Development Plan.

Berryhill, J., et al. (2019). Hello, World: Artificial intelligence and its use in the public sector. OECD Working Papers on Public Governance, No. 36. OECD Working Paper.

Wirtz, B. W., Weyerer, J. C., & Geyer, C. (2019). Artificial intelligence and the public sector—Applications and challenges. International Journal of Public Administration, 42(7), 596-615. Taylor & Francis.

Jobin, A., Ienca, M., & Vayena, E. (2019). The global landscape of AI ethics guidelines. Nature Machine Intelligence, 1(9), 389-399. Nature.

Floridi, L., Cowls, J., et al. (2018). An ethical framework for a good AI society: opportunities, risks, principles, and recommendations. AI and Society, 33(4), 689-707. Springer.

Bostrom, N. (2014). Superintelligence: Paths, Dangers, Strategies. Oxford University Press.

Brynjolfsson, E., & McAfee, A. (2014). The Second Machine Age: Work, Progress, and Prosperity in a Time of Brilliant Technologies. W. W. Norton & Company. W. W. Norton.

Margetts, H., & Dorobantu, C. (2019). Rethinking government with AI. Nature, 568(7751), 163-165. Nature.

Dwivedi, Y. K., et al. (2021). Artificial Intelligence (AI): Multidisciplinary perspectives on emerging challenges, opportunities, and agenda for research, practice and policy. International Journal of Information Management, 57, 101994.